AF884157

नष्ट लड़की : नष्ट गद्य

नष्ट लड़की : नष्ट गद्य

तसलीमा नसरीन

अनुवाद

मुनमुन सरकार

वाणी प्रकाशन

वाणी प्रकाशन
ज्ञान के विविध आयामों के प्रकाशक

वाणी प्रकाशन का 'लोगो' विख्यात चित्रकार मक़बूल फ़िदा हुसेन की कूची से

वाणी प्रकाशन, 4695, 21-ए, दरियागंज, नयी दिल्ली-110002
वाणी प्रकाशन, अशोक राजपथ (पटना कॉलेज के सामने), पटना (बिहार)

NAST LADKI : NAST GADYA
by Taslima Nasrin
Translated by Munmun Sarkar

ISBN : 81-7055-381-4

इस पुस्तक के किसी भी अंश को ज्ञान के किसी भी माध्यम में प्रयोग
करने के पूर्व प्रकाशक से लिखित अनुमति लेना आवश्यक है।

© लेखिकाधीन

प्रथम संस्करण : 1995
द्वितीय संस्करण : 1998
तृतीय संस्करण : 2000
आवृत्ति : 2010

मूल्य : 200/-

वाणी प्रकाशन

फोन : 0091#11#23273167, 23275710
फैक्स : 0091#11#23275710
वेबसाइट : www.vaniprakashan.in
ई-मेल : vaniprakashan@gmail.com
vani_prakashan@yahoo.com

दो शब्द

इस पुस्तक का नाम है 'नष्ट लड़की : नष्ट गद्य'। इस समाज में स्वयं को मैं 'नष्ट' कहना पसंद करती हूँ; क्योंकि यह सच है कि यदि कोई स्त्री अपने दुख, दैन्य, दुर्दशा को दूर करना चाहती है; धर्म, समाज और राष्ट्र के अभद्र नियमों के खिलाफ डटकर खड़ी होना चाहती है; हेय ठहराने वाली सभी प्रथाओं-व्यवस्थाओं का विरोध करके अपने अधिकारों के प्रति सजग होने लगती है तो समाज के 'भद्र पुरुष' उसे 'नष्ट लड़की' करार देते हैं। ठीक भी है, स्त्री के 'मुक्त' होने की पहली शर्त ही है–नष्ट होना है। 'नष्ट' हुए बिना इस समाज के नागपाश से किसी भी स्त्री को मुक्ति नहीं मिल सकती। वही स्त्री सचमुच सुखी और प्रबुद्ध इंसान है, जिसे लोग 'नष्ट अथवा बदनाम' कहते हैं।

–तसलीमा नसरीन

अनुक्रम

और मत रखो अँधेरे में, देखने दो मुझे

मेरी इच्छा है कि सुबह से दोपहर, दोपहर से रात तक अकेली घूमती रहूँ। नदी के किनारे, गाँव के मैदान में, रोशनी में, शहर के फुटपाथ पर. पार्क में, अकेली, सिर्फ अकेली चलती रहूँ। बहुत इच्छा होती है सीताकुंड पहाड़ पर जाऊँ। मन करता है, एक दिन अचानक बिहार के साल वन में जाकर पूरी दोपहर बिताऊँ। मन करता है कि सेंट मार्टिन के समुद्र में उतरकर गांगचील (एक समुद्री पक्षी) का खेल देखूँ। इच्छा होती है कि गहन उदासी भरे क्षणों में घास पर लेटे-लेटे आकाश देखती रहूँ। मन करता है कि संसद भवन की किसी सीढ़ी पर अकेली बैठी रहूँ, किसी खुशनुमा शाम में पेड़ से पीठ टिकाये यों ही अलसायी खड़ी रहूँ, क्रिसेन्ट झील के पानी में पूरी शाम पाँव डुबाये पड़ी रहूँ और फिर अचानक शीतलक्षा नदी में नौका-विहार करूँ।

मैं जानती हूँ, बहुत अच्छी तरह जानती हूँ कि यदि मैं अपनी इच्छाएँ पूरी करने लगूँ तो मुझ पर लोग पत्थर बरसाएँगे, थूकेंगे, धिक्कारेंगे। मुझे अपमानित होना पड़ेगा, बलात्कार का शिकार होना पड़ेगा। मुझे कोई 'पागल' कहेगा, कोई बदचलन कहेगा। यद्यपि यही सब करते हुए किसी पुरुष को किसी के व्यंग्यबाण से आहत नहीं होना पड़ता। किसी पुरुष के साथ अपहरण, धोखाधड़ी, बलात्कार, हत्या जैसे हादसे नहीं गुजरते। हादसे सिर्फ स्त्री के साथ ही गुजरते हैं। पूछा जाता है–स्त्री एक हमसफर पुरुष के बगैर क्यों घूमती है ? पुरुष-स्वभाव की विचित्रताएं उसे शोभा देती हैं, लेकिन एक स्त्री फुटपाथ पर क्यों टहलेगी, क्यों पेड़ की छाँव में खड़ी रहेगी, कैसे सीढ़ी पर अकेली बैठी रहेगी और क्यों घास पर लेटेगी ? स्त्री के लिए ऐसी तमाम इच्छाएँ पालना उचित नहीं है। स्त्री को तो घर पर बैठे रहना चाहिए ! उसके लिए घर में रोशनदान की व्यवस्था है ! उस रोशनदान को भेदती हुई जो रोशनी और हवा उसके शरीर में लगती है, क्या वही जिंदा रहने के लिए

काफी नहीं है !

हाँ, काफी है। जिंदा रहने के लिए उतनी हवा-रोशनी काफी है। सभी पुरुष, स्त्री के सिर्फ जिंदा रहने तक को ही पसंद करते हैं, क्योंकि स्त्री की उन्हें जरूरत है–भोग के लिए, वंश-बेल को बनाये रखने के लिए। स्त्री के बगैर न तो पुरुष का भोग संभव है और न ही वंश-रक्षा। स्त्री के बिना पुरुष के लिए अधिकार जताने, ताकत आजमाने, ऊँचे स्वर में बोलने और शारीरिक बल दिखाने की कौन-सी जगह रह जाएगी ! 'ऊपरवाले' अपने ही बनाये नीति-नियमों के मुताबिक 'नीचेवालों' का शोषण करते हैं। सबल हमेशा दुर्बल पर चढ़ाई करता है। उच्चवर्ग हमेशा मौका ढूँढ़ता है–निम्नवर्ग या निर्धनों को फूँककर उड़ा देने का। इसीलिए स्त्री पर हमेशा से पुरुष का अधिकार चला आया है–उसके जी-भर उपभोग और उससे प्यास बुझाने का, उसे आहत करने का। स्त्री निम्न श्रेणी का प्राणी है, दुर्बल है; असहाय, असंगत, शरणार्थी है। इसीलिए स्त्री को जिंदा बनाये रखकर उस पर चढ़ाई करने की इच्छा सभी सज्जनों में रहती है।

जैसे पिंजड़े में पंछी के लिए भी रोशनी आने की व्यवस्था रहती है, उसको समय पर दाना-पानी दिया जाता है, चंद शब्द सिखाये जाते हैं, वैसे ही स्त्री के लिए भी किया जाता है। स्त्री के लिए भी एक रोशनदान का इन्तजाम रहता है, सुबह-शाम खाना दिया जाता है और कुछ तयशुदा सामाजिक व्यवहार सिखाया जाता है। स्त्री को उसकी सीमित बातचीत, सीमित राह, सीमित खान-पान, सीमित इच्छाओं और सीमित सपनों के बारे में सम्यक ज्ञान दिया जाता है। पिंजड़े में बंद पंछी की ही तरह स्त्री खुले आकाश, खुले मैदान, वन-जंगल और अनंत हरियाली के आनंद से वंचित रहती है।

स्त्री को दुर्बल कौन समझते हैं ? जो कहते हैं कि स्त्री शारीरिक रूप से दुर्बल है, वे गलत कहते हैं। वे झूठ बोलते हैं। आज भी अगर एक नर और एक नारी शिशु को भरे तालाब में छोड़ दिया जाए तो पहले जिस शिशु की मौत होगी, वह नर शिशु ही होगा। यदि नारी शिशु का फेफड़ा या हृदय नर शिशु से ज्यादा शक्तिशाली है, यदि प्रतिरक्षा या जिंदा रहने की क्षमता नारी शिशु में अधिक है, तो कैसे एक झटके में यह राय दे दी जाती है कि स्त्री दुर्बल, कोमल, भीरू और लाजवंती होती है।

दरअसल ये सब स्त्री पर आरोपित किए गए सामाजिक विशेषण हैं। स्त्री यदि विवेक-बुद्धि से परिचालित होने और ममत्व या प्यार धारण करने की अधिक क्षमता रखने के कारण हिंसक युद्ध में नहीं कूदती, तो इसका यह अर्थ नहीं है कि वह अबला है। आदिम युग में स्त्री-पुरुष दोनों नोंच-खसोटकर ही जीव-जंतुओं का मांस खाते थे। कहीं भी यह प्रमाणित नहीं हुआ कि स्त्री दुर्बल है, इसलिए वह नोंचकर नहीं खा सकती। स्त्री को गर्भवती होना पड़ता है, इसलिए गर्भरक्षा के उद्देश्य

से उसे कम परिश्रम का भी अभ्यस्त होना होता है। शिकार पर कम जाना पड़ता है, छीना-झपटी कम करनी पड़ती है। देह बल की अपेक्षा वह बुद्धि के द्वारा जीवन निर्वाह करती है। संतान के प्रति उसमें ममता पनपती है। प्यार के सामने वह झुक जाती है, उसमें डूब जाती है। लेकिन इसका अर्थ यह नहीं कि स्त्री दुर्बल, डरपोक और लाजवंती है।

स्त्री को डरना एवं लज्जालु होना पुरुष प्रधान समाज ने सिखाया है, क्योंकि भयभीत एवं लज्जालु रहने पर पुरुषों को उस पर अधिकार जताने में सुविधा होती है। इसीलिए डर और लज्जा को स्त्री का 'आभूषण' कहा जाता है। समाज में कुछ ही लोग होंगे जो निर्भीक और लज्जाहीन स्त्री को बुरा नहीं कहते हों।

चूँकि डर एवं लज्जा को ही स्त्री का मुख्य गुण समझा जाता है, चूँकि स्त्री के लिए सीमित रास्ता ही निर्धारित किया जाता है, इसीलिए यदि वह रास्ते में, गलियारे में, रेस्तराँ में अकेले चलती या बैठती है, तो लोग उसकी ओर हैरत से देखेंगे, सीटी बजायेंगे, उससे सटकर खड़े होंगे और परखेंगे कि यह लड़की 'वेश्या' तो नहीं, क्योंकि वेश्या के अलावा कोई भी लड़की निडर होकर नहीं चलती। वेश्या के अलावा पूरे शहर में कोई भी अकेला, स्वच्छन्द, सीमा लाँघकर रास्ते में नहीं निकलता।

जो स्त्रियाँ घर पर बैठी रहती हैं, जो अभिभावक या पुरुषों के साथ निरापद घर से बाहर जाती हैं, या अकेले ही मान्य सीमा के अंदर घूम-फिर कर जरूरत पूरी करते हुए घर लौट आती हैं, समाज उन्हें भली औरत का दर्जा देता है। इस 'भद्रता' का अतिक्रमण करने पर स्त्री को 'वेश्या' कहकर गाली दी जाती है। पुरुषगण 'वेश्या' को गाली जरूर देते हैं, लेकिन वेश्या के बगैर उनका काम भी नहीं चलता। अपने स्वार्थ के लिए उन्होंने खुद ही अपने दायरे में वेश्यालय खोल रखे हैं।

पुरुष 'वेश्या' न कह दें, इसलिए स्त्री दोपहर के समय किसी खुले मैदान में अकेले नहीं घूमती। इच्छा होने पर भी वह चन्द्रनाथ पहाड़ पर नहीं जाती। चाह कर भी स्त्री नदी-तट से लगे हिजला पेड़ की छाया में बैठकर दो-एक पंक्तियाँ गा नहीं सकती। इच्छा के बावजूद निर्जन फुटपाथ पर अकेले नहीं चलती। स्त्री 'वेश्या' सम्बोधन से बहुत डरती है, इससे वह अपने को बहुत बचाकर चलती है। पुरुष की नजरों में खुद को आकर्षक बनाये रखने के लिए स्त्री साज-सिंगार करती है। आँखों में, गालों और होंठों पर रंग चढ़ाती है। पूरी दुनिया में शृंगार के प्रसाधनों का उत्पादन जिस रफ्तार से बढ़ रहा है, मुझमें यह क्षमता नहीं कि मैं इसका अंदाजा भी लगा पाऊँ। वेश्याएँ शृंगार करती हैं असामाजिक ग्राहक की आशा में, और भद्र महिलाएँ सजती हैं सामाजिक ग्राहक की आशा में। उद्देश्य दोनों का ही ग्राहक पाना है। जिसे जितना अच्छा ग्राहक मिलता है, उसको इस लोक की सुविधाएँ भी उतनी ही अधिक मिलती हैं। स्त्री को वे सुविधाएँ दे रहे हैं, खाने-पीने, पहनने-ओढ़ने को

दे रहे हैं, इसीलिए स्त्री के पैरों में वे जंजीरें पहनाते हैं। वैसे ही, जैसे बकरी को मैदान में चरने के लिए छोड़कर उसके गले की रस्सी को एक खूँटे से बाँध दिया जाता है। स्त्री को गाय, बकरी, भेड़ की तरह ही एक नपे-तुले दायरे में चलने-फिरने दिया जाता है। पुरुष वर्ग रस्सी से बँधी स्त्री का स्वाद भी पाना चाहता है और रस्सी तुड़ाई हुई स्त्री का भी। मुख्य रूप से पुरुष-रसना को तृप्त करने के लिए ही स्त्री को एक बार घर में बंदी होना पड़ता है, तो एक बार घर छोड़ना पड़ता है। स्त्री आखिर स्त्री ही है, चाहे वह वेश्या हो या कुलवधू। कष्ट झेलने के लिए ही उसका जन्म हुआ है।

समाज की स्त्रियाँ पुरुषों के डंक मारने के डर से, इस डर से कि लोग उसे 'बुरा' कहेंगे, चाहत के बावजूद एक बार महास्थानगढ़ घूमने नहीं जा सकतीं, श्रीमंगल के चाय बागान में निर्द्वंद्व होकर टहल नहीं सकतीं। ब्रह्मपुत्र के पानी में खुशी से तैर नहीं सकतीं, सुन्दरवन में पूनों की चाँदनी में नहीं नहा सकतीं। एकांतिक मानुष जीवन। यह जीवन वह मन-मर्जी नहीं जी सकती। इस जीवन को वह मनुष्य के पास, आकाश और नक्षत्रों के पास, जल और हवा के पास, हरे-भरे जंगलों के पास, निर्जन नदी के पास लाकर नहीं पहचान सकती। वह अपने सभी अरमानों, सभी चाहतों और सपनों के घर को जलाकर पुरुष के घर को आलोकित करती है।

स्त्री के इस अर्थहीन जीवन के प्रति शोक-संताप से भरी हुई मैं लज्जित हूँ। पाठकगण, आप में यदि इंसानियत नाम की कोई चीज है, तो इस सबके लिए आप भी लज्जित हों।

आस लगाये रहती हूँ

करीब तीन साल हुए हैं। एक पत्रिका में मैंने बंगला अकादमी के 'इक्कीस फरवरी' आयोजन के दौरान एक शाम को जुटी भीड़ के बारे में लिखा था–"बदन पर साड़ी नहीं, ब्लाउज फटा हुआ। ऐसी हालत में उस दिन इक्कीस-बाईस साल की एक लड़की भीड़ को चीरती हुई बाहर निकल आई। वह तत्काल बलात्कार की शिकार लड़खड़ाते कदमों से चली आ रही स्त्री की तरह लग रही थी। उसे देखकर मैं सिर से पाँव तक सिहर गई। यदि इक्कीस फरवरी की शाम को भाषा-आंदोलन के शहीदों के प्रति इसी तरह श्रद्धा-प्रदर्शन किया गया है, और फिर इस विकृत यौनानंद के अंत में भले मानुस की तरह पुस्तक मेले में जो समा जाते हैं, किताबें देखते हैं, गाना गाते हैं–'मेरे भाई के खून से रँगा…'"धिक्कार है उन बंगालियों पर ! धिक्कार है इक्कीस फरवरी के इस गीत पर !" आगे और भी लिखा था–"ऐसी एक भी लड़की नहीं, जो भीड़ से गुजरकर मेले में गई हो और उसके स्त्री-अंगों पर किसी का हाथ न पड़ा हो। अनेक लड़कियों को मैंने भीड़ के डर से वापस लौटते हुए देखा है। वे लौट जाती हैं क्योंकि उन्हें मालूम है कि वहाँ का उत्पीड़न कैसा है। जो भीड़ पार कर भी जाती हैं, वे या तो क्षोभ से फट पड़ती हैं या फिर शर्म से झुक जाती हैं, मानो सारी ग्लानि उन्हीं के हिस्से में है। मानो स्त्री-अंग धारण करने का पाप उन्हीं का है। मानो स्त्री-जन्म का प्रायश्चित्त इसी तरह हो सकता है। 'इक्कीस' की चेतना से उद्दीप्त पुरुष इसी तरह सहयात्री स्त्री का स्वागत करता है।"

इस वर्ष छात्राओं की ब्रिगेड, अकादमी के मैदान में उतरी है। पुस्तक मेले की सारी दुर्घटनाओं का छात्रा ब्रिगेड विरोध करेगी। रोकेगी। पुस्तक मेले के व्यवस्थापकों की इस नई व्यवस्था की मैं प्रशंसा कर रही हूँ। छात्रा ब्रिगेड की एक-दो सदस्याओं को देखा है, सफेद एप्रॉन पहने वे इधर-उधर घूम रही हैं। अब तक मैदान में वे किस हद तक उत्पीड़न रोक सकी हैं, मुझे नहीं मालूम। स्त्रियों के प्रति उछाली

गई कितनी अश्लील फब्तियों का विरोध कर पायी हैं, उनकी ओर बढ़ रही कितनी शातिर उँगलियों को हटा पायी हैं, मैं खबर नहीं ले सकी हूँ। सिर्फ छात्रा ब्रिगेड की बात आते ही वे लोग झुंड के झुंड उन्हें देखने जाते हैं, मानो मेले में कोई अद्‌भुत प्राणी आ गया है–दो हाथ, दो पैर, दो आँख, दो होंठ और एक नाक वाला बिलकुल आदमी की तरह का एक प्राणी !

पुस्तक मेले में पुस्तकों की चर्चा नहीं हो रही है, चर्चा हो रही है छात्रा ब्रिगेड की। छात्रा ब्रिगेड के चारों तरफ भीड़ लगाये हुए हैं इस पीढ़ी के उत्साही नौजवान। वे उन्हें ही देखकर सीटी बजा रहे हैं, उन्हीं को आँख मार रहे हैं। वे अश्लील हरकतें करते हुए सभ्यता का खेल दिखा रहे हैं। अब सुरक्षा-कारणों से ही तो शाम छह बजे के बाद छात्रा ब्रिगेड के चले जाने का इन्तजाम किया गया है। बहुतेरे लोगों ने कहा है कि जो खुद असुरक्षित हैं, वे दूसरों की सुरक्षा क्या करेंगी ? बहुत-से लोगों ने कहा है कि मेले में आई इन चिड़ियों को देखने के लिए ही और ज्यादा भीड़ जुट रही है। लोग तो बहुत कुछ कहते हैं, कहते रहें। इस समाज की सब स्त्रियाँ चिड़िया ही तो हैं। जिस स्त्री को लोगों ने अपमानित किया, वह भी चिड़िया है और जो स्त्री, स्त्री को तमाम अपमानों से सुरक्षित रखना चाहती है, वह भी चिड़िया है। इन चिड़ियों की ओर, इन स्त्रियों की ओर पुरुष थूक रहा है, कंकड़ फेंक रहा है और फेंक रहा है यौनगंधी शब्दोच्चार।

ऐसे विपरीत वातावरण में छात्रा ब्रिगेड के मैदान में निकलने, इस तरह बेरोक-टोक चलने-फिरने ने मुझे बहुत प्रभावित किया। उनके लिए शायद किसी अश्लीलता को जड़ से उखाड़ फेंकना संभव नहीं, उनके लिए शायद किसी असभ्य पुरुष की जीभ काट देना संभव नहीं। फिर भी यह अवश्य है कि वे खूबसूरती के बगीचे में कुरूपता के अत्याचार के विरुद्ध डटी हुई हैं। यही क्या कम है। यह कोई कम उपलब्धि नहीं, यदि विरोध के स्वर को तीव्र करने के लिए एक-एक कर सभी जुलूस में शामिल हो जायें। हालांकि इस देश के लिए, पाल-पोसकर तैयार की गई एक संस्कृति के लिए यह बात बड़ी शर्मनाक है कि जब बंगाली एक बड़ा उत्सव करके अपनी भाषा के आनंद और गौरव में, अपनी परंपरा और संस्कृति के उजाले में खुद को आलोकित करने के पथ पर अग्रसर हो रहे हैं, तब उस महत् उत्सव के समय अश्लीलता रोकने के लिए छात्राओं को ब्रिगेड में उतरना पड़ता है। इतनी सृजनशीलता और श्लीलता के बीच कुछ असभ्य बंगाली समूची व्यवस्था को गंदा करने के लिए आते हैं। छात्रा ब्रिगेड उनकी असभ्यता को रोकने के लिए खड़ी हुई है। बंगाली जितना सभ्य हुआ है, उससे असभ्यता कुछ कम नहीं हुई है। यह भी कुछ कम शर्मनाक बात नहीं है।

फिर भी अभिनंदन छात्रा ब्रिगेड का, अभिनंदन मेले की संचालन कमेटी का कि स्त्री आज स्त्री के भले के लिए घर से निकली है। सिर्फ मेला ही क्यों, मेले

के अलावा और भी जहाँ जितना उत्पीड़न होता है, जितना दमन स्त्री पर चलता है, उसे कौन दूर करेगा ? उसे दूर करने के लिए राष्ट्र क्या कोई ब्रिगेड आगे नहीं आयेगी–घर हो या बाहर ?

कौन दूर करेगा तमाम अत्याचारों को ? कौन दूर करेगा अनगिनत बलात्कारों को ? कौन दूर करेगा अपहरण, अश्लीलता को ? कौन वापस लेगा स्त्री-दमन की असंख्य जंजीरों को ? इस मेले के शिक्षित और सचेतन लोगों की भीड़ में भी यदि स्त्री के लिए सुरक्षा की जरूरत पड़ती है, तो फिर पूरे देश में मूर्ख, धर्मांध और अशिक्षितों की भीड़ में स्त्री क्या थोड़ी भी सुरक्षित है, या रह सकती है ?

नहीं। जन्म के बाद से ही स्त्री, पुरुष निर्मित विभिन्न नियमों और नीतियों के प्रहार झेलते हुए जिंदा रहती है। स्त्री का शरीर लहूलुहान है, स्त्री का हृदय लहूलुहान है। वह जिस रास्ते से होकर चलती है, उस पर काँटे बिछे हुए हैं। स्त्री अपनी रफ्तार जितनी दीर्घ और तेज करती है, उतना ही उसके अतीत में जख्म जन्म लेते हैं, उतना ही वह चोट से पीड़ित होती है।

सुरक्षा की जरूरत पड़ती है दुर्बल व्यक्ति के लिए। शिशु के लिए, विकलांग के लिए और स्त्री के लिए। मेले में उतरकर स्त्री अपनी दुर्बलता कुछ कम कर रही है या नहीं। या फिर स्त्री दुर्बल है, इस बात को प्रमाणित करने के लिए ही यह छात्रा ब्रिगेड की व्यवस्था की गई है। मैं नहीं जानती। मैं सिर्फ यह सोचकर रोमांचित हो रही हूँ कि असत्य के खिलाफ प्रतिरोध चाहे कितना ही कम क्यों न हो, कितना ही हल्का क्यों न हो, फिर भी उसका एक अंश मेले के इस जुलूस-मार्ग से आगे बढ़ते हुए राजपथ पर जरूर जा पहुँचेगा।

हमारे बुद्धिजीवी

1

दो सप्ताह पहले 'विचिन्ता' पत्रिका में छपे एक साक्षात्कार में जाने-माने लेखक हुमायूँ आज़ाद ने अपनी स्तुति और दूसरों की निंदा करके सबका ध्यान आकर्षित किया है। कवियों की विस्तृत निंदा करते हुए उन्होंने मेरे नाम को भी अपनी सूची से बाहर नहीं रखा। उन्होंने बिना किसी दुविधा के लिखा है कि मैं तो अब तक कवि ही नहीं हो पायी हूँ। वैसे इस बात से मुझे जरा भी दुख नहीं हुआ, क्योंकि निर्मलेन्दु गुण जैसे कवि की प्रेम-कविताओं तक को उन्होंने 'व्यक्तिगत कामना-वासना से पनपी' हुई कहा है। दूसरे उन्होंने सिर्फ खुद को ही कवि के रूप में स्वीकृति दी है। साथ ही अपने एक-दो प्यारे कवियों को भी। कौन कवि है और कौन नहीं, यदि यह जाँचने की स्पर्द्धा में मेरा नाम आता है, 'जो अब तक कवि ही नहीं हो सकी' तो यह भी मेरा सौभाग्य है।

और, यही हुमायूँ आज़ाद अभी कल पुस्तक मेले में एक स्टॉल पर खड़े होकर मेरी अंग्रेजी में अनूदित एक कविता की पुस्तक पलटते हुए पूछ रहे थे—इसमें उस कविता का अनुवाद नहीं है : 'बड़ी भोर में गयी घासपात चुनने/मेरी टोकरी लबरेज़ हो गई फूलों से/इतनी तो मेरी कामना नहीं थी।' अनुवादक पास ही खड़ा था। उसने कहा, "नहीं।" हुमायूँ आज़ाद बोले, "वह क्यों होगी, अच्छी कविताओं का अनुवाद कोई करता ही नहीं !"

हुमायूँ आज़ाद की इस बात से हैरान होकर मैंने कहा, "मेरी कविता को आप अच्छा कह रहे हैं ?" आज़ाद बोले, "आपकी बहुत सारी कविताएँ मुझे बहुत अच्छी लगती हैं।"

इस बार मैं हँस पड़ी। पूछा, "तो फिर एक साक्षात्कार में आपने कैसे कहा है कि तसलीमा अभी तक कवि नहीं हो सकी !"

इसके बाद भाषाविद् हुमायूँ आज़ाद के कंठ से भाषा ही उड़न-छू हो गई। वे प्रस्थान की मुद्रा में आ गये। जल्दी न जाते तो इस प्रौढ़ व्यक्ति का 'बालक' कहकर मजाक उड़ाया जाता, क्योंकि मैं और हुमायूँ आज़ाद दोनों जब एक पत्रिका में 'कॉलम' लिख रहे थे, तो हमारी एक-दो दिनों की बातचीत में मुझे उन्होंने बताया था कि वे नियमित मेरा 'कॉलम' पढ़ते हैं। बीच में कुछ महीने मैंने लिखना बंद रखा तो एक दिन उन्होंने मुझे उपदेश भी दिया था—"लिखना बंद मत कीजिएगा, लिखती जाइए, लिखती जाइए।" और यही हुमायूँ आज़ाद जब अपने साक्षात्कार में कहते हैं कि तसलीमा नसरीन का 'कॉलम' बालक-बालिकाएँ ही पढ़ सकते हैं, मेरे लिए वह 'कॉलम' नहीं है, तो क्या मुझे कहने की इच्छा नहीं होगी कि आप भी सचमुच 'बालक' ही हैं !

2

कवि मुहम्मद नूरुल हुदा बांग्ला अकादमी के उपनिदेशक थे। वे मेला कमेटी के प्रमुख कर्ता-धर्ता भी थे। सत्रह फरवरी की शाम को मेले में कुछ बदमाश किस्म के लोग अश्लील वाक्य लिखा एक बैनर लेकर निकले। यह खबर सुनकर किसी भी दुर्घटना से बचने के प्रबंध में व्यस्त हो गये थे मुहम्मद नूरुल हुदा। मेरे लिए सुरक्षा-इंतजाम करके उन्होंने आतंकवादियों को चेतावनी देने के लिए मेला-प्रांगण की परिक्रमा की। उनके दायित्वबोध ने मुझे बहुत प्रभावित किया।

लेकिन एक दिन वे कह बैठे, "यह सब कुछ निहायत ही एक गढ़ी हुई सुनियोजित घटना थी।" यानी अश्लील बैनर लेकर घूमना, स्टॉल की किताबों को फाड़ देना, स्टॉल में मेरी किताब न रखने के लिए धमकी देना, सब कुछ सुनियोजित घटना थी। किसकी गढ़ी हुई ? मेरी ? मैंने अपने लिए षड्यंत्र का इतना सूक्ष्म जाल बुना है ?

अब तक बुद्धिजीवी नहीं हो पायी, इसलिए मेरी बुद्धि भी नहीं खुली। वरना अपने आनंद के लिए, बीच-बीच में खुद को ही अपने फायदे के लिए अपने खिलाफ जाल बिछाना पड़ता है, यह मैं थोड़ी बुद्धि होने पर ही जान सकी।

3

कथाकार सैयद शमसुल हक़ 'कन्या' सम्बोधन से ही मेरा परिचय देना ज्यादा पसंद करते थे। लिखने के मामले में हमेशा यह कहकर उत्साहित करते थे कि हम हैं, यानी हम लोग तुम्हारे साथ हैं, तुम लिखती जाओ। साथ वे हमेशा रहते हैं या थे, लेकिन जब सचमुच साथ रहने का समय आया, जब उनकी 'कन्या' या लेखिका पर शारीरिक हमले का विरोध करने का समय आया, तो वे खुद को बचाकर दूर

चले गये। मेरे बगल में बुद्धिजीवी लोग रहते हैं, लेकिन हमेशा नहीं। बुरा वक्त आने पर 'कन्या' सचमुच की कन्या नहीं रहती। यह एक ओढ़ा हुआ संग-साथ या सम्बोधन हो जाता है। खुद की जरूरत के लिए ही इस रिश्ते का इस्तेमाल किया जाता है, यह उन्होंने साथ न देकर दूर जाते हुए समझा दिया।

4

आदमी का जीवन बहुत अल्पकालिक होता है। इस छोटे-से जीवन में आदमी तरह-तरह के लोगों को देखता है। हमारे बुद्धिजीवीगण आदमी नहीं, 'महामानव' जैसा कुछ होंगे। मुझे लगता है, आदमी को देखने या पहचानने से 'महामानव' को पहचानना कहीं ज्यादा सहज होता है, क्योंकि हमारे बुद्धिजीवी अक्सर इतना 'चौंका देनेवाली' और 'असामान्य' घटनाओं को जन्म देते हैं, जो किसी साधारण आदमी के वश की नहीं हो सकतीं। बुद्धिजीवियों के पास चाहे और कुछ भले न हो, यह तो मानना ही होगा कि 'बुद्धि' होती है। लेकिन दुख इस बात का है कि इस बुद्धि में सरलता से कहीं ज्यादा चतुराई ही होती है।

हमला

बचपन में 'शादी-बाड़ी', यानी विवाह-गृह का गेट सजा हुआ देखती थी। दरवाजे के दोनों तरफ केले के खंभे गाड़कर 'गेट' सजाया जाता था। या फिर बाँस चीरकर उसका फ्रेम बनाकर झाऊ पत्ते से द्वार सजाया करते थे। गेट पर टँगे सूप में विभिन्न रंगों से 'शुभ-विवाह' लिखा रहता था। मिट्टी के घड़ों पर कई रंगों से चित्रकारी करके सजावट की जाती थी। विभिन्न रंगों से चित्रित शीतल पार्टी (चटाई) को हल्दी चढ़ाने वाले दिन जमीन पर बिछाकर रखा जाता था। इसके अलावा कमरे के फर्श पर अल्पना बनायी जाती थी। लाल-नीले कागज की पन्नी काटकर दीवारों से लटका देते थे।

आजकल वह सब नहीं दिखाई देता। अब तो शादी-बाड़ी का गेट, जन्मदिन का गेट, मिलाद-महफिल का गेट, हल्दी चढ़ने का गेट, मुसलमानी का गेट, अक़ीक़ा का गेट–सब एक ही तरह सजते हैं। शहर में अभी डेकोरेटरों का बिजनेस बहुत जमकर चल रहा है। वे किसी भी अनुष्ठान का बुलावा आने पर कपड़े का गेट बनाने जाते हैं। कपड़ा लपेटकर गुम्बदाकार कुछ बनाते हैं, जिसके नीचे से लोग बाहर-भीतर आते-जाते हैं। कपड़े से मढ़े इस गेट के साथ इस्लामी स्थापत्य का सादृश्य नज़र आता है। ढाका शहर की वी. आई. पी. रोड की दीवारों पर कभी इस्लामी स्थापत्य का व्यवहार अनिवार्य हुआ करता था। सरकार बदल गई है, तो फिलहाल दीवार पर इस्लाम साटने का काम रुका हुआ है। फिलहाल इसलिए कह रही हूँ, क्योंकि हर सरकार 'इस्लाम' को अपनी स्वार्थ-सिद्धि के सबसे उपयोगी उपादान के रूप में इस्तेमाल करती है। इसलिए दीवारों, रास्तों, फुटपाथों, सड़कों, द्वीपों आदि पर इस्लामी नक्शा तैयार होने में देर ही कितनी लगेगी।

संस्कृति बदल रही है, कम-से-कम बदलने की जबरदस्त कोशिश तो चल ही रही है। लम्बे समय के अभ्यास-अनुभव के ऊपर हो रहा एक नया आक्रमण हमारे

हाड़-मांस को बताये दे रहा है कि प्रलयंकारी परिवर्तन आ रहा है। इस प्रलय में उलट-पलट रहा है हमारा दीर्घकालीन बोध और विश्वास और हमारी चिर-परिचित जीवन-छवि।

आजकल हल्दी चढ़ाने पर भी गेट बनता है, कान छेदाने पर भी और अक़ीक़ा देने पर भी। 'गेट' क्यों बनाया जाता है ? इसे बनाने का मतलब क्या है ? मैंने बहुत सोचा है। अंदर कोई आयोजन-अनुष्ठान हो रहा है, शायद 'गेट' इसे समझाने की एक भाषा है। यह भाषा दिन-ब-दिन बनावटी होती जा रही है। नकली, बनावटी और दिखावटी। धीरे-धीरे आन्तरिकता खत्म होती जा रही है। पहले घर-परिवार के लोग, पड़ोसी या स्वजन मिलकर गेट सजाते थे। इसके पीछे काम करता था युवकों का उत्साह-उल्लास। एक साथ जुटकर कुछ करने का आनंद। लेकिन अब अल्पना सजाने की धूम नहीं मचती, सारी रात जागकर कागज की पन्नी काटते और सूप में चित्रकारी करते हुए घर को नहीं सजाया जाता। अब तो भाड़े पर आदमी लाकर 'गेट' सजाया जाता है। रात की बिजली-बत्ती अपनी पसंद के मुताबिक डेकोरेटर सजा देते हैं।

आदमी जितना सभ्य हो रहा है, जितना शिक्षित हो रहा है, पैसे देकर खरीदी गई कृत्रिमता उतनी ही घटनी चाहिए थी। अर्थहीनता की खरीद घटनी चाहिए थी। लेकिन इसके विपरीत इस देश में धीरे-धीरे बढ़ रहा है एक झूठा बोध, एक पराई संस्कृति।

रमजान के महीने को मैं कृच्छ, यानी प्रायश्चित माह के रूप में ही जानती थी। लेकिन अब मैं इसे सबसे ज्यादा भोग और विलासिता का माह समझती हूँ। इस कृच्छ माह में इतनी भोजन-विलासिता का आयोजन होता है कि खाद्य-सामग्री की कीमतें बढ़ जाती हैं। मुसलमान व्यवसायी साग-सब्जी, मांस-मछली सबकुछ अधिक मूल्य पर बेचते हैं। शाम को घर-घर में पार्टियों की धूम मचती है। मेजों पर अनगिनत खाद्य-पदार्थों का अम्बार लग जाता है। यह देखकर ऐसा नहीं लगता कि यह प्रायश्चित का महीना है, संयम का महीना है और यह देश दरिद्रता से ग्रस्त है।

हमारे इस विशाल गाँव-जैसे देश में ईंट-पत्थरों से जो शहरीकरण किया जा रहा है, वह अन्तर्राष्ट्रीय एवं आन्तरिक राजनीति के दबाव में एक भिन्न संस्कृति धारण करने के लिए बाध्य हो रहा है। इससे एक उलझी हुई संस्कृति के साथ आधा शहर, आधा गाँव जैसे मिश्रित परिवेश में बंगाली पल जरूर रहा है, यानी उसके हाथ, पाँव, सिर आदि अंग बढ़ जरूर रहे हैं, लेकिन सचमुच के बंगाली नहीं बन पा रहे।

हमारी संस्कृति पर शब्बेरात के पूरी-हलवा और पटाखों की परत चढ़ायी जा रही है। अब हमारी संस्कृति में खुशी की कोई खबर सुनते ही मीलाद-महफिल

नहीं सजती, बल्कि अब तो उसमें विशालकाय सिंधी गाय को जिबह करके, तेल-मसाले में पकाकर खाना शामिल है। अब हमारी संस्कृति में घुस गया है पुलाव, कोरमा, बिरियानी, तेहरी, गाय-खस्सी का रेजाला, क़बाब, कोफ्ता, बुरहानी, ज़र्दा, खजूर। अब हमारी संस्कृति में आसन जमा बैठी है तेल में डूबी खाद्य सामग्री। एक भूखी जाति के सामने है अब आलोक-सज्जा, वस्त्रहीन जाति के सामने है वस्त्रों से सजा विशाल गेट, चमचमाती, सुगंध बिखेरती 'जुसमे-जुलसे', तेल और मसाले में डूबी गाय-खस्सी और जाफ़रान रंग का पुलाव।

हम लोग, बंगाली जाति के हम लोग किस ओर हाथ बढ़ायेंगे ? किस सभ्यता की ओर, किस संस्कृति की ओर ? क्या यही सही वक्त नहीं है कि हम अपने को पहचानें। जानें कि हम किस जाति के हैं और किस संस्कृति का पालन करते हैं ? परायी संस्कृति हमें निगलने के लिए आगे आ गई है। अब भी यदि हम सचेत न हों तो विनाश के सिवा बंगाली के लिए और कुछ नहीं बचेगा।

नगर-यापन

हम लेखकों का एक नियम है—साल-भर लिखेंगे, सिर्फ एक महीना छोड़कर। साल-भर की व्यस्तता के बाद एक महीना सिर्फ आनंद-उत्सव मनाएँगे। साल-भर अलग-अलग रहकर हम लेखक इस एक महीने पास-पास चलते हुए, गोलाई में बैठकर या खड़े होकर आपस में पूरे साल की बातें करेंगे। उन लोगों से भी बातें करेंगे जो हमारे पाठक हैं।

इस उत्सव का महीना है फरवरी। यह हमारा महीना है। हम लोग, जो साल के ग्यारह महीने अपना-अपना दुःख झेलते हैं, क्या एक महीना भी आनंद नहीं मनाएँगे ? जरूर मनाएँगे, इसीलिए मनाते भी हैं। इसीलिए फरवरी की शाम को मैं उनका कुशल पूछने जाती हूँ, जो कविता लिखते हैं, कहानी-उपन्यास लिखते हैं, लेख लिखते हैं और जो हमारी तरह सोचते हैं। इस साल के पुस्तक मेले में एक अप्रिय घटना हुई। इसे सभी जानते हैं। जो पुस्तक मेले में जाते हैं, वे भी और जो नहीं जाते, वे भी। अप्रिय घटना यह थी कि दस-बारह लड़के, जिन्हें मेरा लिखना पसंद नहीं आता, मेले में लगे स्टॉल से मेरी किताबें उठा ले गये और उन्हें फाड़ दिया। साथ ही यह धमकी भी दी कि मेरी किताबें न बेची जायें और यदि मैं बांग्ला अकादमी के मेले में गयी तो मुझे अपमानित किया जायेगा। उन्होंने शारीरिक आघात पहुँचाने का संकेत भी दिया।

बाद में पता चला कि 'बचो-बचो' और 'लड़कियों का गोल्लाछूट' नामक मेरी कविताओं के लिए ही उनका मुझ पर इतना गुस्सा है। 'बचो-बचो' कविता इस प्रकार है—"तुम्हारे पीछे कुत्तों का झुंड है/ध्यान रखना, कुत्तों की देह में होता है रैबिस/तुम्हारे पीछे मरदों का झुंड लगा है/याद रहे, उनको है सिफलिस।"

'लड़कियों का गोल्लाछूट' कविता है—"हम लड़कियाँ शाम को जो खेल खेलने मैदान में उतरतीं/उसका नाम था गोल्लाछूट/सारे मैदान में कितनी चहल-पहल रहती/

उस बेफिक्र आनंद-उल्लास से/धीरे-धीरे कब आ पहुँची मायावी दुखों की छाया में/ याद नहीं, कुछ याद नहीं, हमजोलियों का कौन-सा दल किधर चला गया/किसे छू लेने से मिलती है मनचाही विजय ! लड़कियाँ क्या अब भी खेलती हैं हवा में लहराती हुई अपने बाल–गोल्लाछूट खेल ? /मेरी बार-बार इच्छा होती है खेलूँ/अब भी रह-रहकर मचलती हैं पाँवों की उँगलियाँ/धूल में डूब जाना चाहते हैं तलवे/मन करता है, जाऊँ/ दुनिया की सभी जवान लड़कियों को/गोले से दिला दूँ छूट/घेरे से कर दूँ आज़ाद ।"

आरोप यह था कि "दुनिया की सभी जवान लड़कियों को/गोले से दिला दूँ छूट/घेरे से कर दूँ आज़ाद" का अर्थ है यह कि मैं घर-परिवार से सभी माँ-बहनों को निकालना चाह रही हूँ। आरोप यह भी था कि पुरुष शरीर में सिफलिस कहकर मैं समूची पुरुषजाति को दोष दे रही हूँ।

ये दोनों आरोप सीधे मेरे सामने रखे गये। मुझे अपने लिखने के लिए निहायत ही पुरातन, पोंगापंथी संस्कारों में डूबे दो सशस्त्र युवकों के सामने सफाई देनी पड़ी। सफाई देनी पड़ी कविता की। जवाबदेही करनी पड़ी एक-एक शब्द की। मानो मैंने लिखकर अपराध किया है, अपराध किया है जंजीर तोड़कर स्त्री को मुक्त हो जाने का आह्वान करके। मानो अपराध किया है स्त्री को मनुष्य होने को प्रेरणा देकर। इस गंदे समाज की दलित, दबी-कुचली, शोषित स्त्री के पक्ष में कहे गये किसी भी शब्द को 'अश्लीलता' माना जाता है।

कौन-सा शब्द मैंने किस कविता में लिखा है और क्यों ? इसका मुझसे जवाब माँगा गया। मैंने अधिकांश समय चुप रहकर गुजार दिया है। वयस्क लड़कियाँ गोले में दौड़ लगाएँगी, यानी गोले का अर्थ यहाँ परम्पराओं का घेरा, गोले का अर्थ जंजीर, गोले का अर्थ अंधेरा कमरा है, जिसे स्त्री की एकमात्र दुनिया समझा जाता है। स्त्री को इस अवदमन, पराधीनता की जंजीरों को तोड़कर निकल आने के लिए कहना मेरा अपराध है। उन लोगों ने ऐसा ही आरोप लगाया।

इक्कीसवीं शताब्दी की शुरूआत के वक्त मुझे इस सवाल के आमने-सामने खड़ा होना पड़ा कि क्यों मैं समाज के स्थापित नीति-नियमों के विरुद्ध दूसरी बातें कहती हूँ। क्यों प्रचलित जिंदगी से अलग दूसरी जिंदगी का आह्वान करती हूँ। मेरे इस अपराध के लिए क्षमा नहीं। कम-से-कम उन लोगों से, जिन्होंने यह फैसला किया है कि वे मेरे हाथ से कलम छीन लेंगे।

मुझे शर्म आती है। सचमुच मुझे शर्म आती है कि मैं किस देश में निवास करती हूँ, कौन लोग मेरे सहयात्री हैं, कौन लोग मेरे पाठक हैं। मुझे लज्जा होती है, लेकिन गुस्सा भी कुछ कम नहीं आता। इसी दौरान अचानक एक दिन मैंने निर्णय लिया कि अब मैं ऐसा नहीं लिखूँगी। मैं अब हुमायूँ अहमद की तरह उपन्यास लिखूँगी, सुरैया खान की तरह कविताएँ लिखूँगी। बस फिर कोई फाँसी की माँग करके जुलूस नहीं निकालेगा, मेले से मेरी सारी किताबें लूट नहीं लेगा। फिर कोई मुझे नंगा करने

की धमकी नहीं देगा। कम-से-कम मैं निरापद जीवन तो गुजार सकूँगी। लेकिन अंततः इस तरह के विचार को मैं ज्यादा देर तक कायम नहीं रख पायी। सारी दुश्चिन्ताओं को मैंने यह सोचकर झटक दिया कि यदि कट्टरपंथी लोग धर्महीनता के जुर्म में मुझे फाँसी पर लटकाना चाहते हैं तो लटका दें। कट्टरपंथी यदि नये युग के अनुरूप लिखने वाले मेरे हाथ को उखाड़ फेंकना चाहते हैं, छीन लेना चाहते हैं मेरी कलम, नंगा करना चाहते हैं मेरा शरीर, तो करें। लीजिए, मैं खड़ी हूँ। सारी बुरी ताकतों के खिलाफ। लीजिए, मैं खड़ी हूँ धर्म, समाज, राष्ट्र की ओर से स्त्री पर होने वाले अत्याचार के विरुद्ध। कोई यदि मेरी पहचान करना चाहे तो पहचान ले।

मैं समझौता नहीं करना चाहती–किसी शक्तिशाली आतंकवादी के साथ। उन्होंने मुझ पर आरोप लगाते हुए यह भी कहा था–"आपने 'जय बांग्ला' कविता में लिखा है, 'इस जय बांग्ला को जीवन के रक्त-मांस में/जो पालन करना नहीं जानते/उन अभागों की मौत हो।' इसका अर्थ क्या यह नहीं है कि आप हमारी मौत चाहती हैं ?"

यह भी मेरा जुर्म है कि मैं 'जय बांग्ला' को हृदय में बसाये हुए हूँ। अपने इतने सारे अपराध दूर करने की शक्ति मुझमें नहीं है। मुझे इसका गर्व है। मैं चाहती हूँ कि यह एकमात्र गर्व मेरी प्रतिभा और विचार-शक्ति को और ज्यादा समृद्ध करे, ताकि अपनी ओर बढ़ रहे सत्ता और समाज के बुलडोजर को मैं शारीरिक बल से नहीं, सत्य के बल पर रोक सकूँ। कोई यदि इसे अपराध कहे, तो मैं और ज्यादा अपराधी बनना चाहूँगी।

घर का शत्रु विभीषण

इस जिंदगी में मुझे कुछ कम मुसीबतें नहीं झेलनी पड़ीं। कट्टरपंथियों ने मुझे फाँसी पर लटकाने की माँग करते हुए जुलूस निकाला है और मैं उस जुलूस को पार करती हुई घर लौटी हूँ। मैंने कम कष्ट नहीं भोगा है। एक विरोधी समाज के सज्जनगण मुझ पर निरंतर प्रहार करते रहे हैं। बहुत दिन हो गये, मैं दुखी होना भूल गई हूँ। चकित-विस्मित होते-होते अब मैं स्थिर हो गयी हूँ। कोई भी हादसा अब मुझे विचलित नहीं कर सकता। फिर भी उस दिन अचानक, तरह-तरह की मुसीबतों के बावजूद, मैं हतप्रभ रह गयी। वह फरवरी की तेरह तारीख थी। बांग्ला अकादमी के पुस्तक मेले में सात-आठ या दस-बारह लड़के एक बैनर लिये घूम रहे थे। बैनर पर कुछ अश्लील वाक्य लिखे थे। उनके नीचे लिखा था—'तसलीमा नसरीन पेषण कमेटी।' यह दृश्य मैंने देखा नहीं था। इसके बारें में कोई मुझे इत्तिला दे गया। मेरे परेशान शुभचिंतकों ने मेले की संचालन समिति को इस दृश्य की जानकारी दी। वे मुझे अकादमी महासंचालक के कक्ष में ले गये और आपात सुरक्षा की व्यवस्था कर दी।

सूचना मिली कि कुछ युवक उस बैनर को छीन ले गये हैं। महासंचालक भी मंच के माइक से बैनर का इस्तेमाल करने वालों के लिए कड़ी चेतावनी देकर वापस लौट आये। आते ही मुझसे पूछा—आपको लेकर यह जुलूस क्यों निकाला जा रहा है ? इस सवाल ने मुझे निरुत्तर कर दिया। यह जुलूस क्यों निकाला जा रहा है, इसका क्या उद्देश्य है, मुझे नहीं मालूम। लेकिन महासंचालक मुझसे जवाब पाने के लिए उत्तेजित हो रहे थे। मानो यह पेचीदा जवाब उन्हें मिलना चाहिए, और यह सिर्फ मेरे ही पास है। ऐसा वे सोच रहे थे। मेरी खामोशी से उन्हें थोड़ी गलतफहमी हुई है, यह सोचकर मैंने कहा—शायद लिखने-विखने के कारण ऐसा हो रहा होगा।

मेरे इस सहज जवाब से उनकी भौंहें तन गयीं। आँखों में अविश्वास का

भाव तैर गया। गले से एक अद्‌भुत वाक्य निकला–बहुत-से लोग लिखते-विखते हैं, उनके विरोध में तो जुलूस नहीं निकला ?

इस बात ने मुझे और स्तब्ध कर दिया। वहाँ मौजूद चार-पाँच लेखक भी महासंचालक के सवाल से क्षुब्ध हुए और रोष जताया–किसी ने धीमे स्वर में तो किसी ने ऊँची आवाज में। मेरे विरुद्ध यह जुलूस क्यों है, लेखक तो इस देश में अनेक हैं, सबको छोड़कर 'पेषण' के लिए उन लोगों ने, इस देश की सुयोग्य संतानों ने मुझे ही क्यों चुना–महासंचालक के इस सवाल के पीछे एक सूक्ष्म विद्रूप की झलक मुझे मिली। मुझे यकीन नहीं आ रहा था कि मैं एक उच्च-शिक्षित व्यक्ति से बात कर रही हूँ। बात कर रही हूँ बांग्ला अकादमी के महासंचालक के साथ। मुझे विश्वास नहीं हो रहा था कि जिस व्यक्ति के साथ मैं बात कर रही हूँ, वह सत्य के विरुद्ध चिढ़े हुए उन्मत्त असत्य के बारे में कुछ भी नहीं जानता, कि एक परम्परावादी समाज के विरुद्ध बातें करने पर कैसे अत्याचार, उत्पीड़न या दमन का शिकार होना पड़ता है। और यदि आवाज बहुत ज्यादा समझौताविहीन एवं ताकतवर हुई तो किसको 'शौक' नहीं होता कि उसे दबा दे ! किसके हाथों और उँगलियों में छटपटाहट नहीं होती कि उसका दमन करे ? आधी उम्र पार करने के बाद भी महासंचालक इतिहास भूल गए, गैलीलियो गैलिली, जियोर्दानो ब्रूनो, सक्रेटिस, जॉन ऑफ आर्क, मेरी ओलस्टोन क्राफ्ट, ब्लादिमिर इलिच लेनिन, ईश्वरचंद्र विद्यासागर, रोदां, सलमान रुश्दी की बातें वे भूल जाते हैं।

और यदि यह आवाज स्त्री की हुई ? कितने लोग स्त्री को इस समाज में खड़ा होने का मौका देते हैं ? स्त्री ही जानती है कि उसको कितने प्रतिबंधों को लाँघकर गंतव्य तक पहुँचना होता है। स्त्री ही जानती है अपने ऊबड़-खाबड़ रास्ते और रास्ते की प्रतिकूलताएँ। सम्भवतः महासंचालक हारून-अर-रशीद एक स्त्री पर घर और बाहर के दुष्ट पुरुषों द्वारा किये जाने वाले अत्याचार के बारे में नहीं जानते। महासंचालक ने अचानक एक अप्रासंगिक बात कही, "यह और बात है कि मैंने आपका लिखा हुआ कुछ भी नहीं पढ़ा। लेकिन हुमायूँ आज़ाद ने तो अपने एक साक्षात्कार में कहा है कि आपने तो अभी लिखना ही नहीं सीखा।" मैं हैरान होकर इस बार उनका चेहरा देखती रही। लिखने के लिए हुमायूँ आज़ाद के सर्टिफिकेट की जरूरत पड़ती है, यह तो मैंने कभी सोचा ही नहीं। हुमायूँ आज़ाद तरह-तरह के साक्षात्कारों में कहते फिर रहे हैं कि पूरब और पश्चिम में उनकी तरह चिंतनशील दूसरा कोई नहीं है। वही अकेले महत्त्वपूर्ण हैं। कवि निर्मलेन्दु गुण 'बड़ा अकवि', हुमायूँ अहमद 'उपन्यासकार' और सैयद शमसुल हक़ 'कपटी कवि' हैं, पर तसलीमा नसरीन तो अब तक कवि ही नहीं बन पायी ! हुमायूँ आज़ाद अपनी प्रशंसा करते हुए सभी लेखकों के विषय में अजीबो-गरीब टिप्पणी करते हैं। अपने विषय में बोलते समय ऐसी अशोभन टिप्पणी करना, खुद को छोड़कर बाकी सबको अहमक

ठहराना, सबको तुच्छ समझना स्वस्थ मस्तिष्क का काम नहीं है। यह आचरण लोगों का ध्यान आकर्षित करने का एक निहायत हीन उद्देश्य मात्र है। यह तथ्य बहुत-से लोगों के लिए स्पष्ट है।

लेखक के रूप में हुमायूँ आज़ाद ने मुझे सर्टिफिकेट नहीं दिया, इससे महासंचालक भी मुझसे संतुष्ट नहीं हैं। मुझे मालूम नहीं कि महासंचालक को यदि हुमायूँ आज़ाद आदमी होने की मान्यता न दें तो वे खुद को 'आदमी' मानेंगे या नहीं। मेरी हैरानी का भाव दूर होने से पहले ही महासंचालक मुझे लाजवाब करते हुए बोले, "ऐसा लिखिए कि यह सब 'झमेला' न हो। स्त्री होकर पुरुष-जैसा लेखन करने की क्या जरूरत है! धर्म पर प्रहार करते हुए क्यों लिखती हैं? मेले में झमेला होने पर मेले से किताबें उठवा लेने के लिए हम लोग बाध्य हो जाएँगे।"

महासंचालक मुझे सिखाना चाहते हैं कि कैसा लिखना चाहिए, किस तरह लिखने से कोई झमेला नहीं होता! किस तरह लिखने से हुमायूँ आज़ाद लेखक के रूप में मुझे स्वीकार करेंगे। मेरा सौभाग्य है कि मैं इन बर्बर शिक्षितों से संक्रमित नहीं हुई। उन बैनरवाहक दुष्टों और इन सारे प्रगतिशील मूर्खों से मैं ख़ुद को सुरक्षित दूरी तक हटा लेती हूँ।

किसकी निन्दा करते हो तुम सिर झुकाये यह तुम्हारा, हमारा पाप है

मेरा जन्म शहर में हुआ। शहर में ही बड़ी हुई। पिताजी से बचपन में गाँव के बारे में सुनती थी। किताबों में गाँवों के बारे में पढ़ती थी। बखार-भर धान, गोशाला-भर गाय। इकहत्तर के युद्ध में अपनी आँखों से गाँव देखा, मगर उसे भी ठीक-ठीक गाँव नहीं, कस्बा कहा जा सकता है। वह भी ज्यादा दिनों तक नहीं। मेंड पर चलते हुए पोखर में तैरना सीखते-सीखते पाँच-छह महीने बीत गए। फिर हमें शहर लौटना पड़ा था।

दरअसल गाँव मैंने रेलगाड़ी की खिड़की से देखे हैं। रेल का टिकट लेते समय मेरी शर्त रहती है कि मेरी सीट खिड़की के पास होनी चाहिए। सर्दी हो या गर्मी, मैं खिड़की खोलकर गाँव देखती हूँ। कहीं पुआल से छायी हुई झोपड़ियाँ, तो कहीं मिट्टी के आँगन में पुआल का ढेर। पेड़ की छाँह में बैठी गाय जुगाली कर रही है। गाँव की जो चीज मुझे सबसे ज्यादा आकर्षित करती है, वह है सीमेंट के बने पक्के घाटवाले स्वच्छ पानी के पोखरे और बरगद-पीपल के पेड़ों की छाँव। पेड़ की छाँह में बैठकर दूर तक फैले धान के हरे-भरे खेतों को देखते रहने पर मेरा मन भर जाता है।

उस दिन गाँव में दिन-भर घूमने का मौका मिला। मैं काफी उमंग-उल्लास में थी। इकहत्तर में जैसा देख चुकी थी, लाल-हरे रंगों वाले फूल कढ़े काँच के गिलास में पानी देंगे। पेड़ पर आम-अमरूद-जामुन जो भी होगा, तोड़कर सामने रख देंगे। पीठ पर हाथ फेरते हुए कुशल-मंगल पूछेंगे। टीन का बक्सा खोलकर फूलदार चीनी मिट्टी की बड़ी प्लेट निकाल लायेंगे और उसमें गरम-गरम भात देंगे। साथ में खेत की ताजा सब्जी, पोखरे की मछली। मेरी आँखों में गाँव की तस्वीर ऐसी ही थी। इस बार जब गाँव गई तो मेरे चारों तरफ बच्चों की भीड़ इकट्ठी हो गई। वे चुपचाप

खड़े मुझे घूर रहे थे। इतने सारे लोगों के एकटक देखते रहने से कुछ अजीब-सा लगता है। मैं अपनी असहजता दूर करने के लिए आँगन में टहलने लगी। घर की बड़ी लड़कियाँ मुझे अजीब निगाहों से देख रही थीं। स्त्रियाँ अपने-अपने काम में लगी रहीं। मेरे लिए किसी ने पेड़ से डाभ (पानी वाला नारियल) नहीं तोड़ा, कोई तेजी से अमरूद के पेड़ पर चढ़कर मेरे लिए अमरूद नहीं तोड़ लाया। मानो मैं एक अद्‌भुत शहरी प्राणी आ गयी हूँ, मुझे भूख-प्यास नहीं लगती और मैं फल-फूल भी खाना नहीं जानती।

जिस घर की मेहमान थी, दोपहर पार हो गयी, लेकिन कोई मुझसे पूछने नहीं आया कि मुझे भूख भी लगी है या नहीं ! कुछ खायेंगी भी या नहीं ! आखिर करीब साढ़े तीन बजे एक स्त्री मेरे लिए खाना लेकर आयी—भात और साथ में मुनगे की दाल। मैंने पूछा, "आप लोगों ने खाना खाया ?" महिला ने सिर हिलाया, "नहीं।"

खाते समय गले में चावल अटक रहा था। खा नहीं पा रही थी। महिला पास में खड़ी ही रही। मैंने पूछा, "आपके कितने बच्चे हैं ?" बोली, "ग्यारह !"

ग्यारह ? मैं चौंक गयी। किसी को ग्यारह बच्चे भी होते हैं ? पूछा, "सभी आपके पेट से हैं ?"

महिला ने आँचल से मुँह ढँककर कहा, "हाँ।"

भात सानते हुए पूछा, "यहाँ परिवार-कल्याण वाले नहीं आते हैं ?"

"आते हैं।"

"वे कुछ बताते नहीं हैं ?"

"उन्हें घर में घुसने नहीं दिया जाता।"

"कौन घुसने नहीं देता ?"

"सिराज के पिताजी।"

'सिराज के पिताजी', यानी उस स्त्री के पति। मैंने पूछा, "आपको बेटे कितने हैं ?"

"सात।"

सोचा, सम्भव है बेटे की आस में कई बच्चे हो गये हों; जैसा कि आमतौर पर होता है—एक बेटे की चाहत में बहुत सारे बच्चे हो जाते हैं। लगातार लड़कियों का जन्म होता रहे और ग्यारहवें नम्बर पर लड़का हो। इसके बाद उत्पादन रुके। लेकिन यहाँ तो ग्यारह में सात लड़के हैं !

पूछा, "क्या कोई पढ़ता-लिखता भी है ?" स्त्री ने आँचल खींचकर कहा, "नहीं।"

मुझसे खाना खाया नहीं गया। हाथ धो लिये। ये मेरे दूर के रिश्तेदार हैं। मैं तो गाँव में घूमने आयी थी—गाँव की हरी-भरी जिंदगी का आनन्द उठाने।

"इतने सारे बच्चों को खिला-पिला सकती हैं ?"

इतने में ही सिराज के पिता आ गये। उनसे भी यही सवाल किया। उन्होंने कहा, "अल्लाह के बंदे हैं, अल्लाह ही खिलाते हैं।"

"अल्लाह ही खिलाते हैं, मतलब ? खाना तो आप ही को जुटाना पड़ता है। दिन-भर की मेहनत के बाद जो जुट पाता है, वही तो खाते-खिलाते हैं। आप न खिलायें, तो देखिए कि अल्ला खिलाते हैं या नहीं। फिर, अल्लाह आप को अंडा-मछली-दूध क्यों नहीं खिलाते ?"

सिराज के पिता चुपचाप मुस्कराये। मैंने पूछा, "परिवार-कल्याण वालों को घर में क्यों नहीं घुसने देते ?" बरामदे में बैठे हुए सिराज के पिता उदास आँखों से आँगन की ओर देखते रहे। बोले, "वह सब मानने पर गुनाह होगा।"

"परिवार कल्याण करने पर गुनाह होगा ?"

"हाँ ! जीव अल्लाह देता है, उसे मैं क्यों मारूँगा ? अल्लाह ने कहा है–तुम यदि जीव को बना सको, तभी उसे मार सकते हो। अल्लाह की दी हुई नियामत को मारने पर निश्चय ही नरकवास होगा।"

ये रईसुद्दीन, सिराज के पिता, दोजख में जाने के डर से जन्मरोध नहीं करेंगे। वे बहिश्त में जाना चाहते हैं। सबको बहिश्त का लालच होता है। रईसुद्दीन ने दाढ़ी रखी है। सिर पर टोपी भी लगाते हैं। पाँच वक्त नमाज भी पढ़ते हैं। मैंने पूछा, "अरबी में जो सूरा पढ़ते हैं, इसका अर्थ मालूम है ?"

रईसुद्दीन हँसकर बोले, "नहीं। अल्लाहनामा में पढ़ने को कहा गया है, इसलिए पढ़ता हूँ। हम लोग अनपढ़-गँवार हैं। अर्थ कैसे जानेंगे ?"

गाँव का मतलब सिर्फ हरी-भरी धान की खेती, सिर्फ स्वच्छ पानी की पोखर नहीं है। वृक्ष की छाया-भर नहीं है। गाँव का अर्थ गाँव के लोग भी तो हैं। वे ग्यारह संतान पैदा कर परिवार की गरीबी बढ़ाते हैं। दरिद्रता का चाबुक उनकी पीठ पर पड़ता है। वे बहिश्त के लालच में जीवन तक को किस्मत के हाथों सौंप देते हैं। और, किस्मत मनुष्य नामक उन मूर्ख, निरीह प्राणियों के साथ खेल खेलती है।

पढ़े-लिखे शहरी लोग तरह-तरह के दर्शन जानते हैं। मार्क्सवाद जानते हैं, अर्थनीति-राजनीति का जोड़-घटाव जानते हैं। नहीं जानते तो सिर्फ उनका उद्धार करना नहीं जानते। अलौकिकता के घेरे से बाहर आकर अपने खूबसूरत हरे-भरे गाँव की रक्षा करना नहीं जानते।

दुख रजनी का गीत

इस ढाका शहर में मेरे शुभचिंतक कितने हैं, मुझे मालूम नहीं। बहुतेरे शुभचिंतक मुझे आजकल बता रहे हैं कि इस शहर में आपके शत्रु बहुत हैं। किसी-किसी ने सलाह दी कि बाहर अकेले न निकलें तो किसी-किसी ने यह भी पूछा कि अच्छा, आपके ज्यादा दुश्मन क्यों हैं ?

दुश्मन ज्यादा क्यों हैं–दरअसल मैं यह नहीं जानती। मेरा जन्म आदर्शवादी चिकित्सक पिता और अल्पशिक्षित धर्मभीरू माँ के घर हुआ। हमारे घर में कभी इफरात धन नहीं था। लेकिन अभाव भी नहीं था। मैंने और मेरे भाई-बहन ने पढ़ाई-लिखाई की है। नम्रता और शिष्टता सीखी है। हमने सीखा है कि किसी को हानि नहीं पहुँचानी चाहिए। बचपन से ही देखा है कि हमारे पास जो कुछ भी है, उसे रिश्तेदार हड़प रहे हैं। हमारे फूलों का बगीचा पड़ोसियों की गाय-बकरियाँ आकर तहस-नहस कर देती थीं, एक पड़ोसी उसमें साँप छोड़ देते थे। पानी से लबालब भरे हमारे पोखर पर पेशेवर गुंडों ने कब्जा कर लिया। महीना बीतते न बीतते घर में डकैती हो जाती थी। जो भी बचा-खुचा रहता था, लूटकर ले जाते थे। हम निरीह, लाचार प्राणी एक के बाद एक ताकतवर लोगों द्वारा पीड़ित हुए हैं, सताये गये हैं।

मैं अपने निजी जीवन में लोगों द्वारा अपमानित की गयी हूँ। मेरे पिता हमेशा कहते थे, पढ़-लिख लेने पर सब दुख दूर हो जायेगा। पढ़ाई-लिखाई की, बड़ी हुई, लेकिन इसी के साथ-साथ दुख भी और घना होता हुआ पहाड़ की तरह सीने पर जम गया। इस पहाड़ को गला देने लायक पानी हमारे समुद्र में नहीं है। यह तय है कि आज तक मैंने किसी का अनिष्ट नहीं किया। जान-बूझकर हो या अनजाने में, मैंने कभी किसी को हानि नहीं पहुँचायी। अपने समस्त सर्वनाश लिये मैं सिर्फ अपने ही भीतर सिमटी रही।

अगर लिखना कोई अन्याय है तो मैंने यही किया है। अपने भीतर के अभिमानी, अन्तर्मुखी, बेसहारा, एकाकी व्यक्ति के क्षोभ की बातें, कष्ट की कथा चुपचाप लिखी है। क्या इसीलिए मेरे दुश्मनों की तादाद बढ़ी है कि मैं क्यों लिखती हूँ ? क्यों मेरी उँगलियों में है अबाध अस्थिर कलम ?

दुश्मन बढ़े हैं। इस बात की खबर मुझसे ज्यादा मेरे शुभचिंतकों को रहती है। वे विभिन्न अड्डों पर बहस-मुबाहिसे के दौरान दुश्मनों के वाक्‌बाण से घायल होते हैं। मेरा सौभाग्य या दुर्भाग्य कि मैं किसी बैठक या चर्चा में, चाहे वह साहित्य की हो या गैर-साहित्यिक, भाग नहीं लेती। अपने को इस योग्य नहीं समझती। इतने ज्ञानी-गुणीजनों की भीड़ में शायद मैं इतनी अकिंचन हूँ कि आड़ में, अदृश्य ही रहती हूँ। थोड़ा-बहुत लिखती हूँ, वह भी बहुत थोड़ा। इसे लेकर अहंकार जैसी कोई बात नहीं है। किसी भी दिन लिखना छोड़कर वनवास ले सकती हूँ। किसी भी दिन लिखना छोड़कर हवा में गुम हो सकती हूँ। लिखती हूँ, इसलिए कुछ लोग 'तसलीमा दमन कमेटी' बनाते हैं। लिखती हूँ, इसलिए कट्टरवादी फाँसी की माँग करते हैं। लिखती हूँ और किसी के मत के साथ मेरे विचार मेल नहीं खाते तो पत्रिकाओं में बेनाम चिट्ठियाँ भेजी जाती हैं। एक पत्रिका की सम्पादक मेरा साक्षात्कार लेने के लिए तीन दिन मेरे घर आयी थीं। मेरे मना करने पर उन्होंने अपनी पत्रिका में मुझे मनचाही गालियाँ दीं। गाली देने से भला किसी को कौन रोक सकता है ? मैं यह जानकर हैरान हुई कि मेरे अपमानित, असम्मानित होने पर भी मेरे दुश्मन बढ़ते हैं। जब मैं किसी से असम्मानित होती हूँ तो शत्रुओं की संख्या तेजी से बढ़ती है। अखबारों में खबरें छपती हैं—ऊटपटांग खबरें। फिर सम्मानित होने पर भी वैसा होता है। मुझे इतना बड़ा सम्मान मिला, और किसी को क्यों नहीं मिला, इस बात को लेकर ही मेरे दुश्मनों की तादाद दुगुनी, तिगुनी, चौगुनी बढ़ जाती है। मैं सबकुछ सहने वाली धरती की तरह स्थिर पड़ी रहती हूँ। मैं जिंदगी बिछा देती हूँ, वे मेरी जिंदगी को रौंदते हुए हंगामा करते हैं। हाथ उठा-उठाकर नाचते हैं।

मैं जानती हूँ, मेरा स्वस्थ मस्तिष्क जानता है, मेरे निरीह रिश्तेदार जानते हैं कि मैंने कभी किसी को हानि नहीं पहुँचायी। मैं किसी के मामले में टाँग अड़ाना नहीं जानती। किसी के मुँह से निवाला छीनना मुझे नहीं आता। फिर भी अनजान बनकर, बड़ी खामोशी से, बगैर किसी उत्तेजना के मुझे ही देखना होता है चारों ओर से हथियार उठाये, दौड़कर अपनी ओर आते, दाँत किटकिटाते वीभत्स चेहरों को। मुझे उल्टी धारा में बहना पड़ता है। जीने के लिए मुझे तिनकों का सहारा लेना पड़ता है। मुझे डूबना पड़ता है। मुझे मरना पड़ता है।

हाँ, मरना तो पड़ता ही है। कभी-कभी समझ नहीं पाती कि जिंदा हूँ या मर चुकी हूँ। जिंदा रहना दरअसल किसे कहते हैं, जिन्दा रहने के लिए किसी तरह से साँस लेनी पड़ती है, किस तरह से जमीन पर कदम रखना पड़ता है, किस तरह

से दौड़ना पड़ता है, किस तरह हँसना और रोना पड़ता है–मुझे नहीं मालून। शायद मैं जिंदा रहने योग्य इंसान नहीं हूँ।

असल में मेरे पिता ने हमें यह नहीं सिखाया कि सिर्फ सरलता से जीवन में सफलता नहीं मिलती, थोड़ी-बहुत चालाकी भी जरूरी है। थोड़े-बहुत दिखावे की भी जरूरत पड़ती है। पिता ने मुझे यह नहीं सिखाया कि कोई तुम्हारे गाल पर तमाचा मारे तो तुम्हें भी पलटकर उसके गाल पर थप्पड़ मारना चाहिए, बल्कि उन्होंने तो यही सिखाया कि यदि कोई तुम्हारे एक गाल पर थप्पड़ मारे तो दूसरा भी उसकी ओर बढ़ा देना। पिताजी उदारता और सहिष्णुता की बातें कहते रहे हैं।

दुश्मन बढ़ रहे हैं और मेरे हाथ में कोई लगाम नहीं है कि मैं उन्हें रोक सकूँ। मैं अकेली निहत्थी खड़ी हूँ। मेरे पास न धन-दौलत है, न यश-कीर्ति; सिर्फ एक जर्जर हृदय है। आघात और आग झेलते-झेलते यह भी अब थक चुका है। असंख्य गुणी लेखकों, विद्वान पाठकों और सम्मानित शत्रुओं या निन्दकों से मैं हाथ जोड़कर क्षमा-याचना करती हूँ। मुझे क्षमा कीजिए, मैं समझ गयी हूँ कि मेरे दाएँ मुड़ने पर भी मुझे दोषी कहा जायेगा और बाएँ मुड़ने पर भी। दाहिने घूमने पर लोग कहेंगे–बायीं ओर क्यों नहीं देखती, जरूर इसके पीछे मेरा कोई गलत उद्देश्य है, और बाएँ मुड़ने पर भी ऐसा ही कहते हैं ! मानो बायीं ओर मुड़कर कोई पारस पत्थर पाने की अपराधी हूँ। किसी के द्वारा मेरे गाल पर थप्पड़ मारने में भी मेरा ही दोष और न मारने पर भी मेरा ही दोष। अब तो देखती हूँ, जिंदा रहना ही अपराध है। लेकिन यह भी जानती हूँ कि मरना भी अपराध ही होगा। अपराध के हाथों से मुझे मुक्ति नहीं मिलनी !

घेरा

आज तक चित्रकला में नारी-देह का जितना इस्तेमाल हुआ है, उसकी तुलना में क्या पुरुष देह का एक प्रतिशत भी चित्रण हुआ है ? इसके जवाब में एक ही शब्द कहूँगी—नहीं।

स्त्री के स्तनों, कमर, नितम्ब, जाँघों और पैरों के प्रति चित्रकारों में जितना तीव्र आकर्षण होता है, वैसा पुरुषों के यौनांग, हाथ-पाँव, नितम्ब और जाँघों के प्रति नहीं होता। क्या इसका मूल कारण यह है कि चित्रकार आमतौर पर पुरुष होते हैं, स्त्रियाँ नहीं। और, चित्रकार क्योंकि पुरुष हैं, इसलिए विपरीतलिंगी स्त्रीदेह के प्रति स्वाभाविक रूप से उनमें आकर्षण होता है और इसीलिए वे अपनी कला में स्त्री-अंगों को लेकर व्यस्त हो जाते हैं ! मैंने बहुतेरी महिला चित्रकारों का काम भी देखा है। वे भी स्त्री को पुरुष की आँखों से देखती हैं, पुरुषों की सिखायी तूलिका से ही स्त्री को चित्रित करती हैं। मैं ऐसी महिला चित्रकार देखना चाहती हूँ जो पुरुषों की सुडौल बाँहों, उनके नितम्बों, जाँघों और यौनांग की तस्वीर बनाये। आखिर पुरुष-अंगों के प्रति स्त्री में भी एक स्वाभाविक आकर्षण तो है ही। पुरुष शरीर तरह-तरह के रंगाकर्षक खेल से नारी दर्शकों की प्यास बुझाता है। सिर्फ रंगों और रेखाओं में ही नहीं, पुरुष-मूर्तियाँ भी कम आकर्षक नहीं होतीं—कम से कम स्त्री की आँखों के लिए।

लेकिन नारी मूर्तिकार को देखा है नारी के स्तन गढ़ते हुए ही। ऐसे में पुरुषांग कौन गढ़ेगा ? पुरुष ने यदि स्त्री को गढ़ने का बीड़ा उठाया है तो स्त्री भी पुरुष मूर्ति गढ़ने की जिम्मेवारी ले सकती है। हम स्त्रियाँ पुरुष का सुंदर, सुडौल शरीर देखना चाहती हैं—चित्रकला में, मूर्तिकला में। हम लोग भी पुरुष शरीर देखकर आनंद पाना चाहती हैं। हम भी अपनी प्यास जगाना चाहती हैं, उल्लसित होना चाहती हैं। कभी, पीछे छूट गई अट्ठारहवीं शताब्दी में आर्टिस्टों के स्टूडियो में स्त्रियाँ मॉडल

बनने आती थीं। वे सामने नंगी बैठी रहती थीं और आर्टिस्ट उनकी चित्रकारी करते थे या मूर्ति गढ़ते थे। विश्वविख्यात मूर्तिकार रोंदाँ ने अपने किसी भी स्त्री मॉडल को भोगे बिना नहीं छोड़ा। मैंने आज तक किसी पुरुष मॉडल का नाम नहीं सुना। न ही जाना कि पुरुष मॉडल महिला आर्टिस्ट के सामने नग्न होकर बैठेगा, वह आर्टिस्ट उसकी चित्रकारी करेगी, मूर्ति बनायेगी और अंत में उस पुरुष मॉडल को भोगेगी। ऐसी घटनाएँ दुनिया में क्यों नहीं घट रहीं, जहाँ स्त्रियाँ भी चित्रकार और मूर्तिकार के रूप में प्रतिष्ठित हैं ?

उस दिन एक चित्र प्रदर्शनी में मैंने देखा कि महिला चित्रकारों ने स्त्रियों की कुछ तस्वीरें बनायी हैं–वे आईने में बाल झाड़ रही हैं, हँसते-हँसते एक-दूसरे पर लोटपोट हो रही हैं। स्त्री मेकअप कर रही है, स्त्री बाँस के झुरमुट में खड़ी किसी की प्रतीक्षा कर रही है। किसकी प्रतीक्षा ? बेशक किसी पुरुष की ही।

तस्वीर की लड़कियाँ जब मेकअप करती हैं तो हमें समझना चाहिए कि इसका अर्थ क्या है ! चेहरे पर स्नो-पाउडर लगाने का उद्देश्य होता है पुरुषों को रिझाना। पुरुष को मोहित करने के अलावा स्त्री का सचमुच और कोई काम नहीं है यहाँ। चित्रकारों की तूलिका में उभरती है सिर्फ अकर्मण्य, सुसज्जित स्त्रियों की अलस प्रतीक्षा। इक्के-दुक्के जो भी पुरुष चित्र बनाये गये हैं, वे निहायत फरमाइशी, स्वउपार्जित कहे जा सकते हैं, जैसे काज़ी नज़रुल इस्लाम, जिन्हें शमीम सिकदार ने बनाया है।

इसके अलावा सभी जगह स्त्री, सभी जगह स्त्री-चेहरा, स्त्री-शरीर के उतार-चढ़ाव का प्रदर्शन किया गया है। यदि पुरुष-शरीर को अंकित किया या गढ़ा भी जाता है तो वह पूर्णरूप से वीरता के प्रतीक रूप में होता है। स्त्री वीरता का प्रतीक नहीं, वह तो वीरों की संगिनी या रूप की आढ़त के रूप में ही आँकी जाती है। स्त्री को मेधा के लिए नहीं, शरीर के लिए ही ज्यादा प्रमुखता दी जाती है। बल्कि ज्यादा ही क्यों, पूरी प्रधानता दी जाती है।

सिर्फ महिला चित्रकार या मूर्तिकार ही क्यों, लेखिकाएँ भी क्या करती हैं ? हाल ही में 'रोमेना आफान' नामक एक लेखिका ने कहा है, "मैं स्त्री-स्वतंत्रता पसंद नहीं करती।" स्त्री की स्वतंत्रता दरअसल स्त्रियाँ ही पसंद नहीं करतीं; वे ही स्त्री को हार, बाली, चूड़ियाँ पहनाकर पुरुषों के योग्य बनाती हैं। प्रेम के योग्य बनाती हैं। विवाह के योग्य बनाती हैं। वे किसी भी कीमत पर स्त्री का 'सतीत्व' बनाये रखती हैं। 'सतीत्व' के बल पर ही स्त्री पात्र उपन्यास के आखिरी सिरे पर आकर सारी विपदाओं से निजात पाती है और लोग उसे धन्य-धन्य कहते हैं। याद रखें कि इस सतीत्व के साथ 'सतता' का कोई रिश्ता नहीं होता, इस का अर्थ है सिर्फ यौनांग को अकाम बनाये रखना।

मेरा सवाल है कि किस पुरुष लेखक की देखा-देखी स्त्री में यह खूबी आती

है ? यहाँ की रजिया रहमान या सेलिना हुसेन का लेख पढ़कर कभी-कभी तो लगता ही नहीं है कि यह किसी पुरुष का लिखा हुआ नहीं है। वे कमजोर भाषा में कमजोर विषयों पर टिप्पणी करती हुई पुरुषों का अनुकरण करती हैं। ये स्त्रियाँ अपने इतने दिनों की अवमानना-अवदमन, इतने दिनों की गुलामी की जंजीर और सर्वनाश, किसी भी चीज को व्यक्त नहीं करतीं। उनके साहित्य में कोई क्रोध, कोई प्रतिकार उभर कर सामने नहीं आता। वे हू-ब-हू प्रभु पुरुषों की तरह सुख का गद्य और प्रेम की कविता लिखती हैं। वे समाज की भोग्य वस्तु हैं, धर्म और समाज की स्वादिष्ट सामग्री हैं। वे दासी हैं, पुरुषों के हाथों की गुड़िया हैं। उनके सारे शरीर पर अत्याचार के काले दाग हैं, बेड़ियों के निशान हैं। लेकिन कहाँ है उसकी अभिव्यक्ति ? स्त्री के लेखन में उसकी थोड़ी-बहुत छाप भी कहाँ है ? नहीं है। कला, साहित्य, संस्कृति के क्षेत्र में जो स्त्रियाँ कार्यरत हैं, वे आज भी पुरुषों का अनुकरण करके तस्वीरें बनाती हैं, मूर्तियों का निर्माण करती हैं, कविता, उपन्यास, लेख लिखती हैं। उनकी अपनी दुर्दशा की बातें कहीं अंकित नहीं होतीं। नारी-मुक्ति और प्रगति की बातें जहाँ कहीं भी लिखी जा रही हैं, सब पुरुष ही लिख रहे हैं। वैसे उन लेखों में कमी भी है। दरअसल पुरुषों द्वारा बड़ी चालाकी से स्वयं को उदार एवं महान बनाने की यह एक चाल है। इस कौशल को साध लेने पर आधुनिक एवं प्रगतिशील व्यक्ति के रूप में लोगों से वाहवाही पायी जा सकती है और शिक्षित आधुनिक स्त्रियों का समर्थन भी हासिल होता है। वे भी यथाअवसर इस तरह के पुरुषों से सटकर रास्ते में चलती हैं। अंततः होता क्या है। ये पुरुष उच्च मानसिकता की स्त्रियों को रसोईघर में डाल देते हैं। स्त्रियाँ वहाँ चूल्हा फूँकती हैं, चावल पका या नहीं, यह परखती हैं और 'मुक्तबुद्धि' पुरुष जुल्फें सँवारकर सिगरेट फूँकते हुए शाम के अड्डे पर निकल जाता है, जहाँ स्त्री-आंदोलन को लेकर चरम बहसें होती हैं।

अंत में स्त्री-आंदोलन के अड्डे से निकलकर पुरुष अपने-अपने घर जाते हैं और अपनी-अपनी पत्नी से बलात्कार करते हैं। जिनकी पत्नी नहीं होती, वे लाचार होकर वेश्या से बलात्कार के लिए चले जाते हैं।

नागरिक का पिंजड़ा

उस दिन एक चमचमाती हुई टयोटा स्प्रिंटर कार पाकर मन नाच उठा। शहर की प्रिय सड़कों पर यूँ ही घूमती रही। गाड़ी के अंदर टेप चलाकर कान लगाये रही। शांतिदेव के खुले कंठ से गाये गये गीत ने मुझे विह्वल किये रखा। दाएँ हाथ में स्टीयरिंग थामे, दाएँ पाँव से एक्सिलेटर दबाकर, बाएँ हाथ से मैंने स्मूथली गियर चेंज किया। गति हमेशा से मुझे आकर्षित करती है। गतिहीन, स्थिर जीवन मेरी साँस रोकता है।

इस्तेमाल करने के लिए मेरे पास अपना कोई तेज़ रफ्तार वाहन नहीं है। कभी-कभी किसी रिश्तेदार या दोस्त से 'टयोटा' या 'मर्सिडिज़' पाती हूँ तो गति के साथ स्वयं को मिलाकर देखती हूँ। देखती हूँ कि यदि मैं अपना जीवन टॉप गियर में अस्सी किलोमीटर की स्पीड से गुजार सकूँ तो ठेला, मनुष्य चालित तीन चक्के वाले साइकिल रिक्शा या मोटर साइकिल की वनिस्बत कितना अधिक दूर पहुँच सकती हूँ।

आदमी का तो नियम ही है कि वह कम समय में अधिक दूरी तय करेगा। हमारा समय बहुत नपा-तुला है। विज्ञान बहुत आगे बढ़ चुका है। हम, इस दरिद्र देश के लोग, आगे बढ़े हुए विज्ञान को छू नहीं सकते। हम पीछे रह गये अभागे लोग हैं। भीड़-भाड़ पार करते हुए ज्यादा-से-ज्यादा दो किलोमीटर दूर अपने दफ्तर पहुँचने में मुझे करीब डेढ़ घंटा लगता है। आदमी अभी तक दो पहियों के सहारे आदमी को ढोता है। यह एक अद्‌भुत वाहन है–हाथ रिक्शा। सभ्यता शायद तीसरी दुनिया में सहमकर खड़ी हो गयी है। यहाँ की सभ्यता शायद भीड़-भाड़ में फँस गयी है।

भीड़-भाड़ वाहनों की या अशिक्षा की ? गलत राजनीति या अर्थनीति की ?

अथवा गलत धर्म की भीड़ ? सभ्यता दरअसल इसी भीड़-भाड़ में जाम हो गयी है।

मेरे हाथ में स्टीयरिंग थी, चारों तरफ से मुझे लोग देख रहे थे। रिक्शावाले, रिक्शासवार, मोटरसाइकिल चालक, बेबी टैक्सी ड्राइवर, सवारी और राहगीर–सभी मुझे देख रहे थे और हँस रहे थे। कोई सीटी बजा रहा था, कोई अश्लील टिप्पणी कर रहा था। मैं उनकी नजर, शब्द, वाक्यबाण से लहूलुहान होती हुई सोच रही थी–यह कैसा देश है, कैसे हैं यहाँ के लोग ! इस देश को जितना देखती हूँ, उतना ही हैरान होती हूँ। जन्म से अब तक मेरे मन से हैरानी का भाव दूर नहीं हो सका।

मुझे कोई आगे निकलने के लिए साइड नहीं देना चाहता। इंडिकेटर जलने पर भी मुझे कोई आगे जाने के लिए जगह नहीं देना चाहता। सभी मुझे देखकर भीड़ लगाते हैं। असल में वे मुझे नहीं देखते, क्योंकि आँख, कान, नाक, बाल सबकुछ तो अन्य लड़कियों की तरह ही है। वे देखते हैं औरतजात को। औरत जात के हाथ में स्टीयरिंग ! इस अद्‌भुत चीज को वे देखते हैं। यह देखकर उन्हें बड़ा मजा आता है, मानो वे अजायबघर का बंदर देख रहे हों ! मानो चिम्पाजी को देख रहे हैं आदमी की तरह बादाम छीलकर खाते हुए ! मैं समझती हूँ, चिम्पाजियों को आदमी के इस अद्‌भुत आचरण पर मजा आता होगा। औरतजात मर्दों की तरह स्टीयरिंग हाथ में ले सकती है, यह देखकर कोई-कोई हैरान होता है, तो किसी-किसी को गुस्सा आता है। कोई तो नाक सिकोड़कर व्यंग्य भी करता है।

मैं धवलेश्वरी की ओर गयी। बूढ़ी गंगा ब्रिज के ऊपर से धवलेश्वरी नदी की तरफ हरे-भरे वृक्षों की छाया से होकर लम्बी सुनसान सड़क चली गयी है। भीड़-भाड़ वाले इलाके को छोड़कर सुनसान रास्ते पर जाते-जाते लगता है कि अब भी हरे-भरे गाँवों में शायद सरलता और स्वाभाविकता है। सभ्यता की मैल शायद उनमें उतनी नहीं है, जितनी वह कल-कारखानों के धूल-धुआँ भरे नागरिक जीवन में है। चलते हुए लग रहा था, यदि मैं गतिशील होना चाहूँ तो कहाँ होऊँगी ? लोगों की भीड़-भाड़ वाले रास्ते में, या हरे-भरे शांत गाँवों में ?

मेरे गतिशील जीवन को लोग और आते-जाते वाहन बार-बार रोक रहे थे। वृक्ष मुझे छाया देते हैं, हवा देते हैं। शहर पार करके देखती हूँ कि ऊँची-ऊँची इमारतों वाले नगर की वनिस्बत स्निग्ध हरियाली ही मुझे ज्यादा संतोष दे रही है। मैं प्रकृति के प्रति नतमस्तक होती हूँ, विनम्र होती हूँ, मग्न होती हूँ।

आखिर एक समय गाड़ी धवलेश्वरी के तीर पर पहुँचकर रुकी। मैं उतरकर सूर्यास्त की दिशा में चलने लगी। मुझे घेर कर बालक-बालिकाएँ, युवक, प्रौढ़ सब देखने लगे। उनका सवाल था, "मैं कौन हूँ ? यहाँ क्या चाहिए ?"

मैंने कहा, "देखने आयी हूँ। धवलेश्वरी देखने में कैसी है ?"

वे हैरान रह गये–पानी तो सभी जगह का एक-सा ही दीखता है ! पोखर

का जल, नदी का जल, ट्यूबवेल का जल, किसी में क्या कोई अंतर है ?

नहीं, शायद सभी पानी एक ही है। जिस पात्र में रखा जाता है उसी पात्र का रूप-रंग धारण कर लेता है पानी। फिर भी धवलेश्वरी ! क्या धवलेश्वरी बहुत हद तक ब्रह्मपुत्र की तरह है ? पाँव बढ़ाते ही लहरें आकर पैरों का चुम्बन करती हैं ? धवलेश्वरी क्या वैसी ही प्राणवान प्रेमी है ? सूर्यास्त की रोशनी धवलेश्वरी के पानी से खेलती है। उसी ओर देखती रहती हूँ। लेकिन चेतना मुझे उसमें खोने नहीं देती, मुग्ध होने नहीं देती। लोग भीड़ लगाकर मेरे कपड़े-लत्ते देखते रहे। उन्होंने मेरे बाल देखे, बोली सुनी, चलना देखा, हँसना देखा, मेरा देखना देखा। उनकी जिज्ञासा थी–मैं औरतजात, बाहर क्यों आई ? मेरे बाल कटे हुए क्यों हैं ? मैं अकेली क्यों हूँ ? मैं गाड़ी क्यों चला रही हूँ ?

इन बातों का जवाब देने की इच्छा नहीं हुई। उन्होंने धीरे-धीरे मुझे घेर लिया था। मैं उनके घेरे से खुद को बचाकर अपनी गाड़ी की तरफ बढ़ी। स्टार्ट किया। उनमें से किसी ने पत्थर फेंका था, किसी ने थप्पड़ मारा था, कोई घूँसा मार रहा था 'स्प्रिंटर' के चमकते धवल शरीर पर। मुझे लगा, वे 'स्प्रिंटर' पर नहीं, मेरे ही शरीर पर थप्पड़, घूँसा और ढेला मार रहे थे। मेरे शरीर पर उनकी फेंकी गयी हिकारत आकर लग रही थी।

उनकी जिज्ञासा थी–लड़की होकर मेरी चाल-ढाल पुरुषों जैसी क्यों है ? पुरुष गाड़ी चलायेंगे, पुरुष अकेले घूमेंगे, सूर्योदय देखेंगे। लड़कियों को यह शोभा नहीं देता। लड़कियों के ऐसा करने पर लोग उन्हें पागल कहते हैं, उनके पीछे भीड़ इकट्ठा हो जाती है, लड़के उन पर पत्थर फेंकते हैं।

शहर ने मुझे नहीं अपनाया और सुजलां-सुफलां गाँव ने भी नहीं। वापस लौटकर अपने घर के द्वार पर मैंने जोर से ब्रेक लगायी। वाहन और भीड़ कुछ नहीं, दरअसल इतनी रफ्तार लड़कियों को शोभा नहीं देती। लड़कियाँ ऐसी रफ्तार पकड़ें, यह कोई नहीं चाहता। समाज के कर्ताधर्ता लोगों ने लड़कियों के रास्ते में अनगिनत बाधाएँ खड़ी की हैं, ताकि लड़कियाँ स्थिर हों। लड़कियाँ उछल-कूद न मचायें, गतिशील न हों, अविजित न हो जायें। लड़कियाँ गतिहीन, स्थिर बैठकर बाल बाँधें, खाना पकायें, होंठों पर पालिश चढ़ायें, गालों पर पाउडर घिसें और पति का इन्तजार करें। इससे आगे निकलने पर प्रकृति भले ही उन्हें स्वीकार करे, आदमी नहीं करता। आदमी उन पर 'छिः-छिः' करता है। धिक्कारता है उन्हें।

जो भी लड़की अपने जीवन में गति का संचार करती है, वही जोर से ब्रेक लगाकर बैठ जाती है। मैं किसके लिए दुखी होऊँगी–ठहरी हुई लड़कियों के लिए ? या फिर जो लड़कियों को स्थिर कर देते हैं, उन बर्बरों के लिए ? किसके लिए ?

अपने ही घर में अजनबी

बचपन में ईद से ज्यादा दुर्गापूजा में खुशियाँ मनाती थी। दुर्गापूजा शुरू होती थी और हमारी अंधेरी गलियाँ रोशनी से जगमगा उठती थीं। पेड़ों के पत्ते-पत्ते में रोशनी, घर की दीवारों पर रोशनी, रास्ते में एक लैम्पपोस्ट से दूसरे लैम्पपोस्ट तक तार बाँधकर उस पर रंग-बिरंगी बत्तियाँ लटका दी जाती थीं। चारों ओर माइक बजता था। सुबह से रात तक माइक पर गाने बजते थे। एक-एक प्रिय गाना सुनकर खुशी से उछल पड़ती थी। मंडप के पीछे जाकर माइक वाले से दोस्ती करती और अपनी पसंद का गाना–"मेरा तुम्हारा शान्तिप्रिय, शांत लड़का…" फिर से बजाने के लिए कहती।

पूजा आते ही हमारा पढ़ना-लिखना सब बंद हो जाता था। दिन-भर माइक पर गाना बज रहा है। चारों ओर गाने की आवाज में पढ़ाई-लिखाई कुछ नहीं होगी, यह पिताजी भी जानते थे। इसीलिए पूजा के समय पिताजी पढ़ाई के लिए उतना जोर नहीं देते थे, हम लोग दिन-भर भागते-फिरते थे, कौन-सी मूर्ति ज्यादा बड़ी है, कौन-सा मंडप ज्यादा सजा हुआ है, इस बात को लेकर हो-हल्ला, प्रसाद खाने की धूम। आरती के समय हमें बहुत आनंद आता था। विसर्जन के दिन हम लोग भी आँसू पोंछते हुए ब्रह्मपुत्र की तरफ जाते थे। अपने उस कौतूहल भरे सुंदर बचपन को अब भी छूकर देखूँ, इसकी बेहद इच्छा होती है।

लेकिन सिर्फ इच्छा होने से क्या होता है ? हमारे घर के पीछे सपन और सरस्वती का घर था, जिसमें अब अब्दुस्सलाम आदि आकर बस गये हैं। गौरी का मकान रईसुद्दीन ने खरीद लिया है। हमारे घर के पश्चिम की ओर का मकान प्रफुल्ल का था। अब कोई नहीं रहता वहाँ। प्रफुल्ल नहीं रहा। प्रफुल्ल के बाद उसकी स्मृति को सँजोये हुए थी प्रफुल्ल की पत्नी। घी का डिब्बा और इलायची की डिबिया सँभाल-सँभालकर रखा करती थी। सबकुछ छोड़कर एक दिन वह भी चली गयी।

बिस्तर में मरी पड़ी थी। पड़ोसियों ने देखा तो 'बोल हरि, बोल' कहते हुए कंधे पर उठाकर श्मशान ले गये। पास में रहने वाले परितोष ने उसे मुखाग्नि दी। उसका घी का डिब्बा, दारचीनी का डिब्बा पड़ा का पड़ा रह गया। आँगन में बड़ी-बड़ी घास उग आयी।

बहुत दिन हो गये, पूजा के समय अकेली पड़ गयी। ब्रह्मपुत्र के तट पर बसे अपने प्रिय शहर नहीं गयी। मुझे मालूम है, अब वहाँ पहले की तरह काली-पूजा नहीं होती, सरस्वती-पूजा के समय बच्चे अब किताबें लिये दौड़ते हुए मंडप में नहीं जाते। लक्ष्मी-पूजा के समय अब घर-घर में नारियल के लड्डू नहीं बनते। पहले की तरह ब्रह्मपुत्र में अष्टमी-स्नान की भीड़ अब नहीं लगती। अब अष्टमी का विशाल मेला नहीं लगता। आमपट्टी, स्वदेशी बाजार, छोटे बाजार के फुटपाथों पर, मैदान में, अब सिद्धेश्वरी लोग नहीं रहते। न जाने वे कहाँ चले गये। मिठू दी भी नहीं है, गौतम नहीं है, यादव नहीं है। नियति दी, माया दी, रतन काकू, शोभा, यमुना दीदी, सुधीर दा, श्यामल दा—सभी पता नहीं कहाँ चले जा रहे हैं !

सुना है, सारा सामान बेचकर वे भारत जा रहे हैं। सीमा पार एक निरापद आश्रय तलाश रहे हैं। बाप-दादा की जमीन छोड़कर शरीर पर पहने कपड़ों में ही वे देश त्याग रहे हैं। अपना घर-द्वार छोड़कर वे पराये देश में शरणार्थी हो रहे हैं। लाखों लोग देश त्यागकर, अपनी मातृभूमि छोड़कर रात के अँधेरे में सीमा के पहरेदारों को दो सौ-पाँच सौ रुपये घूस देकर कँटीले तारों की बाड़ लाँघ रहे हैं। पाकिस्तान के जंगली नरपशु बंगालियों की लुंगी उठाकर धर्म की पहचान करते थे। स्वतंत्रता प्राप्ति के इक्कीस वर्ष बाद आज भी बंगालियों की लुंगी उठाकर यह परखा जाता है कि उन्हें वोट देने का अधिकार है या नहीं, नौकरी में उसकी पदोन्नति होगी या नहीं, उनका घर-द्वार लूटा जायेगा या नहीं।

केरानीगंज की भालोबासा सरकार ने मुझे बताया कि जो महिलाएँ शंख की चूड़ियाँ पहनती हैं या सिन्दूर लगाती हैं, उनमें से किसी को भी पिछले निर्वाचन में मतदान-केन्द्र पर नहीं जाने दिया गया। एक दिन पहले ही रात में घर-घर घूमकर कुछ लोग कह गये कि क़ल यदि तुम लोग घर से बाहर निकलोगे तो "गला काटकर बूढ़ी गंगा में बहा देंगे।" भालोबासा वोट देने नहीं गयी। हरिपद और नीलरतन भी नहीं गये। नब्बे के दंगे में देवव्रत का घर लूटा गया था। नारायण बसु सेवा-निवृत्त हो गये, लेकिन उनकी पदोन्नति नहीं ही हुई। उनके जूनियर लोग कब का उन्हें पीछे छोड़ आगे निकल गये।

बेहद खामोशी से यह देश बहुत अकेला पड़ गया है। देश के लोग जड़ से उखड़े चले जा रहे हैं। वे दुबारा नहीं लौटेंगे। जड़ के उखड़ने का घाव छाती में लिये-लिये जीवित इस देश की दीर्घ निःश्वास क्या हमारी देह को नहीं छुएगी ? क्या हम कभी पश्चाताप की तेज आग में नहीं झुलसेंगे ?

कल्याणी मुखर्जी मुझे मेरी माँ की तरह प्यार करती थीं। बचपन में मैं उनकी लड़की मिताली मुखर्जी के गायन की भक्त थी। विद्यामयी स्कूल ऑडिटोरियम में गायन समारोह होता था, तो मिताली का गाना सुनने के लिए मैं पहली पंक्ति में बैठती थी। वही मिताली अब बहुत बड़ी गायिका बन चुकी है और, इस कलाकार की माँ अपना घर-द्वार बेचकर, अपने बाप-दादा, पति-ससुर की जमीन-जायदाद, पड़ोसी-रिश्तेदार, फलों-फूलों से भरा बगीचा, नदी-मैदान सबकुछ छोड़कर सीमा पार चली जा रही हैं। मैं उनके चले जाने को हैरान होकर देख रही हूँ। मेरी माँ की तरह लगने वाली महिला अपनी जड़ों से उखड़ कर चली जा रही है। एक सुदीर्घ जीवन की स्मृति और स्वप्न—सबकुछ को कुचल कर चली जा रही है। क्या उनके चले जाने के लिए उनका अविवेक उत्तरदायी है ? या और कुछ ? उनकी माँग का सिन्दूर, उनके सुहाग की चूड़ियाँ, उनका नाम, पदवी ? अमावस्या की रात में आहट पाते ही उनका अचानक जाग पड़ना, घोर अनिश्चय, निद्राहीन लम्बी रातें ? जुगनुओं की भुतही आवाज, घर में तोड़-फोड़, तुलसी के बिरवे पर कुल्हाड़ी की मार ? कल्याणी मुखर्जी आँख मूँदते ही सुनती हैं 'बोल, हरि बोल' कहते हुए कालीबाड़ी श्मशान घाट की ओर चले जा रहे कुछ लोगों के कदमों की आवाज।

मैं उन्हें क्या कहकर लौटाऊँगी ? यह तो उन्हीं का देश है। इस देश की माटी क्या उन्हें दाँत से पकड़कर रोके रखेगी ? उन्हें तो देश के लोग ही ज्यादा काट रहे हैं। पिछले एक अगस्त को कलकत्ता के कालेज स्क्वायर में बंगाली सम्मेलन के मौके पर पश्चिम बंग बांग्ला अकादमी के अध्यक्ष प्रसिद्ध साहित्यिक अन्नदाशंकर राय ने कहा था, "देश का विभाजन किया गया, इसके लिए दूसरों को दोष दे सकता हूँ। लेकिन लोगों की अदला-बदली की दुर्बुद्धि किस सूत्र से आयी ?" इस तरह का प्रयास अभी तक जारी है। बंगाली की दुर्बुद्धि कब दूर होगी, मुझे मालूम नहीं। वहाँ के शौकत उस्मान, रशीद, करीम, शौकत अली, शफी अहमद अब यहाँ, और यहाँ के बुद्धदेव बसु, श्रीपाथ, नीरेन्द्रनाथ चक्रवर्ती, गौरकिशोर घोष वहाँ हैं। 'आदमियों का विनिमय' चल ही रहा है। जड़ से उखड़ने का घाव अधिकांश वक्षों में है। उनका हृदय लहूलुहान है। सभी जातियों की दुर्गति तो दूर होती है, सिर्फ बंगाली की नहीं होती।

हम लोग एक 'नेशन' थे। दो सम्प्रदायों को सन सैंतालीस में दो 'नेशन' कहने की राय दी गयी। बंबई के एक मुसलमान ने सत्ता के लालच में एक 'नेशन' को दो भागों में बाँट दिया। बाँट दिया देश, परदेश को। सैंतालीस का पाप हम लोगों ने इकहत्तर में धो दिया था। इकहत्तर में हमने देखा है कि धर्म जाति को गठित करने की नींव कभी नहीं हो सकता।

बंगाली जातीयवाद के लिए हम अभी तक लड़ रहे हैं। बांग्ला संस्कृति और परम्परा तथा बांग्ला कला-संस्कृति को बनाये रखने के लिए सभा-समितियों में बयान

दे रहे हैं। लेकिन हमारे बंगाली स्वजन, बंगाली पड़ोसी मिट्टी का मोह त्यागकर अनजाने सफर पर चले जा रहे हैं। उन्हें हम जिन्दा रहने की न्यूनतम गारंटी तक नहीं दे सकते। और दूसरी ओर खुद को 'बंगाली' कहकर गर्वित होते हैं। क्या बंगाली एक मनुष्यजाति भी है ?

सभी संतानें वैध हैं

प्राचीन ग्रीस के दो महाकाव्यों 'इलियड' और 'ओडिसी' की कथा हम लोग जानते हैं तथा भारत के 'रामायण' और 'महाभारत' की कथा से भी हम परिचित हैं। 'महाभारत' के रचयिता अमर कवि, महामनीषी व्यास अविवाहित मत्स्यगंधा की संतान थे। आज हम उन्हें पाकर मत्स्यगंधा के प्रति निश्चय ही कृतज्ञ हैं।

इसी तरह जिन ग्यारह उपनिषदों को प्रामाणिक समझा जाता है, उनमें छान्दोग्य उपनिषद भी एक है। इसी छान्दोग्य उपनिषद में एक कहानी है कि बहुचारिणी जाबाला के गर्भ से मुनि सत्यकाम का जन्म हुआ था। सत्यकाम ने गौतम ऋषि का शिष्य होने के लिए गृहत्याग का निर्णय लिया। घर छोड़ते समय सत्यकाम ने माँ ने पूछा, "मेरा गोत्र या वंश क्या है ?" माता जाबाला ने उत्तर दिया, "तुम किस वंश या परिवार के हो, यह तो मुझे मालूम नहीं। कई लोगों की परिचर्या करते हुए मैंने तुम्हें गर्भ में धारण किया था। इसलिए तुम किस वंश या परिवार के हो, यह बता पाना मेरे लिए सम्भव नहीं है। मेरा नाम जाबाला है और तुम सत्यकाम हो। इसलिए तुम कह सकते हो–मैं सत्यकाम जाबाला हूँ। यानी जाबाला का पुत्र सत्यकाम हूँ।" जिस प्रकार मरियम के पुत्र यीशु थे।

सिर्फ जाबाला-पुत्र सत्यकाम ही नहीं, गंगा-पुत्र भीष्म, कुन्ती-पुत्र कर्ण और घृताची-पुत्र द्रोण के मामले में भी ऐसी ही बात है। महामुनि कृष्ण द्वैपायन व्यास जैसे जगत्पूज्य पुरुष जारज संतान ही थे। अगणित वीर जननी वारांगनाओं ने पृथ्वी को धन्य किया है।

अजारज (Born if wedlock) और जारज (Not Born wedlock) संतान में तब क्या अंतर है ? ईश्वर में विश्वास रखने वाले जरूर इस बात पर भी विश्वास करेंगे कि स्वयं ईश्वर ने 'अजारज' और 'जारज' में कोई भेद नहीं किया। दरअसल, इनमें फर्क किया दुनिया के लोगों ने। दुनिया के लोगों ने श्रेणीबद्ध विषमता की सृष्टि की है–उच्चवर्ग और निम्नवर्ग, बड़ी जात और छोटी जात। तो फिर यह बात क्या गलत है कि मनुष्य से घृणा करने की प्रतियोगिता में मनुष्य ही ईश्वर से कहीं आगे है। ईश्वर ने मनुष्य का अपमान नहीं किया, मनुष्य ने किया है। क्या प्रभुत्व

और क्या शासन, सभी में आदमी ईश्वर को पार कर जाना चाहता है। मैं आदमी की स्पर्द्धा देखकर हैरान होती हूँ। मनुष्य निर्मित नियमों के जाल में आदमी ही मुख्य रूप से बंदी होता है। इस दुनिया में जितने भी नियम और नीतियाँ हैं, उनका प्रवर्तक मुख्यतः पुरुष ही है। इसीलिए पुरुष के बिछाये किस्म-किस्म के जाल में स्त्री ही फँसती है। पुरुष के बनाये नियमों के जाल में स्त्री के जीवन को ही उलझना पड़ता है। 'जारज' शब्द से घृणा की जाती है। घृणा की जाती है 'जारज' संतान धारण करने वाली स्त्री से। लेकिन पुरुष से घृणा नहीं की जाती, हालाँकि पुरुष के व्यभिचार या बलात्कार का शिकार होकर ही स्त्री को जारज संतान का भार उठाना पड़ता है। पुरुष को किसी तरह का दायित्व वहन नहीं करना पड़ता, लज्जित नहीं होना पड़ता। समाज द्वारा फेंका गया थूक स्त्री के ही शरीर पर पड़ता है। पुरुष साफ बच जाता है 'असतीत्व' और 'जारज-जन्म' के पाप से। तो क्या यह बात सच नहीं है कि पुरुष के नियम और नीति के जाल में सिर्फ स्त्री के ही फँसने की पक्की व्यवस्था की गयी।

मैं जानती हूँ, यही बात सच है। मेरे जैसे बहुतेरे जानते हैं। जानते हैं, लेकिन सभी हाथ पर हाथ धरे बैठे रहते हैं। तालू से जीभ सटाये सभी निर्विकार भाव से पीछे की ओर देखते रहते हैं, मानो सारा अतीत अब आराध्य और वंदनीय है। हम यदि आगे नहीं बढ़ पाये, शरीर को जकड़ने वाली जंजीर नहीं तोड़ पाये, यदि तमाम रीति-रिवाजों के अंधेपन को स्वयं से नहीं अलगा सके, तो इस धरती पर नये युग का मनुष्य होकर जिन्दा रहने में क्या तुक है ? कुछ ही लोभी और कामुक पुरुषों के बनाये सामाजिक संस्कार हमें क्रमशः पीछे की ओर ठेल रहे हैं और हम भी, समय से डरे हुए संत्रस्त लोग, सबकुछ सिर झुकाकर मान ले रहे हैं।

कब होगा हमारे विवेक का उदय ? कब मुक्ति मिलेगी हमें चेतना के इस सर्वनाश से ? बुद्धि पर पड़ी बेड़ियों से ? क्या कोई नहीं है जो खड़ा होगा, और खड़ा होकर कहेगा—मैं नहीं मानता। इतनी सारी महिला पत्रिकाएँ देखती हूँ, स्त्री-संगठन गाँव, शहर और मुहल्ले-मुहल्ले में पनपे हैं, लेकिन कोई भी तो डटकर एक बार यह नहीं कहता कि मैं नहीं मानता। सभी को थोड़ा-बहुत बचा-खुचा चाहिए। थोड़ा-सा मौका या सुविधा मिलते ही हर कोई शान्त हो जाता है। कोई भी जड़ को उखाड़ फेंकना नहीं चाहता—नहीं चाहता परम्पराओं के रुग्ण वृक्ष को जड़ से उखाड़ फेंकना। सिर्फ एक विनीत निवेदन, सिर्फ दो बूँद खुशी के लिए आकुलता। क्या फायदा इस थोड़ी-सी करुणा को पाने से ?

स्त्री का दमन करने वाले तमाम तनों और शाखाओं को उखाड़ फेंककर समाज की जड़ पर चोट करना चाहती हूँ मैं। जानती हूँ, इससे मुझे हानि होगी। मेरा समाज-परिवार तहस-नहस हो जायेगा, मुझे लगातार जलील होना पड़ेगा। फिर भी यह जो मैं खड़ी हुई हूँ—अकेली और निडर, मैं इसी तरह अटल खड़ी रहूँगी। मेरे हाथ में दो ही चीजें हैं—साहस और सच्चाई।

'जारज' शब्द मिटा दिया जाये

जोसफ के साथ शायद 'मेरी' का शारीरिक सम्पर्क नहीं हुआ, लेकिन किसी दूसरे पुरुष के साथ हुआ था। इस बात पर चर्च के बहुतेरे लोग विश्वास नहीं करते। कैथोलिक रैंक हैनिमेन ने कहा था–यीशु **"A monstrous product of neurotic sexual fantasy"** है। इस पर वैटिकन ने निर्णय दिया था–**"The Church doesn't have problems with sex. The world does."**

पुरुष के 'स्पर्माटोजोया' नामक पदार्थ के बिना स्त्री का गर्भाशय तरह-तरह के संत्रास को तो जन्म दे सकता है, संतान को कतई नहीं। यह बात स्वस्थ मस्तिष्क वाला कोई भी व्यक्ति मानने के लिए तैयार होगा। किसी कुमारी का गर्भ धारण करना वैध नहीं माना जाता। पुरुष के बनाये इस जंजाल में हर स्त्री का गर्भाशय कैद है। जिस प्रकार स्त्री को कोई स्वतंत्रता नहीं है, उसी प्रकार उसकी बच्चेदानी भी आजाद नहीं है। यीशु इस 'जारज' शब्द से बच गये। 'ईश्वर' ने उनकी रक्षा की है। लेकिन ईश्वर ने सिर्फ यीशु की ही रक्षा की, लिओनार्दो द विंची की नहीं। इसी तरह कइयों की रक्षा ईश्वर ने नहीं की। सोलह वर्षीय कुमारी माँ की संतान लिओनार्दो द विंची के लिए ही 'लास्ट सापार', 'वर्जिन ऑफ द राक्स', 'द एडोरेशन ऑफ द मेगिर' जैसी अद्वितीय कलाकृतियों का निर्माण सम्भव था। इस जारज संतान की कला आज भी विभिन्न गिर्जाघरों में सम्मानित है।

फिलिप्पिनो लिप्पी के भी जन्म का कोई ठीक नहीं, लेकिन उनकी आध्यात्मिक अंतर्दृष्टि बहुतेरे धर्माचारियों की ईर्ष्या का विषय है। लंदन की नेशनल गैलरी में रखी उनकी 'द वर्जिन एंड चाइल्ड विथ सेंट डोमेनिक' चित्रकला की पटभूमि पर "शुंभ्र वसंत-पुष्प की पवित्रता और स्निग्धता" तथा "तरुश्रेणी और दिगंत नम्र नीलाकाश में अपार अगाध शान्ति का अनंत आश्वासन" है।

बुद्धिवादी रेनेसाँ के सूत्रधार मार्टिन लूथर के दोस्त और रोटाडम के विख्यात मनीषी इरासमस भी एक धर्म पुरोहित की 'अवैध संतान' ही थे। उन्हें छोड़कर रेनेसाँ

की कल्पना तक नहीं की जा सकती–He is considered by many scholars the greatest Humanist of the entire Renaissance' : Doris van de bogart (Introduction to the greatest Humanities, New York) कवि अलेक्जेंडर पोप ने अपनी पुस्तक 'Essay on criticism' में इरासमस को पुरोहित-कुल का गौरव कहा है। दुनिया के श्रेष्ठ कलाकारों में एक हार्मेन्ज वैन राइन रेनब्रांट एमस्टर्डम (हालैंड) के निवासी थे। उनकी प्रसिद्ध चित्रकृति 'सापार आट्यूमास' एवं 'द नाइट वाच' में प्रकाश और छाया चमत्कारिक खेल से सभी मुग्ध हुए हैं। इस अन्तर्मुखी कलाकार ने हेनड्रिकिये स्टाफेलस नामक एक युवती को जीवन-भर के लिए साथी बनाया, लेकिन सामाजिक विवाह की जरूरत न समझते हुए शादी नहीं की। हेनड्रिकिये के गर्भवती हो जाने पर कैलविनिस्ट चर्च के पुरोहित ने माँ के पाप से अजन्मी संतान को नरक में फेंके जाने का डर तक दिखाया था।

फ्रांस के विद्वान चिन्तक, दार्शनिक एवं श्रेष्ठ गणितज्ञ ज्याँरं दालेमबेयर, मादाम दूयाँ ज्याँस्याँ की 'अवैध संतान' थे। उनके पिता सेवालिये देसतुशे सेना में गोलन्दाज वाहिनी के कमिसार जनरल थे। उन्होंने पुत्र को ऐसी शिक्षा दिलाई कि आगे चलकर वह अपने समय का श्रेष्ठतम गणितज्ञ बना। प्रसिद्ध फ्रेंच कथाकार गी दूयाँ मोपासाँ के पिता गुस्ताब फ्लाबेयर थे। मोपासाँ की माँ लब के साथ उनका 'अवैध सम्बन्ध' था। इसका मोपासाँ की प्रतिभा पर कोई असर नहीं पड़ा।

हम लोग कनफ्यूसियस से खूब परिचित हैं। उनका वास्तविक नाम 'कं-फु से' है। वही प्रसिद्ध दार्शनिक कनफ्यूसियस अपने ज्ञान, मनीषा और पांडित्य के बल पर ईसा पूर्व 497 में चीन के महान विचारक और प्रधानमंत्री बने। कनफ्यूसियस नीति और सदाचार के प्रवक्ता थे। उन्होंने चीनी समाज को सभ्य, सदाचारी, महान और सुसंस्कृत बनाने का काम किया था। उनकी रचित ग्रंथावली को धर्मग्रंथ के रूप में वही सम्मान मिला, जो सम्मान हिन्दू ने वेद और गीता को, क्रिश्चियन ने बाइबिल को और मुसलमान ने कुरान को दिया है। ढाई हजार वर्षों से चीनियों ने उनको The most sage ancient teacher के रूप में श्रद्धा दी है। उनके पिता शान-तुं प्रदेश की एक जेल के गवर्नर थे। लेकिन लोगों की धारणा है कि कनफ्यूसियस का जन्म अपने पिता के औरस से नहीं हुआ था।

दुनिया में कई असभ्य शब्दों का जन्म हुआ है–इनमें 'जारज' शब्द भी एक है। आदमी के सभी जन्म वैध हैं। कोई भी संतान अवैध नहीं होती, सभी संतानें मानव-संतान हैं। 'जारज' और 'अजारज' संतान में कोई अंतर नहीं होता। सभी वैध हैं, सभी पवित्र हैं।

किसी स्त्री को जिस शारीरिक सम्पर्क के कारण 'असती' कहा जाता है, उसी कारण से किसी पुरुष को ऐसे किसी नाम से अपमानित नहीं किया जाता। इसीलिए जिस प्रकार 'असती'-जैसे अश्लील और असभ्य शब्द को समाज से हटा देना जरूरी है, उसी प्रकार 'जारज' शब्द को भी खारिज करना अनिवार्य है।

नारीभोज

एक समय ऐसा भी था जब विभिन्न धार्मिक अनुष्ठानों में कुछ उत्सर्ग किया जाता था। यह 'कुछ' जीवित युवा प्राणी होते थे। प्राणियों में भी ऐसे-वैसे नहीं, एकबारगी इन्सान। इन्सान भी तो दो तरह के होते हैं–एक बड़ी जात के, दूसरे छोटी जात के। छोटी जात के अन्तर्गत औरतजात आती है–औरतजात में भी कुँवारी लड़की। कुँवारी लड़कियों को ईश्वर एवं उनके कल्याण के नाम पर बलि चढ़ाया जाता था।

ग्रीस की उर्वरा, विवाह एवं प्रजनन की देवी आर्तेमिस एक बार आगामेमन पर असंतुष्ट हुई। उसने प्रायश्चित के रूप में आगामेमन की पुत्री इफजेनिया को माँगा। इफजेनिया की बलि देते समय आर्तेमिस ने एक हरिणी के बलिदान का आदेश दिया और इफजेनिया बन गयी आर्तेमिस के मंदिर की देवदासी। देवदासी होने और बलि होने में कोई अन्तर नहीं है।

ट्रॉय के राजा प्रियास की पुत्री पलिकसेना एकिलिस की मँगेतर थी। ट्रॉय के विध्वंस में एकिलिस की मृत्यु के बाद उसकी प्रेतात्मा ने आकर पलिकसेना की बलि माँगी। ग्रीक लोगों ने बाध्य होकर एकिलिस की कब्र पर पलिकसेना की बलि चढ़ा दी। प्रेतात्मा के लिए भी बलि चढ़ाई जाती है, और वह भी सिर्फ स्त्री की।

अकाल और महामारी के समय एथेन्स निवासी एक देववाणी का आदेश मानते हुए गेरिसटस साइक्लपस की समाधि पर हेसिन्थस की कन्याओं को बलि चढ़ाते थे। इसी तरह एक बार लोक्रिस से कुँवारी लड़कियों को एथेना के मंदिर में पौरोहित्य के लिए दासी बनाकर भेजा गया था। बाद में उनकी हत्या कर दी गयी। देवता से लेकर प्रेतात्मा तक सभी कुँवारी लड़कियों का खून पीकर संतुष्ट होते थे। युद्ध के देवता को संतुष्ट करने के लिए देश के राजा ही नहीं, आम जनता भी कुँवारियों की बलि में दिलचस्पी रखती थी।

सिर्फ प्राचीन ग्रीक ही नहीं, केलटिक समाज के पुरोहित ड्रुइद लोग देवता

को संतुष्ट करने के लिए कुमारी कन्या की बलि देते थे। प्राचीन यूरोप के दक्षिण-पश्चिमी क्षेत्र, वेल्स आयरलैंड के निवासियों में भी कुँवारी-बलि देने का रिवाज था। भोज के लिए कुँवारी कन्या की बलि देने की बात बाइबिल में भी आती है।

दक्षिण भारत में शक्ति-साधना की एक पद्धति के रूप में कुँवारी-बलि का प्रचलन था। किसी के निरोग होने की मनौती के रूप में काली माँ को कुँवारी-बलि देने की घटनाएँ खूब होती थीं। पंजाब के कांगड़ा क्षेत्र में हर साल एक पुराने देवदारू वृक्ष के निकट एक कुँवारी लड़की की बलि चढ़ायी जाती थी। नंगी कुँवारी लड़की को खेत में ले जाकर हत्या कर डालने से खेत की उर्वरा शक्ति बढ़ती है—यह विश्वास दुनिया की तमाम जातियों में था। कुँवारी कन्या की आत्माहुति सूखे हुए तालाब को जल से भर देती है—ऐसी धारणा पठानकोट के निकट स्थित चम्पावती शहर में प्रचलित थी।

नील नदी का पानी बढ़े, इस कामना से प्रतिवर्ष एक कुँवारी कन्या को नील नदी में डुबा दिया जाता था। नील नदी का विस्तार देखने का सौभाग्य मुझे नहीं मिला। मुझे मालूम नहीं कि प्रतिवर्ष एक कुमारी का भोग उसे कितना पानी से लबालब कर देता था।

मिस्र के प्राचीन दस्तावेज़ों में भी हर साल एक युवक और एक युवती की बलि देने की घटना का जिक्र मिलता है।

ग्रेट बेनिन की एक लड़की की पेड़ से लटकाकर, चाबुक मार-मार कर हत्या की गयी थी। इसके बाद निर्णय लिया गया कि वह लड़की पेड़ से ही लटकी रहेगी। गिद्ध उसे नोंच-नोंचकर खायेंगे। इस लड़की की हत्या के पीछे देव-कृपा प्राप्त करने का उद्देश्य था।

महामारी फैलने पर 'चिपोया' लोग समझते थे कि ऐसा उनके पाप के कारण हो रहा है। इस पाप से मुक्ति और महामारी से रक्षा के लिए वे कबीले की सबसे सुन्दर लड़की को पानी में डुबाकर मारते थे।

उन्नीसवीं शताब्दी में दैत्यदेवी पेली के समक्ष कुँवारी कन्या की भेंट चढ़ायी जाती थी। पेली आग्नेयगिरि किलोव्वुर की देवी थीं। बलि का नियम था—आग्नेयगिरि के लावा उगलते मुँह में लड़की को फेंक देना।

मालदीव के लोग देखते थे कि हर महीने एक 'जिन' असंख्य दीप जलाये एक जहाज से द्वीप की ओर आता है। उसे देख द्वीप-निवासी किसी भी कुँवारी लड़की को दुल्हन के रूप में सजाकर समुद्र-तट स्थित मंदिर में छोड़ आते थे। दूसरे दिन वह लड़की मृत पायी जाती थी। पूर्व भारतीय द्वीपसमूह के निवासी कुमीर के राजपुत्र को तृप्त करने के लिए भी यही करते थे।

प्रायः सभी आदिम असभ्य जातियाँ कन्या-शिशुओं की हत्या कर डालती थीं। राजपूत लोग भी ऐसा ही करते थे। अरब में कन्या-शिशु का जन्म होते ही उसे

जिंदा गाड़ दिया जाता था। केंधा प्रदेश के अरबी लोग कन्या-शिशु के पाँच वर्ष का हो जाने पर उसकी माँ से कहते थे–'अब लड़की को सुगंधित लेप लगाकर सजा दो, आज वह अपनी माँ के घर जायेगी।' इसका मतलब होता था कि लड़की को अब कुएँ में फेंका जायेगा। कोराइश वंश के लोग मक्का के निकट स्थित आबूदेलामा पहाड़ पर अपनी कन्या की हत्या करते थे। आस्ट्रेलिया के असभ्य निवासी भी कुंवारी कन्या को जिंदा गाड़कर भूदेवी को प्रसन्न करते थे। उसकी कब्र पर लोग पूरे गाँव के खेतों में बोये जाने वाले अनाज का बीज रख आते थे। वे मानते थे कि वह लड़की देवता बनकर उन बीजों में प्रवेश करेगी और फसल अच्छी होगी। चीन के प्राचीन पवित्र शहर 'पिकिन' के घंटा-निर्माण के पीछे भी कुँवारी कन्या की आत्माहुति की कहानी है। उस घंटे के लिए पिघली हुई तप्त मिश्र धातु को यथा उपयोगी बनाने के लिए कारीगर की कन्या को आत्माहुति देने को बाध्य किया गया था। जर्मनी में तलवार बनाने के लिए लोहे को तपाते हुए पहली बार रजस्वला होने वाली कुँवारी कन्या के ऋतु-रज का इस्तेमाल किया जाता था। जापान में हर वर्ष एक विशेष अवसर पर साँप और बंदर के सामने कुँवारी लड़कियों की बलि दी जाती थी। कोरिया के राजा की समाधि पर एक ही साथ स्त्री एवं पुरुष की बलि देने का रिवाज था। न्यूगिनी के आदिम निवासी भी कुँवारियों की बलि चढ़ाते थे। 'प्यूबारटी राइट्स' नामक त्यौहार पर एक कुँवारी लड़की को विचित्र पोशाक में सजाया जाता था और फिर उस उत्सव में शामिल लोग एक के बाद एक उस लड़की से सम्भोग करते थे। मन्त्रोच्चार और बजते वाद्ययंत्रों के बीच उस लड़की से अंतिम सम्भोग के लिए एक युवक को चुना जाता और फिर मिथुनावस्था में ही उन पर कोई भारी वस्तु फेंककर उन्हें कुचल दिया जाता। वाद्ययंत्रों के स्वरों और लोगों के उल्लास में उनकी चीख दब जाती। बाद में दोनों शवों को टुकड़े-टुकड़े किया जाता और फिर भूनकर खा लिया जाता।

बलि के शव को भूनकर खाने का रिवाज मैक्सिको के रेड इण्डियनों में भी था। अफ्रीका के विभिन्न कबीलों में नये राजा के राज्याभिषेक के समय इसी तरह की बलि चढ़ाई जाती थी। मिथुनावस्था में किशोर-किशोरियों को आग में जलाकर गड्ढे में फेंक दिया जाता था।

आजटेकों की 'भुट्टादेवी' का नाम 'चिकोवेकोहयातल' था। प्रतिवर्ष उसकी पूजा होती थी। पूजा के सात दिन पहले से भक्तगण उपवास रखते थे। पूजा का सेवक परिवार की ही एक कुँवारी लड़की को भुट्टादेवी के रूप में सजाता था। इस देवी को लेकर मंदिर में तरह-तरह के अनुष्ठान किये जाते थे और फिर वह पुरोहित उस लड़की का गला काटकर अनाज के ढेर में फेंक देता था। तत्पश्चात एक पुरोहित देवी के लिबास सहित लड़की की चमड़ी उतारकर अपने शरीर पर पहनता था और भक्तों के साथ मिलकर नाच शुरू हो जाता था।

पार्वानियों में भी कुमारी-बलि का प्रचलन था। वे एक कुँवारी लडकी को हर घर से घुमाकर लाते थे और फाँसी के फ्रेम के साथ बाँध देते थे। बाद में उसे आग में जलाया जाता था और तीर चलाकर मार डाला जाता था। इसके बाद मुख्य पुरोहित आगे बढ़कर उस लड़की का हृदयपिंड नोंचकर खाता था। फिर उसकी हड्डियों से मांस नोंचकर खेत में ले जाया जाता था। वहाँ उस मांस से बूँद-बूँद टपकता खून बोये गये बीजों पर छिड़का जाता था। लागास नामक क्षेत्र में फलप्राप्ति की आशा में कुँवारी कन्या को भेड़, बकरी, मकई, केला, आलू के साथ एक ही पंक्ति में सूली पर चढ़ाकर छोड़ दिया जाता था।

प्राचीन काल में इस पृथ्वी के विस्तृत भाग में समाज के विचित्र-विचित्र रिवाजों के अनुसार कुमारियों की बलि दी जाती थी। कभी संतान-प्राप्ति की कामना से इनकी हत्या की गयी, कभी धरती को ऋतुमती बनाकर अच्छी फ़सल के उद्देश्य से। कभी नदी या जल देवता की संतुष्टि के लिए, तो कभी महामारी से कबीले को बचाने के उद्देश्य से। कभी दुष्ट ग्रहों और प्रेतात्मा की संतुष्टि के लिए, तो कभी युद्ध में विजय-प्राप्ति के लिए।

अब हम लोग दुनिया को आधुनिक कहते हैं और आदमी को सभ्य। क्या आज भी पुरुष निर्मित धर्म और उनका विकृत समाज लड़कियों की बलि नहीं चढ़ा रहा ? यह सही है कि वह उन्हें जिन्दा नहीं गाड़ रहा या आग में नहीं जला रहा, लेकिन यहाँ की जीवित लड़कियाँ भी भला कितनी जीवित हैं ? वे अपने अन्दर अपनी-अपनी लाश ढोती ही तो फिर रही हैं। पुराने दिनों की बलि-प्रथाएँ शायद इससे कम कष्टदायक थीं, क्योंकि तब निरंतर एक कष्ट को ढोये-ढोये नहीं फिरना पड़ता था। क्षण-भर में मृत्यु और क्षण-भर में मुक्ति होती थी। लेकिन अब मुक्ति नहीं, अब तो मृत्यु के साथ-साथ जीना पड़ता है। यह भी एक विचित्र प्रकार की बलि ही है।

[संदर्भ : मानव-सभ्यता में कुमारी-बलि : दिनेन्द्र कुमार सरकार]

तृष्णा की शांति सुन्दर कांति

विदेश में 'एलिजाबेथ ड्यूक' नामक एक प्रसिद्ध ज्वेलर्स है। इसमें राबर्ट, एडवर्ड, वैनियल आदि नाम लिखे हुए ब्रेसलेट पाये जाते हैं जिन्हें लड़के पहनते हैं। इन्हीं नामों के लॉकेट भी मिलते हैं। विदेश में लड़के अब लम्बे बाल रखते हैं, बल्कि लम्बे बाल ही नहीं, चोटियाँ भी गूँथते हैं। गले में हार, कानों में बाली, नाक में नथनी, कलाई पर ब्रेसलेट आदि सभी गहने वे पहन रहे हैं। सवाल है कि विदेशी पुरुषों का यह फैशन इस देश में अब तक क्यों नहीं आया ? यहाँ कम ही लड़कों को मैं बालों का फैशन करते हुए देखती हूँ—चेहरे का मेकअप करते, भौंहें प्लक करते, गले में हार और कानों में बुंदा पहनते। यहाँ के ज्वेलर्स 'अफ़ज़ल', 'मिलन', 'हुमायूँ', 'हारून' नामक लॉकेट या ब्रेसलेट रख सकते हैं, ताकि पुरुष उन्हें खरीदकर गले में पहनें और कलाई पर बाँधें। कानों में तरह-तरह की बालियाँ, नाक में नथनी पहनें। फैशन का नियम ही यह है कि वह विकसित दुनिया से अविकसित दुनिया की तरफ लुढ़क आयेगा। बीच-बीच में हम देखते हैं कि शेरेटन, सोनारगाँव के फैशन-शो में लड़कियाँ विचित्र पोशाक पहनकर, तरह-तरह की मुद्रा में मंच पर चलती हैं। पुरुषों की पोशाक में भी फैशन है—कभी चोंगा तो कभी ढीला-ढाला। टेड़ी, बेलबॉटम, एलिफैंट, बैगी आदि पोशाकें वे पहनते हैं। अब उनके भी फैशन की जरूरत है। वे भी आधुनिक पोशाक पहनकर बड़े-बड़े होटलों में शरीर लचकाते हुए चलेंगे। दर्शक ताली बजायेंगे। पुरुष मेकअप करेगा और केश सजायेगा। बड़े-बड़े बाल रखेगा, चोटी गूँथेगा और गहने धारण करेगा। गहनों की दुकानें पुरुषों से भर जायेंगी। पुरुष के बालों के तेल-शैम्पू, पुरुष के चेहरे पर लगाये जाने वाले स्नो-पाउडर, क्रीम, मोश्चराइजर, पुरुषों के ऑफ्टर शेव लोशन और इत्र से सारी दुकानें भर जायेंगी। दुकानों पर पुरुष और स्त्रियों की बराबर भीड़ होगी। जो यूरोप में हो रहा है, वह एशिया में भी जरूर होना चाहिए।

उस दिन एक सुदर्शन युवक की ठुड्डी के नीचे सात-आठ मस्से देखे। मैंने कहा—तुम इसके चलते अच्छे नहीं लग रहे हो। युवक तुरंत ही डॉक्टर के पास गया और इलेक्ट्रिक कटराइजेशन से उन्हें कटवाकर आ गया। उसे बहुत दर्द हुआ होगा, फिर भी कटवाया, क्योंकि उसे अच्छा दिखना था। मानो उसे लालच था कि मैं उसे अच्छा कहूँ। एक और युवक को भी देखा। लड़कियों से बात करने से पहले वह जल्दी से अपनी पैंट के पिछले पॉकेट से कंघी निकालकर बाल सँवार लेता है। उसके बाल बहुत उलझे रहते हों, ऐसी बात नहीं। कंघी करने का कारण यह है कि वह और अच्छा दिखे। अब यदि आज का युवक चाहता है कि वह सुंदर दिखे, लड़कियाँ उसे 'बहुत जँच रहे हो' कहकर उसकी तरफ हवाई चुम्बन उछालें तो फिर इस शहर में पुरुषों के सजने-सँवरने के लिए कोई ब्यूटी पॉरलर क्यों नहीं हैं ? जरूर होना चाहिए। लड़कियों के बाल काटने एवं सजने-सँवरने के लिए इस देश में ब्यूटी पॉरलरों की संख्या कितनी है, इसका हिसाब लगाना मेरे वश की बात नहीं। पुरुषों के लिए खुले सैलून हैं, गुप्त मसाज़ पॉरलर भी हैं, जहाँ किशोर लड़कियाँ बूढ़े पुरुषों के हाथ-पाँव दबा देती हैं। लेकिन यह तो कोई काम की बात नहीं हुई। पुरुषों को भी सुन्दर होना होगा—दिखने में सुन्दर। उन्हें फैशनेबुल होना होगा। उन्हें भी गहने पहनने होंगे। चेहरे पर रंग पोतना होगा।

उस दिन एक लड़के से बोली—तुम्हारे बदन में पसीने की दुर्गंध है, तुम कुछ दुर्गंधनाशक इस्तेमाल करो। कुछेक 'सेन्ट' के नाम भी बताये। आजकल वह उनका ही इस्तेमाल करता है। एक और युवक एक ही कमीज पहने मुझसे तीन दिन मिलने आया। मैंने पूछा—आपके पास और कमीजें नहीं हैं ? वह युवक दूसरे दिन से नई-नई कमीजें पहनकर आने लगा। जूता भी पालिश किया हुआ। कमीज 'इन' करके एकदम फिटफाट बैठा रहता। मैं अक्सर उसकी नाक, आँख, बाल, ठुड्डी, छाती और बाहुओं की खूबसूरती को लेकर बात छेड़ देती। वह दिखने में सुन्दर है, उसकी कमीज और जूते अच्छे हैं आदि-आदि बातें करती। उस युवक के होंठ बहुत काले हैं, सो बोली—जरा लाल होते तो आप बहुत जँचते, लेकिन···। इसके बाद से वह होंठों पर चुपके-से थोड़ा रंग भी लगा लिया करता है। आखिर इन बातों को गोपनीय रखने की क्या जरूरत ? लड़कों के लिए अलग पॉरलर का इन्तजाम हो, जहाँ जाकर वे अपनी खामियों को दूर करें। कुछ लड़कों का चेहरा मुहासों से भरा रहता है। वे महीने में एक बार 'फेसियल' करवा सकते हैं। किसी-किसी की भौंहें जरूरत से ज्यादा मोटी होती हैं, वे थोड़ी पतली करवा सकते हैं। मूँछों को भी विभिन्न साइज़ में काटा जा सकता है। अधिकांश पुरुषों का मुँह बहुत गंधाता है। इस पर भी लड़कियों से बात करते समय उनका पौरुष यथास्थान नहीं रहता। इसलिए मुँह की दुर्गंध दूर करने का भी उपाय होना चाहिए।

पुरुष चाहता है कि दिखने में स्त्री सुन्दर हो। उसी तरह स्त्री भी चाहती

है कि पुरुष भी सुन्दर हो, आकर्षक हो। पत्रिकाओं में 'स्त्री सौंदर्य' को बनाये रखने के लिए एक स्तम्भ ही रहता है। क्या इस ओर से पुरुषों को वंचित करना उचित है ? उनके क्या करने और क्या कर सकने पर, किस तरह खड़ा होने और चलने पर, किस तरह बैठने और बोलने पर लड़कियाँ उन्हें पसंद करेंगी—इन बातों पर व्यवस्थित चर्चा के लिए देश के दैनिक पत्रों और साप्ताहिक पत्रिकाओं में एक स्तम्भ खोलने की जरूरत है। लड़के अपनी खूबसूरती के विषय में बिल्कुल बेवकूफ और उसे बनाये रखने के मामले में और भी बेवकूफ होते हैं।

कोई-कोई अब स्वास्थ्य के मामले में सचेत हो रहा है। सुबह-शाम तोंद वाले पुरुष शहर के पार्कों में हाँफते हुए दौड़ते नजर आते हैं। उनमें अधिकांश अधिक उम्र वाले होते है। युवक स्वास्थ्य के विषय में ही नहीं, अपने रूप-सरूप के विषय में भी बिल्कुल उदासीन रहते हैं।

हमारी स्त्रियाँ अपने ही रूप को लेकर इतना अधिक व्यस्त रहती हैं कि पुरुषों का भी रूप होता है, वे यह मानना ही नहीं चाहतीं। स्त्रियों की यह स्वार्थपरता मुझे बहुत अखरती है। पुरुषों को उनके सिर से लेकर पाँव के नाखून तक दोनों आँखें फाड़कर देखना चाहिए। उन्हें दर्शनीय चीज़ बना डालना चाहिए। पुरुषों के बाल उड़ जाने पर उनकी घनिष्ठ स्त्रियाँ उनको 'विग' पहनने की सलाह दें, ताकि वे टाट ढँकने में व्यस्त हो जाएँ और यह न समझें कि वे टकले हों न हों, यूँ ही बहुत कीमती मनुष्य हैं और इशारा करते ही स्त्रियाँ उनकी मुट्ठी में आ जायेंगी। पुरुषों की हर कमजोरी को उँगली उठाकर दिखा देने की जरूरत है, और दिखाने की यह जिम्मेदारी स्त्रियों की ही है।

पुरुषों में तरह-तरह की कमियाँ हैं। नाखूनों में गंदगी, दाँतों में गंदगी, बदन पर कालिख, मुँह में दुर्गंध और गालों पर मुहासे लिये हुए भी पुरुष त्रुटिहीन, सुन्दर, साफ-सुथरी, फूलों की तरह खिली लड़की की माँग करता है। हमारी भोली स्त्रियाँ ऐसा क्यों होने दे रही हैं, यह समझ में नहीं आता। पुरुष दोनों वक्त नहाये, उसके लिए तरह-तरह के सुगंधित साबुन बनें। पुरुष और उसके इस्तेमाल की वस्तुओं का साथ-साथ विज्ञापन हो। सिर्फ स्त्री ही अकेले क्यों विज्ञापित होगी ? क्या स्त्री ने ही समस्त रूप और सौन्दर्य का ठेका ले रखा है ?

पुरुष बत्तीसी निकालकर हँसे और टूथपेस्ट का विज्ञापन दे। अभी तुरंत मुझे पेप्सोडेंट टूथपेस्ट के विज्ञापन की याद आ रही है और मैं विज्ञापनदाता के सौन्दर्य की तारीफ करती हूँ। स्त्री यदि चाहे कि वह पुरुष के बालों में मुँह रगड़े तो पुरुष को भी ध्यान रखना चाहिए कि उसके बालों से कंडिशनर की सुगंध मिले और स्त्री मुग्ध हो जाए। स्त्री को मोहित करने की जिम्मेदारी पुरुष की है, इसलिए पुरुष अपनी कमियाँ दूर करने के लिए सचेष्ट रहें। पुरुष इसीलिए अपने को घिस-माँजकर योग्य बनाये। स्त्री ही अकेले क्यों सँवरेगी ? पुरुष भी सजे-सँवरे।

यदि धर्म दोनों को समान अधिकार देता है, समाज और राष्ट्र दोनों को समान अधिकार देते हैं–दे रहे हैं, ऐसा अधिकांश लोगों का विश्वास है–तो फिर पुरुषों को सजने-सँवरने का अधिकार क्यों नहीं मिले ? क्यों नहीं पुरुष की दोनों कलाइयों में कमीज के साथ मैच करती हुई चूड़ियाँ झन-झनाकर बज उठें ! इस देश के पुरुष उँगलियों में अँगूठी पहनते ही हैं। चेन भी पहनते हैं, कोई-कोई कानों में बालियाँ भी पहनते हैं, तो फिर चूड़ियाँ पहनने में क्या हर्ज है ?

स्वयं को मुक्त करो डर से

हम लोग सिर्फ चुपचाप खड़े रहते हैं। खड़े-खड़े लोगों का सर्वनाश देखते रहते हैं। लोगों का अहित होने पर हमारा कुछ आता-जाता नहीं है, बल्कि किसी का सर्वनाश होने पर भी हम लोग दिल खोलकर हँसते हैं। हमारे लिए अब यह सोचना असंभव हो गया है कि किसी के भूखे रहने पर हम उसे खाना देंगे। किसी को वस्त्र या आवास की जरूरत पड़ने पर उसे कपड़ा और आश्रय देंगे। यदि कोई किसी की थोड़ी-बहुत मदद करता भी है तो सिर्फ अपने स्वार्थ के कारण। कोई किसी के लिए आँसू भी बहाता है तो वह भी स्वार्थ के लिए। स्वार्थ छोड़कर कोई भी दो कदम न आगे चलता है, न पीछे हटता है। निःस्वार्थ भाव से न तो कोई रोता है, न हँसता है।

आँखों के सामने लोगों का खून हो रहा है, आँखों के सामने बलात्कार, खुले-आम लूट, अपहरण हो रहे हैं, फिर भी लोग उदासीन और निर्लिप्त हैं। इन्सान इतना निर्लिप्त कैसे हो सकता है ? पता नहीं ! इसीलिए आजकल मन बड़ा उदास रहता है।

उस दिन एक सुखद खबर सुनी तो दिन-भर मेरा मन बहुत अच्छा रहा। सुखद खबर यह थी—एक शाम वस्त्र-मेले के गेट के पास कुछ लड़के एक महिला का हैंडबैग और गले की चेन आदि छीनकर भागे। अज़रा जैबिन नामक एक लड़की यह देखकर उनसे भिड़ गयी। जमकर लड़ी और बदमाशों के हाथ से बैग छीन लेने में सफल हो गयी। बदमाशों के हाथ में छुरा था। अज़रा जैबिन उनके छुरे से घायल भी हुई थी। घायल ही क्यों, वह मर भी सकती थी। मारे जाने की आशंका भी होगी ही, क्योंकि आजकल अचानक मार दिया जाना कोई आश्चर्यजनक बात नहीं है। लेकिन वह जो सारी आशंकाओं को पीछे छोड़कर एक मुसीबतज़दा इन्सान की मदद के लिए आगे आयी, ऐसा कितने लोग करते हैं ! कितने लोग हैं जो दूसरों

की मुसीबत में आगे आकर अपनी छाती तान देते हैं ! पुलिस खड़ी थी, तमाम लोग खड़े थे, लेकिन सिर्फ जैबिन आगे बढ़ी। मैं उसके 'आगे आने को' अचरज से देखती रही। इस तरह आगे आने की हिम्मत सब में नहीं होती। इस तरह से आगे आने का कर्तव्य-बोध और साहस सबके अन्दर नहीं होता। घर-बाहर लाखों अत्याचार-अन्याय होते रहते हैं, लेकिन कोई भी विरोध में आगे नहीं आता। जो आता है, वह घायल होता है। उसकी निन्दा होती है, वह पीड़ित-प्रताड़ित होता है। अभी चारों ओर अन्याय की ही जय-जयकार है। अभी देश में अन्याय का ही बोलबाला है। अन्याय के विरुद्ध जो व्यक्ति डटकर खड़ा होने का साहस अर्जित करता है, मैं उसका अभिनन्दन करती हूँ। उसे मैं अपना सारा प्यार अर्पित करती हूँ।

स्वास्थ्य विभाग की चतुर्थ श्रेणी की गौरी रानी दास नामक महिला कर्मचारी सप्ताह-भर पहले निदेशक की गाड़ी के ड्राइवर, दफ्तर के चपरासी और उनके एक साथी के बलात्कार का शिकार हुई। वह अपने कार्यस्थल से स्वास्थ्य विभाग में अपने बकाया वेतन के बारे में पता करने आयी थी। तभी इन बदमाशों की नजर गौरी के शरीर पर पड़ी। क्या गौरी बहुत गोरी थी, इसीलिए उसे यह भुगतना पड़ा ? क्या गौरी नितान्त अकेली थी, जो ऐसा अत्याचार हुआ ? या फिर गौरी चतुर्थ श्रेणी की कर्मचारी, दरिद्र और अल्पसंख्यकों में से एक थी, जिनसे छह-सात या दस-बारह लोलुप बदमाशों के बलात्कार करने पर किसी को कोई क्षति पहुँचने की आशंका नहीं है ? इस तरह के छोटे-मोटे 'अत्याचारों' को लेकर समाज और राष्ट्र के लोग जरा भी चिंतित नहीं होते। शायद बलात्कार जैसी घटना अब अन्याय या अत्याचार के दायरे में नहीं आती ! चूँकि बलात्कार स्त्री पर किया गया एक तरह का आक्रमण है, इसीलिए शायद इसे अत्याचार नहीं कहा जाता; क्योंकि समाज में स्त्री पर कई तरह के अन्याय-अत्याचार के खेल चलते ही हैं, और वे अत्यंत जतन के साथ अपनाये भी जाते हैं। चूँकि किसी भी धर्म में स्त्री को मान-मर्यादा देने की बात नहीं कही गयी है, चूँकि समाज के शीर्ष पर बैठे लोगों ने स्त्री को अहमियत देने की बात नहीं कही है, चूँकि राजनेताओं और राजनेत्रियों ने स्त्री को इन्सान की तरह सम्मान देने की बात नहीं कही है, इसीलिए गौरी रानी को दिन के उजाले में बलात्कार का शिकार होना पड़ता है। तब बलात्कृत होना पड़ता है, जब उसे श्रम और पारिश्रमिक के लिए घर से बाहर निकलना पड़ता है। घर में कैद रहने पर ही पुरुष की लोलुप दृष्टि से बचा जा सकता है, यह भी सही नहीं है। घर में रह रही स्त्री भी निरंतर बलात्कृत हो रही है और घर के बाहर रास्ते, या कार्यक्षेत्र, या महानिदेशक के दफ्तर में भी वह बलात्कृत होती है। स्त्री की सुरक्षा कहाँ है ? कहाँ जाकर खड़ा होने पर स्त्री के बलात्कृत होने की आशंका नहीं है ! कहाँ है इस दुनिया में वह स्थान ?

हमारे समाज की कोई भी स्त्री आज गौरी रानी है। किसी भी स्त्री के लिए अपमान उसका इंतजार कर रहा है। इंतजार कर रहा है बर्बर पुरुषों का काला पंजा। गौरी रानी की तरह बहुतेरी स्त्रियाँ अत्याचार से पीड़ित हैं।

अज़रा जैबिन नामक एक 'जादूगर' लड़की एक स्त्री के पक्ष में खड़ी हुई थी। हम सभी स्त्रियाँ स्त्री पर हो रहे इस तरह के हमले का क्या दोनों हाथों से विरोध नहीं कर सकतीं ? कर सकती हैं ! हम भी उस साहसी स्त्री की तरह सबके भले के लिए आगे आ सकती हैं। बलात्कार का विरोध करने के लिए, तमाम अन्याय-अत्याचार का विरोध करने के लिए, पुरुषों की स्वेच्छाचारिता का विरोध करने के लिए हम आगे आ सकती हैं। दुष्टता के हाथों लगे घाव दिन-ब-दिन बढ़ते जा रहे हैं। ऐसे में हम स्त्रियाँ एक बार सारे अत्याचारों के विरुद्ध प्रचंड शक्ति बनकर क्यों खड़ी नहीं हो सकतीं ?

सखी, अँधेरे अकेले घर में अब मन नहीं लगता

मीरा मुखोपाध्याय का घर ढूँढ़ने में मुझे खास परेशानी नहीं हुई। भवानीपुर में लता-वृक्षों से सजा एक दो-मंजिला मकान। मेरे हाथ में श्री निखिल सरकार की लिखी एक चिट्ठी है। इस चिट्ठी को दिखाने पर ही मूर्तिकार मीरा मुखोपाध्याय मुझे अपने घर में घुसने देंगी। आम तौर पर वे किसी से नहीं मिलतीं। दरवाजे पर नोटिस टँगा हुआ है–'मिलना मना है।' एक बार किसी पत्रकार को उन्होंने दरवाजे से ही भगा दिया था।

चिट्ठी हाथ में है, फिर भी डर के मारे छाती धड़क रही है–'नहीं, मुलाकात नहीं हो सकेगी।' मैंने कुंडी खटखटायी। अन्दर से एक कर्कशा आवाज आयी–'कौन ?' इस आवाज ने मेरे दिल पर धक्का दिया। कर्कश आवाज वाले व्यक्ति के थोड़ा-सा दरवाजा खोलकर गर्दन निकालते ही मैंने जल्दी से उसके हाथ में वह चिट्ठी थमा दी। थोड़ी देर बाद अंदर के कमरे से वह सुरुपा स्त्री बाहर आयी–स्निग्ध, कोमल, धवल वसना स्त्री। मैं उसके पीछे-पीछे एकदम अंदर उसके सोने के कमरे में पहुँच गयी। जिस बरामदे से होकर भीतर के कमरे में गयी, वहाँ ढलाई के काम और साँचों का ढेर था। बुद्ध की एक मूर्ति भी थी। मूर्ति की देह पर बहुत-कुछ लिखा हुआ था। कांसे की देह पर कविता लिखी हुई थी–मीरा मुखोपाध्याय की स्वरचित कविता।

उस स्निग्ध स्त्री को अपलक देखती रही। क्या बोलूँ, मुझे चित्रकला के बारे में कोई जानकारी ही नहीं है। मूर्तिकला की विषयवस्तु के बारे में जानती ही क्या हूँ, सिवाय मुग्ध आँखों से उसे देखते रहने के। मीरा मुखोपाध्याय ने मुझे अपने बिस्तर पर बैठाया और स्वयं भी बैठ गयीं।

पुराना मकान है। खिड़की के सीखचों के बीच से होकर सुबह की धूप फर्श

पर पड़ी है। कमरे के फर्श पर रखी हुई है एक संथाली लड़की की मूर्ति, जो अपने दोनों हाथों से टोकरी बुन रही है। उसे देखकर इतना अच्छा लगा कि आँखें नहीं फेर पायी। उस लड़की का गला हारों से लदा था और लम्बा होकर उसके घुटनों से आ लगा था। बगल में एक और मूर्ति थी–एक माँ और उसके ढेर सारे बच्चे। दूसरी ओर एक अदालत–अदालत में जज बैठे हैं, वकील-बैरिस्टर भी हैं और कठघरे में मीरा मुखोपाध्याय स्वयं हैं। कुछ दिनों पहले घर को लेकर एक मामला चला था, जिसमें उन्हें कोर्ट तक दौड़ना पड़ा था। उसी की तस्वीर उन्होंने धातु से बनायी है।

मेरा मन करता है, उस कोमलांग स्त्री का हाथ एक बार छूकर देखूँ कि किस तरह इन हाथों से वह चित्रकारी करती है, ढलाई का वह कठिन, सूक्ष्म काम कैसे इन हाथों से करती है और किस तरह ब्रोंज को छेनी-हथौड़े से पीट-पीटकर जीवंत बना देती है ! एक बार छूकर तो देखूँ !

"बचपन में स्कूल जाने का मन नहीं करता था। मुझे बगीचे में पेड़-पौधे लगाना अच्छा लगता था–फूलों का बगीचा। पेड़-पौधों के साथ मन-ही-मन बातें करती थी। पढ़ने-लिखने में मेरा मन नहीं लगता था।" मीरा मुखोपाध्याय की बातें मैं मुग्ध भाव से सुनती रही। उनके गले से आवेग उफन रहा था। बोलीं, "कभी अपने आप को सोचने नहीं दिया कि मैं एक लड़की हूँ। यही सोचा कि मैं भी मनुष्य हूँ। लड़की होने के कारण किसी से कभी अलग से स्वतंत्रता की माँग नही की। मैंने अपनी पूरी जिन्दगी में एक ही बात को समझा है कि किसी तरह के शोर-शराबे से नहीं, सड़क पर उतरकर 'यह करो-वह करो' का नारा लगाकर नहीं, बल्कि कोई व्यक्ति अगर कुछ बनता है तो अपने काम से ही। यदि मैं अच्छा काम कर सकती हूँ तो मेरा काम ही यह बता देगा कि पुरुष से किसी भी मायने में स्त्री कम नहीं होती। इसीलिए मैं मुँह बंद करके काम करती रही हूँ।"

मीरा मुखोपाध्याय सिर्फ आगे ही बढ़ती गयी हैं, कहीं रुकी नहीं। रास्ते में कितनी ही तरह की बाधाएँ थीं। तब के समाज ने जबरदस्ती उनकी शादी भी करायी थी, लेकिन पति से उनकी निभ नहीं पायी। निभ नहीं पायी, फिर भी समझौता उन्होंने नहीं किया। लोग उन्हें बुरा कहते हैं। मीरा का सबसे बड़ा गुण है कि लोगों की बातों पर कभी उन्होंने कान नहीं दिया। संगीत पसंद करती थीं, चित्रकारी पसंद करती थीं। हरियाली के साथ बचपन से जिसका इतना गहरा लगाव हो, उसे क्या समाज और परिवार के जाल में बाँधे रखा जा सकता है ! या चहारदीवारी वाले कमरे में वह शोभा पा सकती है ?

मीरा मुखोपाध्याय के संगीत-प्रेम की शुरूआत विमलाप्रसाद चट्टोपाध्याय से हुई। गाना सिखाते-सिखाते वे कहते, "संगीत क्या रोज-रोज आता है ! शुरू-शुरू में कभी-कभी आता है। लेकिन एक समय ऐसा आता है कि संगीत फिर कभी

छोड़कर नहीं जाता।" मीरा ने गाया–'सखी, अकेले घर में मन मचलता है !' लेकिन संगीत रुका नहीं; हाँ, धातु का काम उन्हें छोड़कर और कहीं नहीं गया। सुख-दुख में उसने उनकी उँगलियों में जन्म-भर के लिए डेरा डाल लिया।

लोग जिसे परिवार बसाना कहते हैं, वह मीरा नहीं कर पायीं। इस बात का उन्हें कोई अफसोस नहीं है। उनका परिवार गोल बीबी, हारान को माँ, नूरबानू, असित, प्रशांत, माया, गौरी, चैताली, हरेन, प्रताप, नज़रूल की बीबी से बना है। वे गोंयठा देते हैं, ढलाई के बाद राख से लकड़ी का कोयला छाँटते हैं। मीरा खुद धातु गलाती हैं, खुद ढलाई करती हैं। जितना ही धातु को काबू में लाने की कोशिश करती हैं, उतना ही समझती हैं कि धातु में एक अद्‌भुत रहस्यमयता है।

रवीन्द्रसंगीत से भी मीरा का मन नहीं भरा। उन्हें दरअसल दूसरा कुछ चाहिए था। बंगाली-अबंगाली पड़ोसियों ने उन्हें मुहल्ले से निकालना चाहा। मकान मालिक ने मकान छोड़ देने को कहा। दिल्ली के आर्ट कालेज में मौका पाते ही लड़के शरीर पर हाथ फेरना चाहते थे। लेकिन कोई कुछ नहीं कर सका। कोई भी उनके व्यक्तित्व के सामने सिर उठाकर खड़ा नहीं हो पाया। सब कुछ को तुच्छ करके मीरा अपना काम करती गयीं। परिवार छोड़कर आयी हुई लड़की के शरीर को नोंचना चाहा, गोपन में दाँत गड़ाना चाहा–समाज के भलेमानुसों ने। सारे पंजों से स्वयं को बचाते हुए मीरा सिर्फ काम करती गयीं। गंदे पुरुषतंत्र के खिलाफ है उसका यह निरंतर संग्राम।

मेरे साथ इतनी बातें करने की उन्हें कोई जरूरत तो नहीं थी। वह नहीं भी कर सकती थीं। लेकिन पूछा–शर्बत पिओगी ? फिर ठंडा शर्बत पिलाया। शायद निखिल दा ने लिख दिया था कि मैं उनसे बातचीत करना चाहती हूँ। वरना जो व्यक्ति किसी से मिलता ही नहीं, दरवाजे से ही दर्शनार्थी को विदा कर देता है, वहाँ एकबारगी सोने के कमरे में बैठाकर ठंडा पेय पिलाते हुए, घर-भर की मूर्तियाँ दिखाते-दिखाते देर तक बातें करने-सुनने का सौभाग्य बहुत ही कम लोगों को प्राप्त होता है। यह मैं खूब समझती हूँ।

सत्तर के आसपास उनकी उम्र होगी। बड़ी-सी एक किताब भी लिखी है उन्होंने, जो विभिन्न भारतीय क्षेत्रों के धातु-शिल्प से सम्बन्धित है। रात-दिन व्यस्त रहती हैं वे। लगातार कई दिनों तक ढलाई का काम करती हैं। इसके बाद शुरू होता है हथौड़े से बुद्ध की नाक-आँख को आकार देना। नाचती हुई स्त्रियों के हाथ-पाँव को छंद देना और भैंसों के झुंड के पीछे चरवाहे के शरीर को ढालना। मीरा खाली बैठी रहने वाली स्त्री हैं ही नहीं। गुलाब के बगीचे से निकलकर आयी हुई वह मुग्ध किशोरी अब हृदय-रोग से ग्रस्त है। लेकिन अपने दोनों कर्मठ हाथों की उसने एक दिन के लिए भी उपेक्षा नहीं की। समाज की घेरदार जिन्दगी से बाहर वे कम गली-कूचे, कम अँधेरे पार करके इस दुनिया में नहीं आयीं। अँधेरे अकेले घर में

उनका मन नहीं लगा, इसीलिए स्केच की स्याही-कलम, चित्रकारी का रंग-ब्रुश, मूर्ति बनाने की ब्रोंज धातु–सभी के भीतर डूब गयीं वे। जिंदगी-भर उन्होंने कोशिश की है अच्छा इन्सान बनने की, अच्छा मूर्तिकार बनने की। उन्होंने कहा, "अच्छा उतना ही हुआ, जितना हो सका।"

मीरा मुखोपाध्याय ने क्या कुछ नहीं झेला, सब कुछ तो झेला। शान्तिनिकेतन, दिल्ली और म्यूनिख घूमकर, भारत के कोने-कोने से गुजरते हुए शास्त्रीय धातु के सारे गुणों को सीखकर जब उन्होंने अपने प्रिय शहर कलकत्ता में आकर काम करना चाहा तो उन्हें दस रुपये रोजाना मजूरी पर कारीगर की नौकरी मिली। मीरा ने गरीबी भी कम नहीं देखी। क्या यह अभागा देश नहीं जानता था कि वह किसे दस रुपये मजूरी देकर काम करा रहा है ? यह कोई सस्ती औरतजात नहीं है। यह वह मीरा मुखोपाध्याय है, जिसकी बनाई मूर्तियाँ खरीदने के लिए लोग लाखों रुपये लेकर दरवाजे पर खड़े रहते हैं, लेकिन वह अब उस दरवाजे की तरफ प्रायः नहीं ताकती।

ब्रोंज का काम दरअसल बहुत खर्चीला होता है। उन्होंने कहा, "लोग मोल-भाव करते हैं। देखती हूँ कि धातु की ही कीमत नहीं मिलती, मेहनत का मूल्य तो छोड़ ही दो। कला के साथ क्या मोल-भाव करना शोभा देता है ?" यह निर्मोही, निर्लोभी शख्स सबसे ज्यादा अपने काम से प्यार करती है। उनका कहना है, "धातु किसी भी तरह की लापरवाही और बेमन मानसिकता को क्षमा नहीं करती। आग की तरह पूरी ताकत से वह मेरी सत्ता को जकड़े हुए है। और, मुझमें ताकत है या नहीं, खुद से मैंने यह कभी नहीं पूछा। बस प्यार से काम करती रही हूँ।" काम तो बहुत-से लोग करते हैं, लेकिन मीरा मुखोपाध्याय की तरह प्यार से कितने लोग करते हैं ? वस्तु के भीतर से जीवन को उजागर करने की कोशिश की है उन्होंने। साधारण के भीतर से असाधारण को बाहर ला खड़ा किया है। इसी में उनकी मुक्ति है। पहाड़-जंगल, समुद्र-नदी पार करते हुए उन्होंने अपनी प्रिय प्रकृति के साथ अंतरंग रिश्ता कायम किया है। अपार समुद्र से हिमालय तक दौड़ते-भागते स्वयं ही कहा है–"सभी को दिया है घर इस जगत में, मुझे दिया है सिर्फ पथ।"

मीरा मुखोपाध्याय क्या इस पथ को पार कर गन्तव्य तक पहुँच गयी हैं, या फिर कलाकार का कोई गन्तव्य नहीं ? कलाकार का मन जिधर जाने का होगा, उसे मिलेगी अगाध स्वतंत्रता !

कुछ समय बाद दोपहर हो गयी। काम के पीछे पागल व्यक्ति को इस तरह बातों में उलझाये रखने की और अधिक इच्छा नहीं हुई, हालाँकि बचपन से ही एक-एक कर प्रतिबंधों को पार करते आने की बातें सुनना अच्छा लग रहा था। जिन्दगी का उन्होंने बहुत कुछ देखा-जाना है। यदि वे मरुभूमि हैं तो मैं उनकी तुलना में निहायत ही क्षुद्र बालुका-कण हूँ। यदि वे समुद्र हैं तो मैं एक बूँद मात्र हूँ। मीरा

अच्छा कलाकार होना चाहती थीं, आज पूरा भारत जानता है कि वे हैं। मीरा अच्छा इन्सान बनना चाहती थीं, सम्भवतः बहुत-से लोग जानते हैं और मैं भी जानती हूँ कि वे अच्छा इन्सान बनी हैं। अच्छा इन्सान तो वे अपने जन्म से ही थीं। उनके असाधारण दोनों हाथों को फिर से छूकर देखने को जी चाहता है। जी करता है कि कहूँ—आपको बहुत प्यार करने की इच्छा हो रही है। मैं ऐसे अद्भुत, स्निग्ध, सौन्दर्य के पास कभी इतना घनिष्ठ होकर नहीं बैठी। हमारी मुलाकात फिर जरूर होगी।

मैं समझ सकती हूँ कि उनके हृदय में बहुत आग है। जिस आग से अभी धातु-ढलाई का काम चलता है, उस आग के सामने खड़ी होकर वे अपने काम के सुख में पूरी तरह डूबी रहती हैं। इस आग से हृदय की आग क्या उन्हें कुछ कम जला रही है ? सीढ़ी से उतरने के लिए मना करने पर भी वे मुझे छोड़ने एकदम बाहर के गेट तक आयीं। बहुत अच्छी लगीं वह, उनकी सरलता बहुत अच्छी लगी।

मैं सिर्फ उनके प्रभाव में डूबी रही, उनके स्वप्न में मग्न रही। मैंने उनकी वेदना और प्यार को कंठ में लिये हुए कहा—सखी, अँधेरे अकेले घर में अब मन नहीं लगता !

हर रोज भरोसा करना

कौन-सा खेल लड़कों का है और कौन-सा खेल लड़कियों का, इसका वर्गीकरण किसने किया—यह जानने की मेरी बड़ी इच्छा होती है। कभी-कभी मुझे मेरा दिमाग रबड़ का एक गोल पिण्ड जैसा लगता है, मानो जब मन चाहे, इसे गलाकर चिपटा और चौकोर बनाया जा सकता है। बीच-बीच में अपने अन्दर बड़ा खोखलापन महसूस होता है। तब मुझे समझ में नहीं आता कि इन्सान के लिए दोहरे नियम क्यों और कौन लोग बनाते हैं।

लड़के फुटबाल खेलेंगे, क्रिकेट खेलेंगे, टेनिस खेलेंगे, स्क्वाश खेलेंगे, बिलियर्ड खेलेंगे और लड़कियाँ आँगन की मिट्टी में लकीरें खींचकर इक्का-दुक्का खेलेंगी और पत्थर या ईंट के टुकड़ों से सोलह गोटी। लड़कियाँ घर बैठे लूडो खेलेंगी और लड़के बाहर मैदान में हाड़डू खेलेंगे। लड़कियाँ गुड़ियों से खेलेंगी--गुड़ियों की शादी रचायेंगी, गुड़िया को खिला-पिलाकर सुलायेंगी, सुबह-शाम उनका जूता-कपड़ा बदलेंगी। लड़कियाँ रसोई बनायेंगी। ईंट पीसकर लाल मसाला बनायेंगी, तरह-तरह के फूल-पत्तों में वह मसाला डालकर झूठमूठ का मांस-मछली पकायेंगी। इस झूठमूठ के खेल में परिवार के सभी सदस्य लड़कियों को उत्साहित करते हैं। लड़के जाड़े की शाम में मैदान में बिजली जलाकर बैडमिंटन खेलते हैं, ताश खेलते हैं। लड़कियाँ झुंड बनाकर एक घेरे से दूसरे घेरे में जाने वाला गोल्लाछूट, बौची और गुलाब-पद्म का खेल खेलती हैं। इन खेलों के अलावा लड़कियाँ दूसरे खेल भी खेलती हैं, लेकिन तब कहा जाता है कि वे 'लड़कों का खेल' खेल रही हैं।

मेरा सवाल है कि जिस खेल को 'लड़कों का खेल' कहा जाता है, वह लड़कों का खेल क्यों है ? क्या लड़कियाँ फुटबॉल, क्रिकेट नहीं खेल सकतीं ? बचपन में मैं क्रिकेट खेलती थी। मुझसे ज्यादा बैटिंग या बालिंग करने की क्षमता लड़कों में नहीं थी। बचपन में मैं काँच की गोलियाँ, गिल्ली-डंडा, पतंग आदि खेल खेलती

थी। मेरे खेल के साथी लड़कियों की अपेक्षा लड़के अधिक थे। मेरा जन्म नोनाबाड़ी नामक स्थान पर हुआ। बचपन और किशोरावस्था वहीं बीती। मेरे हमउम्र मामा लोग और उनके दोस्त ही मेरे खेल के साथी थे। गोटी खेलने में उनका निशाना मुझसे अच्छा नहीं था। 'लटाई' भी मुझसे ज्यादा किसी के हाथ में नहीं घूमता था।

मैंने गुड़ियों से भी खेला है, इक्का-दुक्का भी और गोल्लाछूट भी। मैं लड़के-लड़कियों के खेल को अलग-अलग नहीं समझ पायी कि क्यों 'यह' लड़कों का और क्यों 'वह' लड़कियों का है। मैंने पाया कि बचपन में मेरे हाथ में हाकी स्टिक, क्रिकेट का बैट और पैरों में गेंद देखकर पड़ोसी हँसते थे, मानो मैंने कोई विचित्र कांड कर दिया है। मानो मेरे हाथ में गुड़िया ही शोभा देती है या 'सोलह गोटी' की गोटियाँ। इक़्का-दुक्का या कबड्डी का खेल ही अच्छा लगता है। दरअसल, लड़कियाँ सब कुछ खेल सकती है। लड़कियाँ नवरातिलोवा, पी. टी. उषा, स्टेफीग्राफ, कैप्रियेती हो सकती हैं। लड़कियाँ रूद गुलिट, रोज़र मिल्ला, माराडोना भी हो सकती हैं। लड़कियाँ बास्केट बॉल, तैराकी, टेनिस या दौड़ में लड़कों के साथ हुई प्रतियोगिता में आगे जा सकती हैं।

अपेक्षाकृत हल्के खेल, जिनमें शारीरिक श्रम नहीं, उत्तेजना नहीं, आनन्द नहीं, वही सब लड़कियों के लिए रखे गये हैं; और लड़कों के लिए आकर्षक, उत्तेजक, शारीरिक गति और शक्ति के खेल निर्धारित किये गये हैं। इसका कारण यह है कि लड़कियों को कमजोर समझा जाता है—तन और मन से निहायत अक्षम, अपंग या विकलांग जैसा। इसीलिए ऐसे खेल, जिनमें बुद्धि या शक्ति को जरूरत नहीं, लड़कियों के लिए निर्धारित किये गये हैं। वे घर पर ही खेलेंगी, ज्यादा से ज्यादा आँगन में। उनके लिए मैदान नहीं है। आसमान के नीचे उनके लिए जगह नहीं। धूप-बारिश उनके लिए नहीं है। गुड्डे-गुड़ियों का खेल तथा रसोईघर का खेल खेलते-खेलते वे गृहस्थी में निपुण हो उठेंगी। मुख्य रूप से पारिवारिक जीवन का अभ्यास कराने के लिए ही अभिभावक लड़कियों के लिए गुड़िया और खेलने के बर्तन आदि खरीद देते हैं, और लड़कों के लिए खरीदकर लाते हैं वैसे खिलौने जो चाबी भरते ही तेजी से दौड़ने लगते हैं। या फिर रिमोट कन्ट्रोल, सॉनिक कन्ट्रोल आदि पर आधारित कई तरह के खिलौने, जिनमें आधुनिक यंत्र लगे हैं। इस तरह बचपन से ही लड़कियों की मेधा को कमजोर, बेकार करने और घर-परिवार के छोटे-मोटे कामों में लगाये रखने की कोशिश शुरू हो जाती है। किशोर लड़कों को दिया जाता है बड़ा मैदान और किशोरियों के लिए एक टुकड़ा आँगन। लड़कियों की देह और प्रतिभा को बंदी बनाने के लिए खेल-कूद को भी बड़ी कुशलता से सीमाबद्ध कर दिया है—समाज और समाज के गिने-चुने कुछ लोगों ने।

कोई भी अक्लमंद आदमी यह मानने को विवश होगा कि लड़कियाँ किसी भी तरह का खेल खेल सकती हैं। लड़कियाँ यदि वालीबॉल खेल सकती हैं तो फुटबॉल

क्यों नहीं खेल सकेंगी ? हालाँकि आजकल लड़कियों के लिए भी फुटबॉल खेलने का इंतजाम किया गया है, लेकिन यह खेल लड़कियाँ सिर्फ आपस में ही खेल रही हैं। लड़कियों को लड़कियों का ही प्रतियोगी क्यों बनाया जाता है ? क्यों फुटबॉल के ग्यारह खिलाड़ियों में पाँच लड़के और छह लड़कियाँ या फिर छह लड़के और पाँच लड़कियाँ नहीं होतीं। इसी तरह क्रिकेट, हाकी और 'रेस' में क्यों नहीं होता ? लॉन टेनिस में भी क्यों नहीं होता, जहाँ नवरातिलोवा के साथ जॉन मैकेनरो, मोनिका सेलेस के साथ बोरिस बेकर, और सबातीनी के साथ अगासी खेलने उतरेंगे। वह दिन अब कितनी दूर है ? कितनी दूर रह गया है, वह दिन जब लड़कियाँ 'लड़कियों का खेल' नहीं खेलेंगी और लड़के भी अपने लिए निर्धारित खेल नहीं खेलेंगे ? लड़के-लड़कियाँ साथ मिलकर तैराकी, दौड़, शतरंज, हाई जम्प, लांग जम्प, वेट लिफ्टिंग की प्रतियोगिताओं में उतरेंगे। लड़के-लड़कियाँ एक ही दल में शामिल होकर खेलेंगे फुटबॉल, क्रिकेट, बिलियर्ड, स्क्वाश, मैराथन, आइसस्केटिंग, टेबुल टेनिस, बैडमिंटन आदि खेल। इनडोर गेम छोड़कर लड़कियाँ आउट डोर में जायेंगी। एक व्यक्ति की दूसरे व्यक्ति से जैसी प्रतियोगिता होती है, उसी तरह लड़कों के साथ लड़कियों की प्रतियोगिता होगी। लड़कियों को जरूर सफलता मिलेगी, लड़कियाँ जरूर लड़कों को पीछे छोड़ते हुए आगे निकल जायेंगी और आगे निकलकर विश्व कप हाथ में लिये हुए नृत्य करेंगी।

खिलाड़ी, खिलाड़ी ही होता है। लिंग-भेद पर आधारित 'खेल' का अंत यदि नहीं हुआ, तो लड़कियों की दक्षता को कभी सम्मानित नहीं किया जा सकेगा। इसलिए अलग-अलग दल-विभाजन न करके लड़के एवं लड़कियों को एक व्यक्ति, यानी खिलाड़ी के रूप में ही ड्रैस-नम्बर दिया जाए। अंग-प्रत्यंग का भेद उनकी ड्रैस के नीचे गुम हो जाए। दक्षता ही खिलाड़ियों का मुख्य परिचय हो।

स्त्री को यदि सचमुच मनुष्य का दर्जा देना है तो पहले विषमता दूर होनी चाहिए। वही विषमता, जो समाज के गली-कूचे में है, घर के आँगन और मैदान में है। कहाँ नहीं है वह ! स्त्री अपने घर-आँगन से निकलकर तब विशाल मैदान ढूँढ़ लेगी—देश से विदेश के मैदानों तक। बँधे-बँधाये जीवन को छोड़कर यदि उसे विशालता की ओर जाना है, तो पहले उसे एक शक्तिशाली व्यक्ति के रूप में खड़ा होना होगा। इसके लिए उसे कोई मौका नहीं देगा। मौका उसे स्वयं ढूँढ़ना पड़ेगा। अपने लिए अपने आप जगह बनानी होगी।

हमारी यात्रा हुई शुरू

हाल ही में कनाडा में एक विरोध-प्रदर्शन हुआ। वहाँ का कानून कहता है कि सिर्फ पुरुषों को ही छाती खोलकर चलने-फिरने का अधिकार है। स्त्री को यह अधिकार नहीं है। यानी स्त्री अपने शरीर का ऊपरी हिस्सा खोलकर घर के बाहर नहीं निकल सकती। इस कानून का विरोध करने वालों ने कनाडा की सड़कों पर जुलूस निकाला है। जुलूस में कुछ स्त्रियाँ भी थीं, जिनके शरीर का ऊपरी आधा हिस्सा खुला था। स्त्रियों का अनावृत शरीर देखकर अच्छे-बुरे हर तरह के लोगों ने 'छिः छिः' किया। उन्हें इस विरोध का मकसद और तरीका–दोनों ही बड़ा अद्‌भुत प्रतीत हो रहा था। स्त्री-शरीर विभिन्न स्थितियों में अनावृत हो ही सकता है। एक चिकित्सक जब किसी स्त्री-शरीर को अनावृत कर रोग की जाँच करता है, या फिर शल्य-चिकित्सा के लिए ऐसा करता है, तो उस वक्त वह स्त्री-शरीर अश्लील प्रतीत नहीं होता। हालाँकि यही शरीर चिकित्सा के दायरे से बाहर अनावृत होने पर अश्लील प्रतीत होता है। विज्ञापन के लिए स्त्री-शरीर प्रदर्शित किये जाने पर भी वह निःसंदेह अश्लील प्रतीत होगा। वरना स्वास्थ्य सम्बन्धी जरूरत के लिए, कला की जरूरत के लिए और विरोध-प्रदर्शन के लिए जो स्त्री-शरीर अनावृत होता है, उसे मैं कभी अश्लील नहीं समझती। अपने ही देश का उदाहरण लें तो 'सौदागर' फिल्म की नग्न अंजू घोष और 'सूर्य दीघल बाड़ी' फिल्म की नग्न डॉली अनवर के बीच जरूर फर्क दिखाई देगा। अंजू घोष को नंगा दिखाने का उद्देश्य अश्लील था, लेकिन डॉली अनवर को नंगा दिखाने का उद्देश्य गलत नहीं था। इसे हम सभी मानते हैं।

विरोध-प्रदर्शन के लिए कनाडा की स्त्रियों ने अपना आधा शरीर खुला रखकर जुलूस निकाला था। इस विषय में मेरा कहना है कि सरसरी तौर पर बहुत-से लोगों को यह लग सकता है कि वे स्त्रियाँ अपने शरीर का ऊपरी हिस्सा खोलकर चलना-फिरना चाहती हैं। लेकिन बात दरअसल यह नहीं है। वे तो उस कानून का

विरोध कर रही हैं, जो स्त्री को शरीर का ऊपरी हिस्सा अनावृत न करने का निर्देश दे रहा है। जो रुकावट या प्रतिबंध सिर्फ स्त्री के लिए है, स्त्रियों ने सिर्फ उसका विरोध किया है। इसको मैं 'प्रतीकात्मक विरोध' कहना चाहती हूँ, क्योंकि कनाडा की सचेत स्त्रियाँ स्त्री-पुरुष-कानून के बीच कोई विभेद मानने को तैयार नहीं हैं। विरोध का तरीका चाहे जैसा भी हो, उद्देश्य एक ही है—वे तमाम विषमताओं का अंत चाहती हैं।

साठ के दशक में एक और 'सांकेतिक विरोध' ने लोगों को विभ्रांत किया था। उस समय पश्चिम में नारी-मुक्ति आंदोलन शीर्ष पर था। पुरुष शासित समाज स्त्री-शरीर को विभिन्न प्रकार के आवरण से ढँकता है—अंतर्वस्त्र को ऐसा ही एक आवरण मानकर पश्चिम की स्वाधिकार-सचेतन स्त्रियों ने अपना अंतर्वस्त्र जला दिया था। अंतर्वस्त्र जलाने की कार्रवाई की नकारात्मक व्याख्या करने में तब पुरुषतंत्र की सभी शाखाएँ-उपशाखाएँ जुट गयी थीं। पुरुषतंत्र की चतुराई ही यह है कि स्त्री-पक्ष के किसी भी आंदोलन को किसी भी तरीके से अविलम्ब कुचल दो। अंतर्वस्त्र जलाने के मूल उद्देश्य की ओर न देखकर पुरुषतंत्र के उत्साही दुलारे लोगों ने देखा—सिर्फ एक अंतर्वस्त्र। विचारों की यह विभ्रांति छठे दशक में पैदा हुई थी। आशंका है कि कनाडा में हाल के इस विरोध-प्रदर्शन से भी विचारों की वैसी ही विभ्रांति पैदा होगी। यह विरोध-प्रदर्शन सभी स्तर के लोगों की निन्दा का विषय होगा ! विरोध तो आखिर विरोध ही है। उद्देश्य यदि बड़ा है, स्वस्थ है, तो फिर विरोध का तरीका चाहे जैसा भी हो, वह हमें बुरा नहीं लग सकता। हम लोग अभी तरीके की ओर नहीं, समान अधिकार की माँग की ओर, विषमता खत्म करने की ओर देखेंगे। हम लोग अंतर्वस्त्र और ऊर्ध्वांग को नहीं, बल्कि स्त्री-शरीर को ढँकने के जिस गर्हित उद्देश्य को पुरुष-शासित समाज ने बड़े जतन से निर्मित किया है, उसे उजागर करना चाहते हैं। पुरुष ने अपनी जरूरत के लिए स्त्री-शरीर को सुगठित रखने के नाना कौशलों का आविष्कार किया है। उन्होंने स्त्री-शरीर को रंगों में डुबोया है, ताकि वे स्वयं रंगीन सौन्दर्य से सम्मोहित हो सकें। स्त्री-शरीर को अपने मन-माफिक स्वाद-गंध लायक बनाने के लिए जिन-जिन चीजों की जरूरत है, जितने रंग-ढंग और जितने बंधन एवं मुक्ति की जरूरत है, पुरुषों ने बस उतना ही स्त्री पर आरोपित किया है। स्त्री अंतर्वस्त्र पहने या न पहने, यह बिल्कुल उसका निजी मामला है। वह चाहे तो अपना अंतर्वस्त्र जला सकती है, फेंक सकती है और चाहे तो पहन भी सकती है। स्त्री अपना ऊर्ध्वांग ढँकेगी या खुला रखेगी, यह भी उसकी इच्छा पर निर्भर करता है। लेकिन इस पर किसी भी तरह का कानून क्यों आरोपित होगा ? कानून क्यों स्त्री को धमकाते हुए कहेगा कि यह उसके लिए निषिद्ध है। सम्भव है, स्त्री खुद-ब-खुद ऊर्ध्वांग अनावृत न करे। लेकिन ऐसा न करने के लिए दिये गये आदेश ने तो निश्चय ही उसके सम्मान को ठेस पहुँचायी है। इसीलिए इस

कानूनी भेदभाव के खिलाफ कनाडा की स्त्रियाँ सड़क पर उतर आयी हैं।

मैं, तीसरी दुनिया की एक जख्मी औरत, कनाडा की स्त्रियों का अभिनंदन करती हूँ। मेरे देश की सड़कों पर करीब-करीब नंगी स्त्रियाँ अपनी लज्जा ढँकने के लिए कपड़े का एक टुकड़ा माँगती फिरती हैं। उनका ऊर्ध्वांग खुला रहता है। लेकिन यह देश पहनने के लिए उन्हें वस्त्र नहीं दे सकता। उन्हें कनाडा का यह विरोध-प्रदर्शन अवश्य ही हास्यास्पद लगेगा। हम लोग आवाज उठा रहे हैं स्त्रियों के लिए रोटी, कपड़ा और मकान की। आन्दोलन भी कर रहे हैं, ताकि स्त्रियाँ स्वावलम्बी होकर अपनी सारी जरूरतें पूरी कर सकें। यह भी स्त्री की भलाई का आन्दोलन है और कनाडा के भेदभावपूर्ण कानून के विरुद्ध वहाँ का आन्दोलन भी स्त्री की भलाई का आन्दोलन है। दो तरह के देशों में दो तरह के आन्दोलन हैं। स्त्रियों की भलाई के लिए किसी भी तरह के संघर्ष के पक्ष में मैं सन्नद्ध हूँ।

क्या हम स्त्री को नीचा दिखाने वाले सभी कानूनों के विरुद्ध संगठित होकर विरोध-प्रदर्शन नहीं कर सकते ?

क्या खलील आपका पुराना परिचित है ?

मैं जब कभी 'सोहरावर्दी उद्यान' के पास से गुजरती हूँ तो उद्यान की ओर मुझे देखना ही पड़ता है। इसका मतलब यह नहीं कि कोई मेरी गर्दन पकड़कर घुमा देता है। देखना इसलिए पड़ता है, क्योंकि एहसास के भीतर एक अद्भुत शक्ति मुझे स्थिर नहीं रहने देती। नजर खुद-ब-खुद उठ जाती है कुतुबमीनार जैसे किसी विशाल स्मृति-स्तम्भ की ओर। नहीं-नहीं, वहाँ गर्व-भाव से खड़ा कोई विशाल स्मृति-स्तम्भ नहीं है। वहाँ तो सिर्फ ईंटों से बनी एक छोटी-सी गथनी है—अकेली, दरिद्र, पेड़-पौधों की आड़ में ढँकी, ऐसी कि बत्ती जलाकर उसे ढूँढ़ना पड़ता है।

उस दिन एक आदमी ने कहा—इकहत्तर में देश के स्वतंत्र होने के बाद 7 मार्च से जुड़े इस ऐतिहासिक भाषण-स्थल पर एक-एक करके ईंट रखने पर भी इतने दिनों में इसकी ऊँचाई कुतुबमीनार को भी पार कर जाती। हाँ, जरूर पार कर जाती ! लेकिन मेरा प्रश्न है, क्यों उस स्थान पर किसी ने कोई ईंट नहीं डाली ? क्यों उस ऐतिहासिक स्थल को ढूँढ़ निकालने के लिए मशक्कत करनी पड़ती है ? तुरंत दिखाई दे जाती है 'तीन नेताओं की मजार' या 'जिया की मजार', लेकिन क्यों नहीं दिखाई देता 'पवित्र सात मार्च' ? सहज ही क्यों नहीं दिखाई देता 'बंग बंधुओं का स्मृति-स्तम्भ' ?

इसी जातीय बांग्ला राष्ट्रीयता को लेकर हम लोग गर्व करते हैं, लेकिन इसी को लेकर क्या हमें कम लज्जा है ? आखिर क्यों इस देश के शहरों, कस्बों और गाँवों में मुक्ति-युद्ध के बेशुमार स्मृति-स्तम्भ नहीं हैं ?

मेरे पाठक मुझ पर यकीन करें, उस दिन एक सज्जन के घर राष्ट्रीय राजनीति और अर्थनीति पर जमकर बहस हो रही थी। पता चला कि वे एक मुक्ति-योद्धा रह चुके हैं। जब मैं यह जानकर खुशी से उछली तो वह दम्पती मेरा उल्लास देखकर सकपका गये। उन्होंने मुझसे कहा—मैं इस बात का जिक्र किसी से न करूँ ! पल-भर

में मैं हवा विहीन गुब्बारे की तरह पिचक गयी। पूछा–क्यों ? यह तो सबको बताने वाली बात है। यह तो गौरवपूर्ण योग्यता है।

वे सज्जन और उनकी पत्नी मानो बहुत लज्जित हुए। मानो यह बहुत शर्म की बात हो कि उन्होंने मुक्ति-युद्ध किया था और इसीलिए छिपाना चाह रहे हैं। मैं जितना ही युद्धकालीन घटनाओं के बारे में जानना चाह रही थी, वे उतना ही खुद को घोंघे की तरह समेटे ले रहे थे। इसको उनकी विनम्रता नहीं, बल्कि 'अपराध' छिपाने का कौशल कहना चाहिए।

मुझे पूरा यकीन है कि वे सज्जन मुक्ति-युद्ध में भाग लेना अपनी गलती समझते हैं। इकहत्तर के युद्ध में उन्होंने गलत निर्णय लिया था, आज उनका यही मानना है। इकहत्तर के खूनी रज़ाकारों से वे ज्यादा भ्रमित हैं, मुझे ऐसा ही लगता है। इस अभागी जाति के लिए अफसोस करने के सिवा मेरे पास और कुछ करने को नहीं है।

2

बहत्तर, तिहत्तर, चौहत्तर, पचहत्तर तक हम लोग जिन गीतों को सुनते रहे थे, आखिरकार क्या उन्हें भूल जायेंगे ! लहू में उतरा हुआ वह गुस्सा, वह क्षोभ, वह जोश अब कहाँ ? क्यों उन गीतों को हमें आन्दोलित करने का अधिकार नहीं है ?

कई लोगों का सोचना है कि ये गीत अवामी लीग के अपने गाने हैं। 'जय बांग्ला-बांग्ला की जाय', 'सुनो एक मुजीबुर से', 'कृषकों को, खोमचा वालों को, मजदूरों को सोना-सोना-सोना लोग कहते सोना', 'बांग्ला हिन्दू, बांग्ला क्रिश्चियन', 'पूर्व दिगंत में सूर्य उगा है', 'हम एक फूल को बचायेंगे इसीलिए' इस तरह के और भी तमाम गीत। मैं ये गीत गर्मी, जाड़े और फागुन की दोपहरी में खूब जोर-जोर से कैसेट बजाकर सुनती हूँ और कहती हूँ–'गाना सुन रही हूँ !'

पड़ोसी इधर-उधर झाँककर बहुत धीमी आवाज में कहते हैं, "थोड़ा धीरे नहीं बजाये जा सकते ये गाने ? समझती तो हैं, जमाना कैसा है !" यानी यह समझना होगा कि अब हम जिस जमाने से होकर गुजर रहे हैं, उसमें मुक्ति-युद्ध के गीत सुनना हमारे लिए मना है ! उसी तरह जैसे इकहत्तर में देश-भर में बर्बर पाकिस्तानी विध्वंस लीला के समय यह सब निषिद्ध था। तो क्या उसी तरह का कोई बर्बर तांडव देश में अब भी चल रहा है–आज भी ? इसीलिए कान लगाये गुपचुप सुनने पड़ते हैं मुक्ति-युद्ध के प्रिय गीत ! इतना गुपचुप कि किसी को पता न चले। पड़ोसी को सुनाई न दे, राहगीर को समझ में न आये।

हम लोग जोर-जोर से बजायेंगे–'एक-दो-तीन', 'देखा है पहली बार साजन की आँखों में प्यार…', 'बहुत प्यार करते हैं'। इससे सोसायटी में ऊपर उठा जा सकेगा। इस देश की सोसायटी कुछ अलग तरह की है। यहाँ सोसायटी में ऊपर

उठने के लिए कुछ विजातीय होना पड़ता है, कुछ रज़ाकार होना पड़ता है, कुछ पाखंडी होना पड़ता है और कुछ स्मृतिभ्रष्ट भी होना पड़ता है।

हमारे यहाँ सोसायटी में ऊपर उठ चुके लोग सुखी हैं। और हम लोग, जो विवेक की ज्यादा परवाह करते हैं, उनको परिवार में, समाज में सुख-शांति नहीं। दुर्भाग्य उनका ही पीछा ज्यादा करता है।

सीमा के बीच असीम तुम

राजा राममोहन राय को जानते हैं, विद्यासागर से भी परिचित हैं। लेकिन हममें से कितने हैं जो लीला नाग के बारे में जानते हैं ? इस ढाका शहर में लड़कियों को शिक्षित करने का बीड़ा जिन गिने-चुने लोगों ने उठाया था, उनमें लीला नाग भी एक हैं। उन्होंने 'नारी शिक्षा मंदिर' नामक एक बालिका विद्यालय की स्थापना की थी। आज वह नहीं है। पानी, ईंट-पत्थरों से बना मकान तो है, विद्यालय भी है, लेकिन उसका नाम 'नारी शिक्षा मंदिर' नहीं है। अब वह 'शेरे-बंगाल विद्यालय' या इसी तरह का कोई और नाम धारण किये हुए है। शायद लीला नाग का नाम लेना मना है, इसीलिए 'नारी शिक्षा मंदिर' कहना भी मना है। यह भी अब 'बी. एल. कालेज', 'एम. सी. कालेज' या 'पी. सी. कालेज' की तरह ही है। संक्षेपण को खोलने से मुसलमानों के देश में कहीं हिन्दुत्व न प्रकट हो जाए ! शायद इसीलिए लीला नाग का 'मंदिर' नामक विद्यालय जिस प्रकार फाइलों में गुम कर दिया गया है, उसी प्रकार लोगों की स्मृति से भी झाड़ू मारकर इसे दूर करने का चक्कर चल रहा है। इस व्यवस्था की मुख्य शर्त है इतिहास को याद न करना।

लेकिन स्वयं एक लड़की होने के नाते मैं क्यों इतनी कृतघ्न हो जाऊँ कि उन श्रद्धेय लीला नाग को याद ही न करूँ, जिन्होंने गृहबंदी स्त्रियों को बाहर निकलने के लिए सूरज और शिक्षा की रोशनी–दोनों को अपने भीतर धारण करने का आह्वान किया था।

1923 के दिसम्बर महीने में बारह सदस्यों को लेकर लीला नाग ने 'दीपाली संघ' बनाया था। यह 'दीपाली संघ' पूरी तरह लड़कियों की संस्था है। इसके प्रयास से ढाका में बारह अवैतनिक प्राथमिक विद्यालयों की स्थापना हुई थी। इसके अलावा 'नारी शिक्षा मंदिर' और 'शिक्षा भवन' नामक दो अंग्रेजी स्कूल तो हैं ही।

लीला नाग ने 'दीपाली स्कूल' नाम से एक अंग्रेजी उच्च विद्यालय की भी

स्थापना की थी। 1924 में 'दीपाली शिल्प प्रदर्शनी' नाम से एक प्रदर्शनी का भी आयोजन किया था, जिसमें लड़कियों द्वारा बनायी गयी हस्तकला की वस्तुओं को खास तौर पर स्थान मिलता था। आज से सड़सठ वर्ष पूर्व लड़कियों की कला-प्रदर्शनी का आयोजन करना कोई मामूली बात नहीं थी। लीला नाग के 'दीपाली छात्रा संघ' ने बंगाल और आसाम के विभिन्न इलाकों में अपनी शाखाएँ-उपशाखाएँ फैलायी थीं। इसी 'दीपाली संघ' ने 1990 में लड़कियों की गतिविधियाँ सीमित किये जाने के विरुद्ध आन्दोलन किया और 'छात्रा भवन' नामक एक छात्रावास कलकत्ता में बनाया। 1927-28 में 'नारी आत्मरक्षा फण्ड' नाम से लीला नाग ने एक 'फण्ड' खोला था। ढाका और कलकत्ता के अलावा देश के अलग-अलग स्थानों पर लड़कियों को लाठी एवं छुरा चलाना तथा जुजुत्सु (जापानी कुश्ती) सिखाना इस 'फण्ड' का काम था। शिक्षा-प्रसार के अलावा लीला नाग राजनीति से भी गहराई से जुड़ी हुई थीं।

1921 में कलकत्ता के बेथुन कालेज से प्रथम श्रेणी में अंग्रेजी ऑनर्स पास करके वे ढाका विश्वविद्यालय में एम. ए. में भर्ती हुई थीं। उस समय ढाका विश्वविद्यालय में सहशिक्षा नहीं थी। पहले तो उन्हें भर्ती की अनुमति नहीं मिली, लेकिन अंततः लीला नाग के दाखिले से ही ढाका विश्वविद्यालय में सहशिक्षा की शुरूआत हुई। 1923 में एम. ए. करके वे विश्वविद्यालय से बाहर आयीं। 1921 में 'निखिल बंग नारी मताधिकार कमेटी' की सदस्या लीला नाग ने बंगाली लड़कियों के मताधिकार के लिए आन्दोलन किया था। 1930 में उन्होंने 'नमक सत्याग्रह समिति' का गठन किया। समिति की सदस्याओं ने पूर्वी बंगाल के विभिन्न इलाकों में 'नमक-कानून' का उल्लंघन किया। महात्मा गाँधी के 'दांडी मार्च' और उसकी पृष्ठभूमि सम्बन्धी तथ्य प्रचारित करने में लीला नाग और उनकी सहकर्मियों ने बहुत मेहनत की थी।

1931 में लीला नाग को राजबंदी बनाकर जेल में डाल दिया गया। उनके साथ उनकी सहकर्मी सुशीला दासगुप्त, प्रमिला गुप्त, हेलेना दत्त, बीना राय, सीता सेन, अनुपमा बसु, रेणुका दत्त को भी जेल में रखा गया। 1937 में लीला नाग जेल से छूटीं। जेल से निकलकर उन्होंने 'कांग्रेस महिला संघ' का गठन किया। लीला नाग ने इस संघ की चर्चा सुभाषचंद्र बोस से की। सुभाषचंद्र बोस उस समय कांग्रेस अध्यक्ष थे। उन्होंने लीला नाग को इस मामले में प्रोत्साहित किया। 1938 में सुभाषचंद्र बोस ने 'राष्ट्रीय परिकल्पना कमेटी' का गठन कर लीला नाग को महिला सब-कमेटी की जिम्मेदारी सौंपी। 1939 में 'फार्वर्ड ब्लॉक' का गठन करने के बाद लीला नाग को उन्होंने अपने सहयोगी के रूप में चुना। सुभाषचंद्र बोस के निर्देशन में ही उन्होंने 'फार्वर्ड ब्लॉक' नामक साप्ताहिक पत्रिका का सम्पादन किया।

इसके अलावा 'जयश्री' नामक पत्रिका का सम्पादन भी लीला नाग करती थीं। 'जयश्री' पत्रिका 1930 में निकलनी शुरू हुई। वह अब तक निकल रही है,

लेकिन किसी और के सम्पादन में।

1942 में लीला नाग को फिर जेल में डाल दिया गया। 1946 में जेल से छूटकर भारत की संविधान सभा के लिए बंगाल की साधारण सीट से सदस्य चुनी गयीं। भारतीय संविधान की रचना में लीला नाग की उल्लेखनीय भूमिका रही है।

1946 में जब नोआखाली में साम्प्रदायिक दंगा हुआ तो दंगाग्रस्त लोगों की सहायता के लिए आगे आये थे महात्मा गाँधी और लीला नाग।

1947 में देश-विभाजन के बाद अपना प्रिय देश, प्रिय शहर छोड़कर लीला नाग चली गयीं। सिलहट के गिरीशचंद्र नाग और कुंजलता नाग की बेटी लीला नाग को अपनी प्रिय कर्मभूमि छोड़कर दूसरे देश में जाना पड़ा। यह किसकी पराजय है ? तब की कांग्रेस की, निरीह जनता की, या फिर एक प्रखर स्त्री लीला नाग की ?

उनका प्रिय शहर था ढाका ! क्या ढाका ने याद रखा है लीला नाग को ? क्या ढाका ने याद रखा है कि इस शहर में स्त्री-शिक्षा के लिए कितना असाधारण परिश्रम किया था उन्होंने ? सेमिनार-सिम्पोजियम भी क्या यहाँ कुछ कम होते हैं ? लेकिन लीला नाग का जिक्र तो मैं नहीं सुनती ! कोई भी शिकायत नहीं करता कि 'स्त्री शिक्षा मंदिर' का नाम-परिचय क्यों बदल दिया गया ? 11 जून लीला नाग की पुण्यतिथि है और 2 अक्तूबर जन्मदिन। कितने ही 2 अक्तूबर और 11 जून आँखों के सामने से गुजर जाते हैं, लेकिन कोई उन्हें याद नहीं करता। यह कृतघ्न जाति कहीं किसी चर्चा या गोष्ठी में उनका नाम नहीं लेती। इस शहर में उनका कोई स्मृति-पट्ट तक नहीं है।

जहाँ तक मैं जानती हूँ, कृतघ्न जाति को कहीं कोई उन्नति नहीं होती। पाठक गण, आइए ! इस अभागी जाति के लिए हम आँसू बहायें !

घटते हुए विद्यार्थी

सन् 1988 के जूनियर और सीनियर स्कूलों के छात्र-छात्राओं की संख्या में एक अन्तर दिखाई देता है। जूनियर स्कूलों में छात्रों की संख्या 63.25 फीसदी तथा छात्राओं की संख्या 36.75 फीसदी है। इसी तरह उच्च विद्यालयों में छात्रों की संख्या 67.33 एवं छात्राओं की संख्या 32.67 फीसदी और उच्च-माध्यमिक कक्षाओं में पढ़ रहे छात्रों की संख्या 78.78 एवं छात्राओं की संख्या 21.22 फीसदी है। स्नातक श्रेणी में छात्रों की संख्या 77.53 तथा छात्राओं की संख्या 23.47 फीसदी है।

छात्रों और छात्राओं की संख्या के इस अनुपात से हमें यह पता लग जाता है कि जूनियर स्कूल से महाविद्यालय तक आते-आते छात्राओं की संख्या क्रमशः घटती जा रही है। 1988 के आँकड़े में हम यह भी पाते हैं कि छात्राओं की संख्या निचली श्रेणी से ऊँची कक्षाओं में घटती ही जाती है। जैसे छठी कक्षा में 36.87 प्रतिशत, सातवीं कक्षा में 34.44 प्रतिशत, आठवीं कक्षा में 33.06 प्रतिशत, नौवीं कक्षा में 28.93 प्रतिशत और दसवीं कक्षा में 27.97 प्रतिशत। मेरा सवाल है कि विद्यालय की ऊँची कक्षाओं और महाविद्यालयों में छात्राओं की संख्या छात्रों की तुलना में ज्यादा क्यों घटती जाती है ? घटते हुए विद्यार्थियों में छात्रों की तुलना में छात्राओं की संख्या अधिक क्यों है ? इस 'क्यों' के कई कारण हैं। पहला कारण है संस्कार। हमारे समाज में दीर्घकालीन संस्कार और विश्वास यह है कि शादी के बाद लड़कियाँ गृहस्थी की जिम्मेदारी सँभालेंगी और उस हिसाब से कुछ धार्मिक शिक्षा, लिख-पढ़ लेना तथा हिसाब-किताब करना ही स्त्री-शिक्षा का मूल उद्देश्य है। यह प्रचलित धारणा ही स्त्री-शिक्षा के विकास की मुख्य बाधा है। दूसरा कारण है सांसारिक कामों में उलझ जाना। स्कूली फीस देने में अनियमितता, किताब-कापी और दूसरी शिक्षा सामग्री का अभाव, लड़की को स्कूल पहुँचाने वाले का न होना, पड़ोसियों की रक्षणशील मानसिकता, रास्ते में लफंगों की छेड़खानी वगैरह। उच्च

शिक्षा में लड़कियों के कम आगे बढ़ पाने का मुख्य कारण सामाजिक नजरिया तो है ही, शिक्षा-संस्थानों का शहरों में होना तथा पारिवारिक-आर्थिक दशा भी एक कारण है। गाँवों के अधिकांश विद्यार्थियों के लिए शहर में आकर उच्च शिक्षा प्राप्त करना सम्भव नहीं होता। अधिकतर अभिभावक शहर में अपने रिश्तेदारों के घर लड़कों को रखकर पढ़ाने के लिए राजी हो भी जाते हैं, लेकिन लड़कियों के मामले में राजी नहीं होते। इसीलिए देखती हूँ कि विश्वविद्यालय की अधिकतर लड़कियाँ शहरी और सम्पन्न परिवारों की ही होती हैं। गाँव की कोई लड़की यदि आ भी जाती है, तो वह भी सम्पन्न परिवार की ही होती है। इसके अलावा किसी गरीब लड़के के लिए खुद नौकरी करके पढ़ाई-लिखाई का खर्च चलाना संभव होता है, लेकिन किसी गरीब लड़की के लिए काम करके उच्च शिक्षा प्राप्त करना संभव नहीं होता। लड़कियों को माँ-बाप, रिश्तेदार या आर्थिक स्थिति पर निर्भर रहना पड़ता है। गरीबी अंततः कुछ जुगाड़ करने या उपार्जन में असमर्थ लड़की को विश्वविद्यालय से अपना बोरिया-बिस्तर बाँधने के लिए बाध्य कर देती है।

शिक्षा में लड़कियों की अधिक से अधिक हिस्सेदारी के विषय में बहुत-से व्यक्ति सोच रहे हैं। कइयों का कहना है कि चूँकि प्राथमिक शिक्षा प्राप्त लड़कियों को माध्यमिक, उच्च-माध्यमिक और उच्च शिक्षा दिलाने में माता-पिता की इच्छा-अनिच्छा एक अहम मुद्दा है, इसलिए निरक्षर माँ-बाप को प्रौढ़ शिक्षा के माध्यम से शिक्षित करना एक मुख्य काम है। हर उम्र के लड़के-लड़कियों के लिए प्राथमिक शिक्षा अनिवार्य करना एवं माध्यमिक विद्यालयों की संख्या बढ़ाकर लड़कियों को शिक्षित होने के लिए प्रोत्साहित करना सरकार के लिएं बहुत जरूरी है। जरूरत-भर माध्यमिक विद्यालय खोलना यदि तुरंत संभव न हो तो को-एजुकेशन शुरू करना, माध्यमिक स्कूलों में अधिक महिला शिक्षकों की नियुक्ति एवं लड़कियों के लिए अलग कामनरूम तथा मनोरंजन की व्यवस्था करना होगा। महाविद्यालयों एवं विश्वविद्यालयों में लड़कियों की आयु-सीमा बढ़ानी होगी। चूँकि उच्च आर्थिक-सामाजिक स्थिति वाले सम्पन्न परिवारों की लड़कियाँ ही माध्यमिक और उच्च शिक्षा का अवसर प्राप्त कर पाती हैं, इसलिए निम्न आयवाले गरीब परिवारों की लड़कियों के लिए अनुदान और विशेष आर्थिक सहायता योजना के सहारे शिक्षा में उनकी अधिक से अधिक भागीदारी सुनिश्चित करनी होगी।

उच्च शिक्षा संस्थानों में लड़कियों को अल्पकालीन रोजगार की सुविधा देनी होगी, ताकि वे अपनी पढ़ाई का खर्च कुछ हद तक निकाल सकें। शिक्षा-व्यवस्था को आकर्षक बनाने और रोजगार के साथ समन्वित रखते हुए लड़कियों के लिए काम के मौके और सुविधाएँ भी बढ़ानी होंगी।

ये तरीके शिक्षा में लड़कियों की अधिक से अधिक हिस्सेदारी बनाने में सहायक होंगे, यह बिल्कुल सही है। राष्ट्रीय विकास परियोजना में शिक्षा को मुख्य कार्य

सूची में शामिल करने, महत्व देने और स्त्री-शिक्षा के मामले में अधिक सचेत होने पर विद्यार्थियों की घटती संख्या में कमी आयेगी। अँधेरे की जंजीरों में जकड़ी स्त्री शिक्षा-चेतना की बंधनहीन रोशनी में आलोकित होगी। समाज में तरह-तरह की अशिक्षा, कुशिक्षा, कुसंस्कार, विशेषकर स्त्री को दबाने के तरह-तरह के कला-कौशल के विरोध में एकमात्र शिक्षा ही प्रबल प्रतिरोध कर सकती है। शिक्षा ही स्त्री की आर्थिक मुक्ति के रास्ते को समतल कर सकती है। स्त्री पर पुरुषों के आर्थिक, सामाजिक और शारीरिक दबाव की जो प्रवणता है, उससे स्त्री यदि मुक्ति पाना चाहती है तो शिक्षा के अलावा और कोई रास्ता नहीं है। शिक्षा ही स्त्री को ताकतवर और गतिशील बना सकती है। शिक्षा ही स्त्री को समाज में मौजूदा अपशक्ति का विरोध करने का साहस दे सकती है।

बज्रानल में वक्ष के अस्थि-पंजर को जलाकर

'समीक्षण' (पत्रिका) का जो लड़का लेख ले जाता है, उसका नाम है परवेज़। उस दिन परवेज़ से लिखने को लेकर बातचीत हो रही थी। मैंने कहा, "मैं आपकी पत्रिका में लिखती हूँ। पत्रिका के लेखकों या स्तम्भकारों के प्रति तो आप लोगों के मन में सम्मान होना ही चाहिए।"

परवेज़ ने कहा, "हाँ आपा ! यह तो होना ही चाहिए।"

"तो फिर 'भिन्न मंतव्य' (असहमति) कॉलम में एक ऊटपटाँग टिप्पणी क्यों छाप दी। जिसने वह पत्र लिखा है उसने मेरा कोई लेख पढ़ा भी होगा, ऐसा मुझे नहीं लगता। 'स्त्री-स्वतंत्रता का मतलब मैं सिर्फ बच्चेदानी की स्वतंत्रता समझती हूँ, खुलेआम यौन-मिलन समझती हूँ'—बिना कुछ पढ़े-समझे अचानक कोई कुछ भी लिख देगा और आप उसे 'हाईलाइट' कर देंगे ?"

अपने लेखन के बारे में किसी भी तरह की तर्कसम्मत आलोचना को मैं स्वीकार करती हूँ और अतार्किक एवं अर्थहीन आलोचना को यथासंभव नजरअंदाज कर जाती हूँ। यह मेरा अपना एकांतिक स्वभाव है। लेकिन पत्रिकाओं का चरित्र बिल्कुल भिन्न है। मैंने पाया है कि 'तसलीमा नसरीन' नाम के विरुद्ध कुछ भी लिखे जाने पर पाठक मजा लेंगे, ऐसा अनुमान वे पत्रिकाएं लगाती हैं। मानो स्त्री-स्वतंत्रता के पक्ष में कड़वा सच कहना, स्त्री-जीवन और जीवन के हर क्षेत्र में अपने अधिकार के लिए सजग रहना, स्त्री को गुलामी की सभी जंजीरों को तोड़कर बाहर निकल आने की बात कहना निहायत ही ओछा है, लाचारीपूर्ण है। इसीलिए इसके विरोध में कुछ भी गलत-सलत कहने पर पाठक मजा लेंगे। इस मजा लेने या आनन्दित होने का कोई व्याकरण मैं नहीं जानती, इस मजे या आनंद का कोई सरल समीकरण भी मैं नहीं जानती।

एक बार एक साप्ताहिक पत्रिका के दफ्तर में गयी थी। भाषा को लेकर

हुई एक बहस के संदर्भ में मैंने पाया कि मेरे लेख के पक्ष में पत्रिका के पास बीस चिट्ठियाँ आयी हैं और विपक्ष में दो। पक्ष में आई चिट्ठियाँ तार्किक रूप से इतनी समृद्ध थीं कि मैं उन्हें देखकर प्रभावित हुए बिना नहीं रह सकी थी। सोचा था कि इन पत्रों में से एक-दो छपेंगे। लेकिन अगले सप्ताह जब पत्रिका का अंक आया, तो देखा कि उसमें विपक्ष की दोनों चिट्ठियाँ थीं और पक्ष की एक भी नहीं ! उस मत-मतांतर के चयन में ऐसी 'तटस्थता' देखकर मुझे हैरानी हुई थी। मैं अब तक नहीं समझ पायी कि पक्ष में आयी चिट्ठियों को दबाकर कुछ विपरीत, अतार्किक और अश्लील चिट्ठियों को छापने से पत्रिका की बिक्री बढ़ती है और पाठक मजा लेते हैं या नहीं। मुझे इस मजे या आनंद के अनुवाद की कोई जानकारी नहीं है।

आखिर ऐसी दुश्मनी क्यों ? यह विद्वेष किसलिए ? अब तक कट्टरपंथियों ने मुझे दो बार फाँसी की सजा सुनायी है। प्रगतिशीलों की तरफ से भी मौका मिलते ही अपमानित किये जाने की वजह मैं बिल्कुल न समझती होऊँ, ऐसी बात भी नहीं है। कट्टरवादी मुझे खत्म कर डालना चाहते हैं, क्योंकि मैं धर्म को नहीं मानती और धर्म के व्यभिचार तथा पाखंड को उँगली उठाकर दिखा देती हूँ। मैं समझती हूँ कि मेरा धर्म मानवता है, मेरे धर्म में किसी क्षुद्रता या स्वार्थपरता का कोई स्थान नहीं है। मेरा धर्म मुझे मन और चिंतन से विशाल एवं विस्तृत होना सिखाता है।

मैं जानती हूँ कि प्रगति के पक्ष में जिसकी चाहे जितनी ऊँची आवाज हो, लेकिन सभी एक संस्कार से बड़ी मजबूती से बँधे हुए हैं। इस संस्कार का नाम है–स्त्री। वह लाजवंती, मृदुभाषी होगी, रूप और सांसारिक गुणों से लबालब भरी दो पैरों वाली एक जीव। इससे बाहर यदि स्त्री का कोई मतलब है तो वह है देखने और मजा लेने की चीज, उपभोग की महज एक सामग्री। जो स्त्री दौड़ती है, तैरती है, लोग उसके दौड़ने या तैरने से ज्यादा उसकी सुडौल जाँघें और हिलते हुए स्तन देखते हैं। जो स्त्री अभिनेत्री है, लोग उसकी अभिनय-कला से ज्यादा उसके शरीर के उतार-चढ़ाव और कोमलता को देखकर ज्यादा आनंद पाते हैं। उन्हें स्त्री के सनातन संस्कार की दुर्घटना और दुख-दैन्य देखकर ज्यादा आनंद आता है। जो स्त्री गाना गाती है या लिखती है, उसके गाने और लेखन की अपेक्षा लोग उसके रूप-सौन्दर्य को ज्यादा देखते हैं। स्त्री यदि संस्कार को तोड़ती है, बने-बनाये सारे नियमों के विरुद्ध खड़ी होती है तो लोग उसके सबल अस्वीकार को 'स्कैंडल' समझते हैं। लोग उसे लेकर 'मजा' करते हैं, 'मजा' देखते हैं। मैं इस बात से इनकार नहीं करूँगी कि मैं कुछ शिक्षित और प्रगति के पक्ष में आवाज उठाने वाले लोगों के 'मजा' लेने की भी शिकार हूँ। क्या वे कुरूप कट्टरवादियों से कुछ अलग हैं, कुछ अलग अस्तित्व है उनका ? मुझे यकीन नहीं होता।

मेरा पहला दोष है कि मैं स्त्री हूँ। डॉक्टर पूरबी घोष ने मेरा एक और दोष गिनाया है। वह दोष यह है कि मैं दिखने में अच्छी हूँ। अगर मैं अच्छी न दिखती

तो वे लोग मुझे लेकर शायद इतने पाशविक उल्लास से न उछलते। मेरा और भी एक दोष है कि मैं पुरुष के तमाम अधिकार और हिंसा को अस्वीकार कर सकती हूँ।

इतने सारे दुर्गुणों से भरी हुई हूँ मैं। धर्मविमुख स्त्री हूँ, पर्दे से बाहर निकलती हूँ–कट्टरपंथी मुझे धिक्कार रहे हैं। स्त्रियों के लिए 'जरूरत से ज्यादा' स्वतंत्रता की हिमायत करने से तर्कवादी भी मुझे अपने दाँतों और नाखूनों से नोंचना चाहते हैं।

फिर भी मैं खड़ी हूँ। इस शहर और दूसरे शहरों से आकर लोग कह जाते हैं–तसलीमा नसरीन एक आंदोलन का नाम है। वे सिर्फ कहते ही जाते हैं, गोपनीय ढंग से भी कहते हैं। मैं बीच में खड़ी रहती हूँ–एक ओर असहिष्णु समुद्र है तो दूसरी ओर उदार आकाश। कोई मुझे निगलना चाहता है तो कोई संरक्षण देता है। फिर भी जानती नहीं कि यह संरक्षण कब तक है। आँखें बंद करते ही लगता है कि सौ-सौ मगरमच्छ मुझे निगलने के लिए मुँह फाड़े दौड़े चले आ रहे हैं। सारा निषेध अकेले ही रोके हुए हूँ और जिंदा हूँ। यह जो जिंदा हूँ, क्या यह आश्चर्य की बात नहीं ? या तमाम गंदगी के विरुद्ध यह प्रतिरोध कम आश्चर्यजनक है ?

नास्तिकवाद

दुनिया में जितने लोग धार्मिक या आस्तिक हैं, उतने ही नास्तिक, धर्महीन या अधार्मिक भी हैं। 1990 के आँकड़े के अनुसार दुनिया के अधार्मिक लोग, यानी जो किसी प्रचलित धर्म के तहत स्वयं को परिचित नहीं कराते, जो मुक्त चिंतन वाले धर्मनिरपेक्ष मनुष्य हैं, उनकी संख्या दुनिया की कुल आबादी की 16.4 फीसदी है। 16.4 फीसदी, यानी 84 करोड़। यह तो हुई अधार्मिकों की संख्या। इसके अलावा 4.4 फीसदी लोग नास्तिक हैं। नास्तिकों में संदेहवादी एवं धर्मविरोधी शामिल हैं। 4.4 फीसदी का मतलब हुआ 23 करोड़, 30 लाख लोग। 'नास्तिकता' एवं 'अधार्मिकता'–दोनों को करीब-करीब समानार्थी होने पर भी विभिन्न देशों के वैधानिक नियमानुसार दो तरह से दर्शाया गया है। दुनिया के 220 देशों में अधार्मिक लोग हैं और 130 देशों में नास्तिक। कुछ देशों के 'नास्तिकों' और 'अधार्मिकों' की प्रति सैकड़ा तादाद इस प्रकार है–

देश	नास्तिक	अधार्मिक	नास्तिक+अधार्मिक
आस्ट्रेलिया	–	–	12.7
आस्ट्रिया	–	–	6.0
अलबानिया	18.7	55.4	–
बुलगारिया	64.5	–	–
चीन	12.0	59.3	–
क्यूबा	6.4	48.7	–
चेकोस्लोवाकिया	20.1	–	–
पूर्व जर्मनी	–	–	46.6
पश्चिम जर्मनी	0.9	3.6	–
हंगरी	–	–	12.9

इटली	2.6	13.6	—
जमैका	—	—	17.7
उत्तर कोरिया	—	—	67.9
मंगोलिया	—	—	65.4
नीदरलैंड	—	—	32.6
न्यूजीलैंड	—	—	16.4
नार्वे	—	—	3.2
पुर्तगाल	—	—	3.8
रूमानिया	7.0	9.0	—
सिंगापुर	—	—	17.6
स्पेन	—	—	26.0
सोवियत संघ	20.5	29.7	—
इंग्लैंड	—	—	8.8
अमेरिका	0.2	6.6	—
उरुग्वे	—	—	35.1
वियतनाम	—	—	18.5
युगोस्लाविया	—	—	16.0

कम-से-कम भी सारी दुनिया में 110 करोड़ लोग नास्तिक हैं। कोई भी नास्तिक समाज में पाखंडी व्यक्ति के रूप में परिचित नहीं है और न कोई समाज के लिए हानिकारक ही है। आस्तिक लोग ईश्वर या अलौकिक शक्ति के डर से अच्छा काम करते हैं, लेकिन नास्तिक लोग अपने विवेक और मानवीय मूल्यबोध के बल पर ही सच्चे और महान होते हैं।

मानव-सभ्यता की अग्रगामी चेतना के रूप में हम नास्तिकतावाद का उदय देख सकते हैं। करीब पचास हजार साल पहले नियान डार्थल के लोगों ने आत्मा, ईश्वर, धर्म आदि की कल्पना का बीज बोया था। वही बीज हजारों वर्षों से बढ़ते-बढ़ते विशाल वृक्ष के रूप में परिणत हो गया है। उसके बाद मानवीय ज्ञान, बोध और तर्क के विकसित होने पर, मात्र ढाई हजार वर्ष पहले मनुष्य ने नास्तिकता की चेतना से स्वयं को पहली बार आलोकित किया। कुसंस्कार, धर्मान्धता, अंधविश्वास, तर्कहीनता से मुक्त होकर दुनिया में असंख्य लोग आज नास्तिकतावादी हैं। लेकिन अफसोस इस बात का है कि चूँकि तीसरी दुनिया के अधिकतर देश दरिद्र हैं और धर्म ही उनकी मुख्य पूँजी है, इसलिए किसी न किसी धर्म के आवरण में लोगों को ढँकने का नियम बना दिया गया है।

इस्लाम को इस देश का राष्ट्रधर्म बनाया गया है। धर्म एक तरह का विश्वास है। अलौकिक विश्वास। मनुष्य को इस तरह का विश्वास करने या न करने का

अधिकार है। उसके इस चरम अधिकार का अपमान करके इस देश के लिए एव धर्म निश्चित किया गया है। कागज-कलम से सबको किसी एक धर्म से परिचि होना पड़ता है। लेकिन इस देश में तो सरकारी तौर पर ही धर्म की मदद की गय है। ऐसे और भी कई देशों में आदमी के व्यक्तिगत अधिकारों का हनन किया गय है। मैं खुद किसी धर्म में विश्वास नहीं रखती, लेकिन सरकारी तौर पर एक विशे धर्म की मुहर मेरे माथे पर लगा दी गयी है। शिक्षा-संस्थानों में, कार्यक्षेत्र में, समा में, सभी जगह मैं एक मुसलमान के रूप में परिचित हूँ। धर्म में विश्वास करने य न करने का लोकतांत्रिक अधिकार हमारे जैसे अन्य अविकसित देशों में भी अस्वीकृ है। शायद यह सब अविकसित देश की अविकसित व्यवस्था का ही लक्षण है

दुनिया में 110 करोड़ नास्तिक बताये गये हैं, लेकिन यह संख्या भी सह नहीं है, क्योंकि बहुत-से देशों के नागरिकों की संख्या को इसमें शामिल नहीं किय गया है। धर्म के मामले में सत्तावादी वातावरण से निकल आने का आंदोलन बहु सारे देशों में सफल नहीं हो रहा। इसलिए यह गणना बहुत सटीक नहीं है।

धार्मिक लोगों का पाखंड और नृशंसता दुनिया में इतनी ज्यादा है कि इस क्षुब्ध होकर हमारे राष्ट्रीय कवि नज़रुल इस्लाम ने लिखा था–

"मनुष्य से घृणा करके
कौन लोग कुरान, वेद, बाइबिल चूम रहे हैं बेतहाशा !
किताबें और ग्रंथ छीन लो जबरन उनसे
मनुष्य को मारकर ग्रंथ पूज रहा है
ढोंगियों का दल !
सुनो मूर्खो,
मनुष्य ही लाया है ग्रंथ,
ग्रंथ नहीं लाया है किसी मनुष्य को।"

[संदर्भ : इनसाइक्लोपीडिया ब्रिटेनिका, 1991, बुक ऑफ दि इय

अपने ही पैरों पर कुल्हाड़ी

'लड़कियाँ ही लड़कियों की दुश्मन हैं !' बहुतेरे लोगों का यह कहना है। मैं यह बात मानने को तैयार नहीं। कोई औरत जब दूसरी किसी औरत की सास बन जाती है तो आमतौर पर हम पाते हैं कि सास (औरत) बहू (औरत) पर बहुत अत्याचार करती है। उसके बाप को गाली देती है, दिन-भर काम कराती है, समय-समय पर हाथ भी उठाती है। कहीं-कहीं तो ऐसा भी हो रहा है कि ननद-सास मिलकर बहू को जहर देकर मार डालती हैं, या फिर काट डालती हैं। लेकिन इस मामले में भी वे पुरुषप्रधान समाज के पुरुषतंत्र को ही 'धारक' और 'वाहक' होती हैं। यानी वे पुरुष के प्रतिनिधि के रूप में काम करती हैं, और हू-ब-हू पुरुष की ही तरह एक औरत पर अत्याचार करती हैं। लेकिन वही औरत जब किसी लड़के की सास बनती है तब पुरुष (जमाई) पर वह बहुत मेहरबान होती है। उसके लिए वह विनम्र, सुशील, हँसमुख बनी रहती है। उसकी थाली में मछली का सबसे बड़ा टुकड़ा, पूरी मुर्गी, मछली का कोफ्ता वगैरह परोस देती है, क्योंकि उस वक्त वह अपनी बेटी की पक्षधर होती है। औरत मात्र ही असहाय, दुर्बल, झुकी और हारी हुई होती है। इसके अलावा भी औरत के औरत का दुश्मन होने के पीछे एक और कारण है। वह है इनफीरियारिटी काम्प्लेक्स, यानी हीनभावना। यह एक बीमारी है। इसकी शिकार स्त्रियाँ अधिकतर होती हैं। लड़कियों की हीन मानसिकता बनाये रखना मानो समाज का नैतिक दायित्व है। अधिकतर लोग सोचते हैं कि लड़कियों के इनफीरियर हुए बिना परिवार नहीं टिकता। इसीलिए लम्बाई में कम, मोटाई में कम, शिक्षा में कम, बुद्धि में कम लड़की को ब्याह कर घर में सामंजस्य बनाये रखा जाता है। इससे परिवार के मुख्य रोजगार का दायित्व, किसी भी निर्णय और बड़ी-से-बड़ी जिम्मेवारी पुरुष को अकेले ही उठानी पड़ती है। यह बड़ी हद तक सुपीरियर बने रहने का एक बढ़िया तरीका है। इस चालाकी के सहारे सभी

पुरुष आसानी से सुपीरियर बन जाते हैं, और स्त्रियाँ रह-रहकर इनफीरियारिटी काम्प्लेक्स का शिकार हो जाती हैं।

इसी काम्प्लेक्स से ईर्ष्या का जन्म होता है। घरेलू महिलाएँ नौकरी-पेशा महिलाओं से ईर्ष्या करती हैं। यह ईर्ष्या बहुत भयंकर होती है। पति द्वारा उत्पीड़ित औरत, पति को तलाक देकर चली आयी व्यक्तित्ववान औरत से ईर्ष्या करती है। कम पढ़ी-लिखी औरत, विदुषी महिला से ईर्ष्या करती है। अक्षमता का यह क्षोभ कितना भयानक रूप धारण करता है, ईर्ष्याग्नि में एक बार जले बगैर इसका पता नहीं चल सकता।

शिक्षित लड़कियाँ हाथ में डिग्री लेकर शिक्षा पर गर्व करती हैं। लेकिन वास्तविक शिक्षा किसी अकादमिक पढ़ाई द्वारा तो हासिल नहीं की जा सकती। कुछ लड़कियाँ परीक्षा में तो पास हो गयी हैं, लेकिन शिक्षित नहीं हो पा रही हैं। शिक्षित होना और बात है। शिक्षित होने पर मनुष्य इनफीरियारिटी काम्प्लेक्स का शिकार नहीं होता। इस काम्प्लेक्स से मुक्त स्त्री न तो खुद आग में जलती है और न दूसरों को जलाती है।

लोग तो यह भी कहते हैं कि लड़कियाँ लड़कियों से जितनी ईर्ष्या करती हैं, लड़के लड़कों से उतनी ईर्ष्या नहीं करते। लड़कियों में नीचता, हीनता, कुटिलता, ईर्ष्या, लोभ आदि अधिक होता है। लड़कियाँ ही लड़कियों की मर्यादा का नाश करती हैं, लड़कियाँ ही लड़कियों की इच्छाओं का गला घोंट देती हैं, लड़कियाँ ही लड़कियों को सबसे ज्यादा हानि पहुँचाती हैं। यह क्षति एक अनपढ़, गँवार लड़की जितना करती है, उससे ज्यादा पढ़ी-लिखी अकादमिक शिक्षा प्राप्त बुद्धिमान लड़की करती है। ये पढ़ी-लिखी लड़कियाँ यदि एक बार काम्प्लेक्स का शिकार हो जाती हैं तो वह बहुत भयानक होता है। उनकी जहरीली साँस से चारों ओर संक्रमण होता है। उनके विध्वंस-यज्ञ में लड़कियाँ ही सुयोग्य बलि के लिए पकड़ी जाती हैं।

मुझे बहुत दया आती है। बेचारी स्त्री ! अभागी स्त्री ! पढ़-लिख कर 'बुद्धि' का विकास होगा, इसीलिए उन्हें पढ़ाया-लिखाया जाता है। और पढ़-लिखकर जिनको 'बुद्धि' हुई है, वे इतनी अभागी हैं कि अपनी बुद्धि का इस तरह गलत प्रयोग करती हैं कि कमजोर पर चढ़ बैठती हैं। वे असहाय पर बरसती हैं। वे कमजोरों का खाना छीन लेती हैं और उत्पीड़ितों से गाली-गलौज करती हैं। एक स्त्री की जो 'बुद्धि' दूसरी स्त्री को हानि पहुँचाती है, मैं उसे 'बुद्धि' नहीं, बल्कि विषधर साँप का दंश कहती हूँ।

एक-दो वेश्याएँ और छह-सात रखैलें होतीं तो मजा आता

बांग्ला भाषा में 'रक्षिता' शब्द संस्कृत के 'रक्षित' से आया है। आमतौर पर इसका प्रयोग विशेष्य के रूप में होता है। इस शब्द का अर्थ है–पालित, उपपत्नी। इसका कोई पुल्लिंग पर्याय नहीं है। 'रक्षित' का अर्थ है–रक्षा प्राप्त, जिसे रखा गया है, जो परित्राण पाया हुआ है या पालित-पोषित है। 'रक्षित' शब्द द्वारा 'पालित, उपपति' नहीं समझा जाता, जैसा कि 'रक्षिता' द्वारा 'पालित, उपपत्नी' अर्थ समझा जाता है।

'रक्षित' शब्द का अर्थ 'पालित, उपपति' इसलिए नहीं है, क्योंकि समाज में 'उपपति' रखने का नियम लागू नहीं किया गया। समाज में जिसका प्रचलन ही नहीं हुआ, वह शब्दार्थ में भला कैसे चालू होगा ! रक्षिता (रखैल) शब्द सभी देशों में प्रचलित है। अरब के अमीर तो सत्तर-अस्सी रक्षिताएँ तक रखते हैं। इस देश (बांग्लादेश) के धनी मुसलमान भी रखैल पसंद करते हैं। किसी ने गुपचुप तो किसी ने खुलेआम इस व्यवस्था की चर्चा की है।

बहरहाल, रक्षिताएँ तो हैं ही। चारों ओर रक्षिताएँ हैं। लेकिन 'रक्षित' क्यों नहीं हैं ? मैं 'रक्षित' शब्द का विशेष्य के रूप में, 'रक्षिता' के पुल्लिंग अर्थ में इस्तेमाल कर रही हूँ। आशा है, यह शब्द शब्दकोश और प्रचलन में भी 'रक्षिता' के पुल्लिंग अर्थ में इस्तेमाल होगा, जिसका मतलब होगा–उपपति, पालित पति। यदि खोजा जाये तो इस देश में या फिर अन्य देशों में 'रक्षित' नहीं मिलेंगे ? मुझे मालूम है, जरूर मिलेंगे। सम्पन्न स्त्रियाँ सत्तर-अस्सी न सही, एक-दो 'रक्षित' भी न रखें, तो क्या बात हुई ! सिर्फ इकतरफा, सम्पन्न पुरुष ही इस कृतित्व के अधिकारी हों, यह भला क्यों माना जाये ? आदमी तो आदमी को देखकर ही सीखता है ? स्त्री भी 'रक्षिता' रखने के पुरुष के तौर-तरीके सीखकर खुद

ही 'रक्षित' रखेगी। स्त्री को भी तो कृतित्व चाहिए। स्त्री को भी तो वीरत्व चाहिए। पुरुष ही क्यों अकेले वीरता दिखाये ? वही क्यों अकेले शौर्य, तेज, पराक्रम का अधिकारी हो ? वही क्यों अकले 'वीर्यवान' हो ? 'सम्पन्न स्त्रियाँ' भी दुनिया में बहुत हैं। वे 'रक्षित' रखकर शब्दकोश में 'रक्षित' शब्द का वास्तविक प्रचलन करेंगी ही। मैं यह उम्मीद करती हूँ। मुझे यकीन है कि एक समय ऐसा आयेगा, जब घर-घर में रक्षित 'जन्म' लेंगे।

जो लोग मुझे पसंद या नापसंद करते हैं, उनमें से बहुतेरे मुझसे पूछते हैं या फिर शिकायत करते हैं कि मैंने एक से अधिक शादी क्यों की ? यह मेरा बिल्कुल निजी मामला है, इसलिए मैं इसका जवाब टाल जाती हूँ। कभी मेरी बहुत इच्छा थी कि जिस तरह चार शादियाँ करके पुरुष एक घर में चार बीवियाँ रखकर जीवन-यापन का अधिकार रखता है, उसी तरह मैं भी चार शादियाँ करके चार पतियों के साथ जीवन बिताऊँ। ऐसी घटना से बहुत-सी लड़कियाँ उत्साहित होतीं। और तभी लोगों में यह चेतना जागती कि जो नियम इस समाज में प्रचलित है, उसे उलट देने पर कैसा लगता है। कहाँ का पानी कहाँ जाकर ठहरता है। बादलों के बीच बिजली कैसे खेलती है। 'नियम' को जब बेहतर बातों से नहीं बदला जा सकता, तो उसकी खामियाँ भी विपरीत नियम के सहारे ही समझानी पड़ती हैं।

लेकिन अफसोस यही है कि अंततः चार शादियाँ करना मेरे लिए सम्भव नहीं हो सका। फिर भी जितना हो सका, वही लोगों को कम दुख नहीं देता। पाखंडी पुरुषों का दुख देखकर मुझे अद्‌भुत आनंद आता है। सम्पन्न रहने पर मैं भी 'रक्षित' पालती। सम्पन्न लोग शौक से कुत्ता पालते हैं—अलसेशियन, शेफर्ड। शौक से ही वे रक्षिता भी पालते हैं—सुंदरी, शिक्षिता। मुझे भी सुदर्शन, शिक्षित, गुणवान 'रक्षित' रखने का शौक है, सम्पन्नता रहने पर सत्तर-अस्सी न सही, छह-सात 'रक्षित' रखना बुरा नहीं होगा !

'पतिता', यानी वेश्या का पुल्लिंग समानार्थक शब्द 'पतित' और 'रक्षिता', यानी रखैल का पुल्लिंग समानार्थक शब्द 'रक्षित' अब समाज में प्रचलित हों। शब्दकोश में दोनों शब्द नये अर्थ के साथ जुड़ें। दुराचार सिर्फ एक क्षेत्र में नहीं, दोनों क्षेत्रों में हो। संविधान में जब स्त्री-पुरुष को समान अधिकार है, तब स्त्री और पुरुष—दोनों को ही किसी भी काम में, किसी भी चिंतन और विश्वास में समान अधिकार होना चाहिए।

कुशासन के विरुद्ध आवाज उठाने या किसी भी तरह की विषमता को दूर करने के लिए स्त्री की पहली जरूरत है स्वावलम्बी होना। स्वावलम्बी न होने से हर स्त्री की जुबान बंद रहती है। पाँव अचल और हाथ स्थिर रहते हैं। चेतना भौथरी हुई रहती है। इस भौथरी चेतना वाली स्त्रियों से, इन जड़ 'वस्तुओं' से

किसी भी अन्याय के विरुद्ध आवाज उठाने की उम्मीद करना वैसा ही है, जैसा कि खच्चर के आदमी होने का सपना देखा जाय।

स्त्री शिक्षित हो, आत्मनिर्भर हो, तभी वह अपने अधिकार के प्रति सचेत होगी। तभी वह अपने प्राप्य को हासिल करने के लिए उत्साही होगी। वरना उसे क्या पाना है और क्या नहीं, यह वह स्वयं ही नहीं जान पायेगी–जैसा कि आज की अधिकतर स्त्रियाँ नहीं जानतीं।

बुरी लड़की की कहानी

यहीं पर मेरे इंतजार करने की बात थी। इंजीनियर्स इंस्टीट्यूट के ठीक उल्टे गेट से घुसकर दाहिनी तरफ जो नारियल का पहला पेड़ है, उसके नीचे। कहा था, 'मैदान की ओर मुँह करके खड़ी रहना, वरना रास्ते में आते-जाते लोग आँखें फाड़-फाड़कर घूरते रहेंगे। मैं मैदान में ही मिलूँगा। ठीक छह बजे, ठीक है।' कहाँ छह ? छह बजकर पैंतीस मिनट पार हो गया, फिर भी रतन का पता नहीं। मैंने गर्दन घुमाकर एक बार फिर इंजीनियर्स इंस्टीट्यूट की तरफ देखा। उल्टी दिशा का सबसे नजदीक पड़ने वाला गेट यही था। रतन को तो इतनी देर नहीं करनी थी। बैग में कीमती सामान भरा हुआ था। यह सामान लेकर ज्यादा देर तक यहाँ ठहरना सुरक्षित नहीं होगा। इतनी देर में छह-सात युवक बार-बार सामने से चक्कर काट गये हैं। मैं अपनी नजरें झुकाये हुए थी, ताकि वे मुझे अच्छे घर की लड़की समझें। कोई सीटी बजा रहा था तो कोई हिन्दी फिल्म का गाना गा रहा था। एक ने कमर हिलाकर 'डांस' भी किया। तिरछी निगाहों से देखा–एक ने तो लुंगी उठाते-उठाते इतनी ज्यादा उठा दी कि शर्म से मैंने दूसरी ओर मुँह फेर लिया। इंतजार करने के सिवा मेरे पास और कोई चारा नहीं था। घर भी नहीं लौट सकती, क्योंकि अब तक तो घर में यह बात फैल गयी होगी कि रीता भाग गयी है। माँ और भाभी के जेवर चुराकर अट्ठारह वर्षीया लड़की भाग गयी। सात बज गये। अँधेरा उतर आया। युवकों की संख्या छह-सात से बढ़कर बारह-तेरह हो गयी है। इधर-उधर छिटके-बिखरे खड़े-खड़े सभी मुझे देख रहे हैं, मानो मैं एक अद्भुत प्राणी हूँ जो यहाँ आ धमकी हूँ। यहाँ वेश्याएँ खड़ी होती हैं, मटक-मटककर चलती हैं, पुरुषों को देखते ही हँसती हैं। पर मैं तो ऐसा कुछ भी नहीं कर रही हूँ, न हँस रही हूँ। बस, रह-रहकर घड़ी देख रही हूँ। इसका अर्थ है कि मैं वेश्या नहीं हूँ, मैं किसी का इंतजार कर रही हूँ। मुझे बहुत डर

लग रहा था–अँधेरा घना होने पर यदि ये लोग मुझे घेर लें ! मैं वेश्या नहीं हूँ, यह जानते हुए भी मुझे इस पार्क के और भीतर ले जायें ! और भी ज्यादा अँधेरे में–गड्ढे या झाड़ियों में ले जाकर यहीं खड़े रहने वाले, हँसने वाले, सीटी बजाने वाले, गाना गाने वाले युवक यदि उसी तरह लुंगी उठाते-उठाते पूरी उठा दें–एकदम पूरी, तो ?

रतन पौने आठ बजे आया। डर के मारे मैं पसीना-पसीना हो रही थी। बैग को कसकर छाती से भींचे हुए मैं सीधी खड़ी थी। रतन ने आते ही फुसफुसाकर कहा–"चलो।" दोनों गेट के सामने खड़े स्कूटर पर चढ़ गये। मैं रतन का एक हाथ कसकर पकड़े हुए थी। पूछा, "देर क्यों की ?" मेरी आवाज इतनी भीगी हुई थी कि मैं खुद ही हैरान हुई। इतनी देर तक पेड़ के साथ काठ की तरह सटकर खड़े-खड़े मैं अंदर ही अंदर जरूर रो रही थी। रतन ने फिर फुसफुसाकर कहा, "वह सब कहाँ है ?" मैंने बैग दिखाया। फिर पूछा, "इतनी देर क्यों हुई मुझे कितना डर लग रहा था।"

रतन जोर से हँसा। बोला, "डर ? डर किस बात का ?"

"दो लड़कों ने मुझसे पूछा–कितना लोगी ?"

"तुमने कितना बताया ?" रतन ने हँसते हुए मेरी तरफ देखा।

रतन को सिर्फ छह महीने से जानती हूँ। इन छह महीनों के दौरान हम दोनों कालेज से भागकर पार्क में, सिनेमा हॉल में मिलते रहे हैं, रेस्तराँ में खाया-पीया है, दोस्तों के घर अड्डेबाजी की है। सोयी हूँ। हाँ, सोयी भी हूँ। क्या करती, रतन मानता ही नहीं था। कहता था, 'सोचो, हम दोनों की शादी हो गयी है।' मैं मन-ही-मन वैसा ही सोचा करती थी। सोने से पहले रतन मुझे सोचना सिखाता था–हम दोनों पति-पत्नी हैं। कहता था–शायद हमें शादी भागकर ही करनी पड़ेगी। मैं इस भागने-वागने से बहुत शरमाती थी। कहती–मुझसे यह नहीं होगा। आखिर मुझे राजी होना ही पड़ा, क्योंकि दो महीनों से मेरा रजःस्राव नहीं हुआ था। डॉक्टर का कहना था–पेट में बच्चा है। बस, भागना ही पड़ा। रतन ने हिसाब-किताब जोड़कर समझा दिया था कि जिंदा रहने के लिए हाथ में कुछ रुपया-पैसा रहना जरूरी है। चूँकि रतन के पास रुपये-पैसे नहीं हैं, वह नौकरी-चाकरी नहीं करता, बी. कॉम. पास करके तीन साल से बेकार बैठा हुआ है, चूँकि उसके माँ-बाप अभी उसकी शादी नहीं करेंगे, इसलिए मुझे ही रुपये का इंतजाम करके आना पड़ा।

मीरपुर में एक छोटे-से मकान के पास स्कूटर रुका। रतन के पीछे-पीछे चल रही हूँ। बैग को कसकर पकड़े हुए हूँ। बैग में माँ और भाभी के गहने हैं। भरी दोपहर, जब घर में सभी लोग सो रहे थे, मैंने उन्हें आलमारी खोलकर निकाल लिया था। क्या इतनी देर में उन लोगों ने थाने नें खबर कर दी होगी ? लगता तो नहीं। कम-से-कम माँ ऐसा करने से रोकेगी। जो भी हो, अपनी ही लड़की

है न ! माँ जरूर रो रही होगी। माँ के लिए थोड़ी-सी दया भी आ रही है। भाभी जरूर मेरा नाम उछालकर माँ को बुरा-भला कहेगी। क्या माँ इसका कोई जवाब दे पायेगी ? इतने दिनों तक भाभी के थोड़ा भी उल्टा-सीधा करने पर माँ डटकर खड़ी हो जाती थी। कहती थी–लड़के पर मेरा भी अधिकार है। यह लड़का बाढ़ के पानी में बहकर नहीं आया है। लड़के के घर उसकी माँ-बहन भी रहेंगी।

रतन एकमंजिला मकान का ताला खोलकर अंदर घुसा। अँधेरे में अचानक मन सिहर उठा। लेकिन खुद को समझाया–रतन साथ है, डर किस बात का ? माचिस जलाते ही नजर लकड़ी के एक टेबुल पर पड़ी। टेबुल पर एक मोमबत्ती रखी हुई थी। रतन ने एक और तीली जलाकर मोमबत्ती जलायी। रतन ने जरूर ही इस घर को किराये पर लिया होगा। अपनी गृहस्थी में इस टेबुल के अलावा और कुछ भी नहीं है। न सही, बैग के गहने-वहने बेचकर घर को सजा लूँगी। रतन मेरा कितना अभिन्न है। दुनिया में पति से ज्यादा अपना और कौन है ? माँ-बाप, भाई-बहन सब-के-सब तो असल में गैर ही हैं।

मुझे घर में अकेला छोड़कर रतन रात का खाना लाने बाहर गया, उसने देर नहीं लगायी। उसके वापस आते ही मैं इतनी खुश हुई कि उससे लिपट गयी। खाना खाने के बाद आज पहली बार दोनों ने इकट्ठे रात गुजारी। इससे पहले कभी पूरी रात हमें नहीं मिली थी। मुझे नींद नहीं आ रही थी–थोड़ी दुश्चिंता से, तो थोड़ी खुशी से। खुशी रतन को अकेले पाने की थी और दुश्चिंता इस बात को लेकर कि घरवाले अब तक न जाने क्या-क्या कर चुके होंगे। इस घर में हम कब तक रहेंगे, रतन काम क्या करेगा, या फिर मैं ही क्या करूँगी–इन बातों को लेकर रतन से चर्चा करनी बहुत जरूरी थी। लेकिन मैं उससे जितना ही पूछती–क्या होगा, नहीं होगा; वह उतना ही मेरे कुर्ते का बटन खोलते हुए कहता–आज दूसरी कोई बात नहीं, आज सिर्फ प्यार, प्यार और प्यार। हाँ, मुझे भी प्यार में डूबे रहना अच्छा लग रहा था। लेकिन जीवन-यापन का तो ढेर सारा झमेला है। नहीं, रतन कुछ भी सुनने को तैयार नहीं। वह देह में डूब गया है। मैं रात-भर नहीं सोयी। रतन भी नहीं सोया। उसने सिर्फ मुझसे कहा–सो जाओ न ! न सोने से तबियत खराब होगी।

–तुम कब से नौकरी की तलाश करोगे ?

–कल से !

–क्या इस घर को किराये पर लिया है ?

–हाँ !

–कब इसे ठीक-ठाक करेंगे ?

–कल !

–कुछ सामान तो खरीदना होगा। फिलहाल बिस्तर, तकिया, मच्छरदानी और

बर्तन, चूल्हा वगैरह··· है न ? कब खरीदोगे ?

—कल !

—भाईजान यदि मुझे ढूँढ़ने निकलेंगे, तो क्या हमें पा लेंगे ?

—अरे नहीं !

—तुम्हारे घर जाने से ही अच्छा होता। अपने माँ-बाप को यह बात बताओ। कब बताओगे ?

—कल !

—अच्छा, हमारी शादी कब होगी ?

—कल।

यह कहते-कहते रतन नाक बजाने लगा और मैं एक घर के सपने में डूबी रात-भर जागती रही। भोर में जाकर आँख लगी।

नींद टूटी तो खिड़की से आकर आँखों पर धूप पड़ रही थी। उठकर देखा, रतन पहले ही उठ चुका था। कितनी शर्म की बात है ! पत्नी सो रही है और पति जाग चुका है। जरूर वह कहीं मुँह धो रहा होगा, मैदान में रात को ट्यूबवेल जैसा कुछ नजर आया था। या फिर नाश्ता लाने गया होगा। यही सोचते हुए कंघी निकालने के लिए बैग खोला तो देखा कि उसमें गहने नहीं हैं ! और सबकुछ तो है—हमारी इतने दिनों तक लिखी हुई चिट्ठियाँ, डॉक्टर की पर्ची, कंघी, कलम, चेहरे पर लगाने वाली क्रीम। सबकुछ तो ठीक-ठाक है। क्या रतन उन गहनों को बेचकर घर का सामान लाकर मुझे चौंका देगा ? एक बार तो मुझे अच्छा लगा, लेकिन फिर दुख भी हुआ। वह क्यों मुझे बताये बिना जायेगा ?

सुबह से दोपहर, और दोपहर से शाम हो गयी। रतन नहीं लौटा। शाम को चार-पाँच लड़के दरवाजा ठेलकर अंदर घुसे। घुसते ही मुझे देखकर हैरानी से पूछा, "तुम कौन हो ? यहाँ क्यों आयी हो ?" मैंने कहा, "यह तो मेरा घर है, तुम लोग कौन हो ?"

"हम लोग ?" यह कहकर सबके सब जोर से हँस पड़े। कहा, "बाहर साइनबोर्ड पर क्या लिखा है, देख आओ ! पढ़ना-लिखना तो जानती ही होगी ?"

साइनबोर्ड ? थोड़ा परेशान होकर बाहर जाकर देखा। घर के ऊपर साइनबोर्ड में बड़े-बड़े अक्षरों में लिखा हुआ है—'नवारूण युवा संघ'। इतने में उन्हीं का हमउम्र एक लड़का कैरमबोर्ड उठाये अंदर घुसा। मुझे फिर अंदर जाने की इच्छा नहीं हुई। बाहर ही खड़ी रही। उनसे पूछा, "रतन को जानते हो ?"

उन लोगों ने जवाब में मुझसे सवाल किया—किस मुहल्ले का है ? मुझे मालूम नहीं कि रतन किस मुहल्ले का है। कल्याणपुर में घर है, ऐसा उसने बताया था। सिटी कालेज में पढ़ता था, बस इतना ही जानती हूँ। घूमता-फिरता था, गाना गाता था, बीच-बीच में कविताएँ भी लिखता था। उसके पिता वकील हैं। नहीं,

रतन को कोई नहीं जानता।

क्या मैं इंतजार करूँ ? शाम गहराती रही। क्या उसका और इंतजार करना ठीक है ? भूख के मारे पेट जल रहा था। कोई भीख भी तो नहीं देगा। घर लौट जाऊँ ? भाभी कहेगी–चोर है। भाई भी कहेगा, माँ भी शायद मन-ही-मन कहेगी। उनके सामने कौन-सा मुँह लेकर जाऊँगी ? मैं खुद पर ही हैरान हो रही थी। घर नहीं जा रही हूँ, हालाँकि घर जाऊँ तो मारने-पीटने के बाद माफ तो कर ही देंगे। फिर भी शर्म से, अपमान से सिर नहीं उठा पा रही थी। ऊपर से पेट में एक झमेला पल रहा है। आखिर एक स्कूटर पकड़कर इंज़ीनियर्स इंस्टीट्यूट के सामने जा पहुँची। मन-ही-मन रतन को ही ढूँढ़ रही थी या नहीं, कौन जाने ! उल्टी ओर वाले गेट से अंदर घुसकर पेड़ से सटकर खड़ी हुई तो मेरे हाथ-पाँव काँप रहे थे। यह मेरी कैसी पराजय थी। अब मेरा कोई सहारा नहीं। स्कूटर वाले को हाथ की घड़ी खोलकर दे दी है। अब अपने पास अपने शरीर के अलावा और कुछ भी नहीं है। अँधेरे में किसी ने शरीर पर हाथ रखा। चौंक पड़ी। हाथ रखे हुए ही वह आदमी अट्टहास कर उठा। उसका चेहरा मेरे इतने करीब था कि उसके मुँह की दुर्गंध मेरी नाक में घुसने लगी। उसने कहा–ऐ लड़की, इधर आ !

उस वक्त मेरे पेट में भूख थी। तेज भूख। सिर तेजी से घूम रहा था। उस आदमी ने मेरा हाथ पकड़कर मुझे स्कूटर पर बैठाया। मैं आँखें बंद किये बैठी रही। मैं, एक स्कूल मास्टर की बेटी, रीता। बचपन में नीति और आदर्श का पाठ सीखकर बड़ी हुई हूँ। पिताजी की मौत के बाद भाई के परिवार में माँ ने अपने पंखों के नीचे चिड़िया की तरह मुझे पाला है। और मैं, अमावस्या की काली रात में एक अनजान पुरुष के साथ जा रही हूँ। कहाँ जा रही हूँ ? कुछ पता नहीं।

पास बैठे आदमी का नाम क्या 'रतन' है ? पता नहीं क्यों, यह आदमी भी मुझे रतन जैसा ही कोई लग रहा है।

पुनश्चः पाठक गण, क्या यह सचमुच किसी बुरी लड़की की कहानी है ?

शब्दबाण से घायल स्त्री

आपकी पत्नी क्या करती है ? किसी 'पति' से पूछने पर या फिर किसी 'पत्नी' से पूछने पर कि आप क्या करती हैं—अक्सर एक ही जवाब मिलता है—हाउस वाइफ। बांग्ला में इसका अर्थ होता है घरेलू औरत। बतौर पेशा, घरेलू औरत किस श्रेणी में आती है, मैं अभी तक नहीं समझ पाई हूँ।

गृह-भृत्य, यानी घरेलू नौकर एक तरह का पेशा है। 'गृह-भृत्य' और 'गृह-वधू' (घेरलू औरत) को पेशे के रूप में अलग स्थान दिया जाता है, लेकिन 'गृह-स्वामी' को नहीं। गृहस्वामित्व को कोई पेशा नहीं समझा जाता। एक बेरोजगार गृहस्वामी को पेशे के बतौर 'गृह-स्वामित्व' नहीं कहना पड़ता, जबकि 'हाउस वाइफ' का पेशा इस देश में बहुत लोकप्रिय है।

गृह-वधू को उसका पारिश्रमिक मिलता है—साड़ी, गहना, दोनों वक्त का खाना आदि। बदले में रसोई, घर-द्वार ठीक-ठाक रखना, कपड़े धोना, बच्चे पालना, बच्चे को पढ़ाना आदि काम करने पड़ते हैं। अपने हाथों से न करने पर भी ये काम करवाने पड़ते हैं। भृत्य (नौकर) का काम भी करीब-करीब यही होता है। चूँकि 'भृत्य' और 'भार्या' शब्द का व्युत्पत्तिक अर्थ एक ही है, इसीलिए उनके काम भी एक तरह के ही हैं। लेकिन भृत्य को जितनी स्वतंत्रता है, भार्या को नहीं है। भृत्य जब मन हो, तब घर छोड़ सकता है लेकिन भार्या नहीं छोड़ सकती। भार्या के लिए सौ तरह की जंजीरें हैं। भृत्य को, जब जहाँ मन करे, जाने की स्वतंत्रता है लेकिन भार्या के सामने लक्ष्मण रेखा खिंची हुई है—पराधीनता की, एक सीमित दायरे में चलने-फिरने की।

इसी तरह 'स्वामी' शब्द है। इसका अर्थ है—प्रभु, मुनीब, मालिक, अधिपति वगैरह। हमारी शिक्षित, सचेतन लड़कियाँ अपने से विवाहित साथी को 'स्वामी' कहने में जरा भी नहीं हिचकिचातीं। वे बिना किसी संकोच के अपने दाम्पत्य के

मित्र को प्रभु, मुनीब, मालिक या अधिपति घोषित करती हैं। क्या उन्हें 'स्वामी' शब्द का शब्दकोशीय अर्थ मालूम नहीं ? यदि उन्हें मालूम है तो वे 'स्वामी' शब्द का इस्तेमाल क्यों करती हैं, क्योंकि इस शब्द का प्रयोग करने का अर्थ है खुद को दासी प्रमाणित करना। 'स्वामी' की जगह उन्हें ऐसे किसी शब्द का प्रयोग करना चाहिए, जिसका अर्थ कम-से-कम प्रभु, मुनीब या मालिक न हो।

'शादी में बैठना' और 'शादी करना' दोनों दो तरह की क्रियाएँ हैं। 'शादी में बैठना' लड़की के मामले में और 'शादी करना' लड़के के मामले में होता है। लड़का शादी 'करता' है और लड़की शादी में 'बैठती' है। लड़की निष्क्रिय बैठी रहती है और लड़का काम करता है। क्रिया का यह भेद लड़का-लड़की के विवाहित जीवन पर भी गहरा असर डालता है। दोनों में फर्क करने पर भी इसीलिए काफी जोर दिया जाता है। लड़के घर से बाहर निकलेंगे, काम करेंगे, मजा लेंगे, खेलेंगे, झूमेंगे, हँसेंगे; और लड़कियाँ घर में बैठी उनकी प्रतीक्षा करेंगी, घर बैठे रोयेंगी, सुबकियाँ लेंगी।

मैंने पाया है कि लड़कियाँ खुद ही शादी में 'बैठना' शब्द का इस्तेमाल करती हैं। सुनकर मैं हैरान रह जाती हूँ। सचेतन और समझदार लड़कियाँ, जो अपने व्यक्तित्व को धूल में नहीं मिला देना चाहतीं, वे अगर चाहें तो क्या 'शादी में बैठना' जैसे अनर्थकारी शब्द को नहीं मिटा सकतीं ? कम-से-कम वे 'शादी करके' तो दिखा सकती हैं कि उन्होंने यह 'किया' है, महज 'बैठी' नहीं रही हैं।

बांग्ला (भाषा) में एक बहुत ही गंदा शब्द है–'असती'। इसका अर्थ है–व्यभिचारिणी, भ्रष्ट, कुलटा। 'असती' का पुल्लिंग समानार्थक शब्द यदि 'असता' को माना भी जाए, तो उसका वह अर्थ नहीं देता, जो 'असती' का होता है। 'असता' शब्द का अर्थ है बुरा, असाधु, सत्ताहीन, अविद्यमान। दरअसल, 'असती' शब्द का कोई पुल्लिंग समानार्थक शब्द है ही नहीं, जैसे कि 'सती' शब्द का नहीं है। सती-असती शब्द सिर्फ स्त्रियों के लिए अलग से रखे गये हैं, ताकि इन शब्दबाणों से उन्हें छलनी किया जाए। यदि स्त्रियाँ शब्द-नियंताओं की चालाकी का अनुसंधान कर पायें, तो जरूर ही किसी शब्दबाण से वे और आहत नहीं होंगी।

'अलक्ष्मी' भी ऐसा ही एक शब्द है, जिसका अर्थ है–दुर्भाग्य की देवी, अभागिन या दुर्भाग्य लाने वाली स्त्री। दुर्दशाग्रस्त होने को अलक्ष्मी का शिकार होना कहा जाता है। श्रीहीनता या दरिद्रता को अलक्ष्मी की दशा प्राप्त होना कहा जाता है। 'अलक्ष्मी' का भी कोई पुल्लिंग शब्द नहीं है। 'अलक्ष्मी' सिर्फ स्त्री के लिए ही इस्तेमाल होता है, पुरुष के लिए नहीं। पुरुष दुर्भाग्य का देवता नहीं होता। पुरुष के कारण कोई दुर्दशाग्रस्त नहीं होता। श्रीहीनता, दरिद्रता पुरुष के प्रतीक नहीं हैं।

'पतिता' शब्द का अर्थ है भ्रष्ट, गिरा हुआ, आचारभ्रष्ट, अत्यन्त अपावन,

बहुत नीच आदि। लेकिन फिर भी यह शब्द जिस अर्थ में स्त्री के लिए आता है, उस अर्थ में पुरुष के लिए इस्तेमाल नहीं होता। समाज में 'पतिता' के लिए 'आलय' है, पतितों के लिए नहीं। जो लड़कियाँ अपने सम्मान के मामले में सचेत हैं, वे 'पतिता' कहने की रस्म चलायें उन पुरुषों के लिए जो पतिताओं की ओर हाथ बढ़ाते हैं और व्यभिचार के अभ्यस्त हैं। मेरा विश्वास है कि इस देश में 'पतितों' को ढूँढ़ते हुए 'ठग भगाने के चक्कर में गाँव उजाड़' जैसी हालत होगी।

चूँकि अब तक भोग की वस्तु के रूप में स्त्री को देखा जाता रहा है और घर-आँगन में ही उसे बंदी बनाकर रखा जाता है, इसीलिए गृह से 'गृहिणी', रमण से 'रमणी', आँगन से 'अँगना' आदि शब्दों को लेकर किसी को कोई एतराज नहीं हुआ। मैं स्त्री को भोग की सामग्री नहीं समझती, इन्सान समझती हूँ। स्त्री के लिए किसी भी तरह का बंधन मैं नहीं मानती। इसीलिए स्त्री के नाम पर प्रचलित गृहिणी, रमणी, अँगना आदि अश्लील शब्दों को प्रतिबंधित करने की हिमायत करती हूँ।

थ्रि चियर्स फॉर हासिबा

इस शहर में, और सिर्फ इस शहर में ही क्यों, बांग्लादेश के हर शहर में लड़कियाँ तरह-तरह के काम कर रही हैं। स्कूलों और कालेजों में जा रही हैं। नौकरी करने, घूमने, सामान लाने के लिए वे जब तब स्वतंत्र रूप से बाहर निकलती हैं। मध्यवर्गीय लड़कियाँ सवारी के तौर पर बस, टेम्पो, रिक्शा आदि का इस्तेमाल करती हैं। मेरा सवाल है कि इस देश में लड़कियाँ साइकिल का इस्तेमाल क्यों नहीं करतीं ? साइकिल चलाने से दो काम एक साथ होते हैं—आना-जाना तेजी से होता है और शरीर की अतिरिक्त चर्बी भी कुछ घटती है।

लेकिन इस देश की लड़कियाँ साइकिल को सवारी के रूप में नहीं अपना रही हैं। हालाँकि यह कहना बहुत सही नहीं है कि लड़कियाँ स्वयं नहीं अपना रही हैं। असल में पुरुष ही ऐसा नहीं होने दे रहे। पुरुषों के मानने के बाद ही तो लड़कियों के मानने की बात आती है ! समाज के ठेकेदार यदि सहमति न जतायें तो भला किसी लड़की की मजाल है कि वह नियम बनाये। ढाका शहर में इनी-गिनी इक्का-दुक्का लड़कियाँ ही साइकिल और मोटर साइकिल चलाती हैं। क्या वे बिना किसी झंझट के चल पाती हैं ? नहीं ! उनके सामने विरोध का विशाल पहाड़ है। एक-दो 'एन. जी. ओ.' संस्थाओं ने लड़कियों को अपनी मोटर साइकिल चलाने के लिए तैयार किया है। पहले तय हुआ था कि लड़कियाँ साइकिल से आस-पास के गाँवों में काम करने जायेंगी। लेकिन गाँव के प्रधान लोगों ने इसका विरोध किया। कहा—यह बिल्कुल असम्भव है कि लड़कियाँ हमारी आँखों के सामने साइकिल चलाएँ और हम लोग बैठे-बैठे देखें कि गाँव के लड़के उन पर कंकड़ फेंक रहे हैं, फब्तियाँ कस रहे हैं ? एन. जी. ओ. के लोगों ने गाँवों में जाकर गाँव वालों को समझाया-बुझाया, तब कहीं वे इस बात पर राजी हुए कि वे मोटर साइकिल चला सकती हैं, साइकिल, नहीं। दोनों ही साइकिलें हैं, दोनों

दो चक्कों की हैं, दोनों पर बैठना पड़ता है, दोनों में ही गति है। फिर क्यों एक के लिए छूट मिलती है, दूसरे के लिए नहीं ? असल में इसकी एक ही व्याख्या है—साइकिल चलाने में दोनों पैर ऊपर-नीचे होते हैं, जबकि मोटर साइकिल चलाने में ऐसा नहीं होता। लड़कियों के दोनों पैर ऊपर-नीचे हों, यह निश्चय ही पुरुषों को अटपटा लगता है। वे अन्दर-ही-अन्दर एक तरह की अस्थिर अश्लीलता का अनुभव करते हैं या उनके भीतर वासना जागती है।

इस देश में अब तक लड़कियों के शरीर का हिलना-डुलना स्वीकार्य नहीं बन सका है। सिर्फ यही देश क्यों, कोई भी इस्लामिक देश क्यों न हो, सबमें यही हाल है। हासिबा बुलमेरकाह नामक एक अलजीरियाई लड़की इस मामले में नजीर है। नब्बे के चुनाव में बहुमत पाकर इस्लामी कट्टरपंथी वहाँ की पार्लियामेंट में बैठे हैं। सेना के चलते वे अब तक शासन नहीं कर पा रहे हैं, लेकिन देश का शोषण कर रहे हैं—इस्लामी शोषण। हासिबा बुलमेरकाह ने इस वर्ष ओलम्पिक में स्वर्ण जीता है। अलजीरिया के इतिहास में यही पहला स्वर्ण और ट्रेक-फील्ड पदक है। हालाँकि अलजीरिया का कट्टरपंथी दल इस ओलम्पिक में हासिबा के भाग लेने में रुकावट डाल रहा था। हासिबा ने दुनिया के तमाम पत्रकारों से कहा है—"अलजेरियर्स की सड़कों पर जब मैं प्रैक्टिस करती हूँ, तब बहुत-से लोग मुझ पर थूकते हैं। कंकड़ फेंकते हैं। मेरा अपराध है कि मैं एक मुसलमान लड़की होकर खुलेआम नंगे पैरों दौड़ती हूँ। कंस्टनटाइन में पहाड़ी के नीचे जंगल में जाकर कभी मैं दौड़ा करती थी। डर लगता था कि कहीं कट्टरपंथी नेता मुझे किसी तरह की हानि न पहुँचाएँ। लड़की का जन्म लेकर मैंने कोई अपराध तो नहीं किया। भला क्यों नहीं दौड़ूँगी मैं ? उनसे मेरा यही विरोध है। मेरे साथ एक लड़की इयासिया हजीजी हेप्टाथलीट की ट्रेनिंग लेती थी। एक राहगीर द्वारा वेश्या कहे जाने पर उसने ट्रेनिंग ही छोड़ दी।"

इयासिया हजीजी के हाथ-पाँव खुले थे, इसीलिए उसे वेश्या कहा गया था। इस देश का भी यही हाल है। हाँ, यह जरूर है कि यहाँ के कट्टरपंथियों को बहुमत प्राप्त नहीं है और यह देश अभी तक 'इस्लामिक रिपब्लिक ऑफ बांग्लादेश' नाम धारण नहीं कर सका है। फिर भी, यहाँ भी किसी स्त्री का हाथ-पाँव खुला रखकर चलना मना है। यहाँ भी खेल ड्रेस पहनकर लड़कियाँ ज्यादा से ज्यादा चहारदीवारी से घिरे मैदान में दौड़ सकती हैं। खुली सड़क पर या खुले मैदान में नहीं। यहाँ भी नंगे पाँव लड़कियों के खेलने से समस्या खड़ी हो सकती है। जो लड़कियाँ खुले तालाब में तैरती हैं, खुले मैदान में दौड़ती हैं, उन पर इस देश में भी थूका जाता है।

अलजीरिया की लड़की हासिबा बुलमेरकाह ने अपने जीते हुए स्वर्ण पदक को स्वर्गीय प्रेसीडेंट के नाम समर्पित किया है। प्रेसीडेंट बुडेफ की उदारता ने ही

हासिबा की ओलम्पिक-यात्रा का रास्ता आसान किया था। कट्टरपंथियों की पार्टी ने तो पार्लियामेंट में बिल लाकर लड़कियों के खेलने पर रोक लगानी चाही थी लेकिन अब तक ऐसा नहीं हो सका है, क्योंकि अभी तक वह बिल पास नहीं हुआ।

हासिबा ने सिर्फ खेलकर ही विरोध नहीं किया। वह उस अजीबोगरीब बिल के खिलाफ असभ्य कट्टरपंथी नेताओं का विरोध करती ही जा रही है। उसने कहा, "अलजीरिया की असंख्य लड़कियाँ मेरी तरह पर्दे के पीछे से बाहर निकल आना चाहती हैं। मेरी लड़ाई उनके पक्ष में है। मेरे हार जाने से उनकी उम्मीद की मौत हो जायेगी।"

हासिबा हारी नहीं, उसकी जीत हुई। लोग अलजीरिया का नाम हासिबा के जरिये याद रखेंगे। कट्टरपंथियों के विरुद्ध हासिबा की यह सबसे बड़ी जीत है। जो लोग लड़कियों को पर्दे से बाहर नहीं आने देते, जो लोग कहते हैं कि कुरान में कहीं भी लड़कियों के खेलने-कूदने की बात नहीं कही गयी है, जो लोग कहते हैं कि लड़कियाँ सिर्फ घर-गृहस्थी सँभालेंगी, पति और बच्चों की ठीक से देख-रेख करेंगी, जो कहते हैं कि स्त्रियों का मुख्य काम पुरुषों का मनोरंजन करना और बच्चे पैदा करना है और जिन्हें इसके अलावा उनकी और कोई भूमिका स्वीकार्य नहीं है, उनके मुँह पर इस बार हासिबा बुलमेरकाह ने थूक दिया है। इस कट्टरपंथी दानवी शक्ति को इस बार हासिबा ने जोरदार ढंग से लताड़ा है।

हासिबा ने कहा है, "यह पदक प्राप्त करना मेरे लिए बहुत जरूरी था। धर्म और राजनीति का जिन लोगों ने घालमेल किया है, उनके खिलाफ गर्जना करने के लिए इसे प्राप्त करना बहुत जरूरी था। मैं मुसलिम हूँ, दिलोजान से मुसलिम हूँ, लेकिन धर्मान्ध नहीं। यहाँ मेरा लक्ष्य पदक प्राप्त करना था। अब लक्ष्य है कि विश्व रिकार्ड बनाऊँगी।"

सोने की जंजीरें तोड़कर बाहर आने को ललकारा है अंधकार की बंदी अलजीरियायी लड़कियों को स्वर्ण-कन्या हासिबा ने। वह अपनी दृढ़ता, अपने अटल, अविचल मन के साहस और शक्ति से ही कट्टरपंथियों के पिंजड़े में बंद लड़कियों का उद्धार करेगी। हम कट्टरपंथ से आक्रांत बांग्लादेश की लड़कियाँ हासिबा बुलमेरकाह को अपना सर्वोच्च प्यार अर्पित करती हैं।

इस बांग्लादेश में भी हासिबा जैसी अनगिनत स्वर्णकन्याओं का जन्म हो। वे कीचड़ में पड़ी हुई, अंधकारमय जीवन से उजाले के अरण्य में निकल आएँ। वे अपने तन मन के सारे बंधनों को तोड़कर हासिबा की तरह पान पर लगे संस्कार के चूने को अलग कर जय-जयकार कर उठें। धर्म, समाज और राजनीति के दबाव से स्वयं को मुक्त कर अब वे सचमुच जी उठें।

बड़ी हैरानी होती है

रतन सेन को मार डाला गया। नींद से उठी ही थी कि मेरे छोटे भाई ने भागते हुए आकर मुझे यह खबर सुनायी। बोला, 'रतन सेन का उन लोगों ने खून किया है। तुम्हें भी किसी दिन मार न डालें। बुबू, तुम अब अकेले घर से बाहर मत निकलना !'

सुबह की मीठी हवा ने मुझे सचेत किया। अखबार में लिखा हुआ है, 'सुबह के साढ़े नौ बजे स्वतंत्रता-विरोधी घातक जमात शिविर के कड़े आलोचक, कम्युनिस्ट नेता, मुक्तियुद्ध के संगठनकर्ता, सी. पी. बी. सचिव मण्डल के पूर्व सदस्य और खुलना जिला कमेटी के अध्यक्ष कामरेड रतन सेन को रिक्शे से उतारकर हमलावरों ने उनके दोनों हाथों की नसें काट डालीं और छाती तथा पीठ पर चौदह बार छुरे का वार किया। रतन सेन की मौके पर ही मौत हो गयी।'

मैं बर्फ बनी बरामदे में बैठी रही। वे, उस घातक जमात शिविर फ्रीडम पार्टी के आतंकवादी उन्हें छुरा मारकर खत्म करने के बाद भी संतुष्ट नहीं हुए। उनके दोनों हाथों की नसें भी काट दीं। मेरे छोटे भाई ने मेरा कंधा छूकर आशंका और वेदना भरे स्वर में फिर कहा, 'तुम अब और अकेले घर से बाहर मत जाना बुबू !'

जमातपंथियों की फ्रीडम पार्टी की नजर मुझ पर भी पड़ी है। रतन सेन की तरह किसी भी रोज दिन के उजाले में सुबह-दोपहर-शाम, किसी भी समय मुझे रिक्शे से खींचकर अचानक छुरे से वार करेंगे और मेरे दोनों हाथों की नसें काट देंगे। कौन उन्हें रोकेगा ? देश में कौन-सी ऐसी शक्ति है जो उन्हें रोकेगी ?

एक बार मैं जमातियों के एक लम्बे जुलूस के सामने पड़ गयी थी। मेरे साथ कवि शमशुर रहमान भी थे। जुलूस में नारा लगाया जा रहा था–'भारतीय दलालों को खत्म करो', 'घातक निर्मूल कमेटी के सदस्यों को खत्म करो',

'नारा-ए-तकबीर–अल्लाहू अकबर !' मानो अल्लाह का नाम लेकर वे सबके गले पर छुरा मारना चाहते हैं। ऐसी भयानक स्थिति में देश के सबसे बड़े कवि को लिये मैं निरूपाय एक स्कूटर में बैठी थी। न आगे जा पा रही थी, न पीछे लौट पा रही थी। मैंने इससे पहले भी अपनी आँखों के सामने से कई जुलूस गुजरते देखे थे। एक बार एक जुलूस में 'तसलीमा नसरीन को फाँसी दो' लिखा हुआ फस्टून प्लेकार्ड भी था। लेकिन मुझे डर नहीं लगा था। जुलूस गुजर जाने के बाद मैंने रास्ता पार किया था। जुलूस में शामिल कोई भी आदमी मुझे पहचान नहीं पाया था।

लेकिन उस दिन स्कूटर में बैठे मेरा चेहरा डर के मारे नीला पड़ गया था–अपने लिए नहीं, बल्कि देश के सबसे श्रद्धेय कवि के लिए। मुझे न पहचानते हुए भी कवि शमशुर रहमान को वे लोग जरूर पहचान सकते हैं। और, यदि यह भयानक जुलूस मेरे प्रिय कवि पर हमला कर दे तो ? स्कूटर वाले को मैं बेचैनी से दायें-बायें किसी भी तरफ से जुलूस के बीच से निकलकर उनके पंजे से दूर, सुरक्षित जगह तक ले जाने के लिए कहने लगी। मैं अपने लिए नहीं, कवि शमशुर रहमान के लिए बेचैन थी, जिन्हें उन लोगों ने भारतीय दलालों की सूची में पहले नम्बर पर रखा हुआ है।

जो प्रगति की बात कहते हैं, जो स्वस्थ एवं सहिष्णु मानसिकता के हैं और जिनका मन तर्कवादी है, उन्हें ही वे 'भारतीय दलाल' कहते हैं। उन्होंने दलालों की एक सूची बनायी है, ताकि एक-एक कर सबका खून करके, हाथों की नसें काटकर रास्ते में फेंक सकें। 'भारतीय दलाल' के रूप में खुलना में विभिन्न दलों के बत्तीस नेताओं की शिनाख्त कर उन्हें खत्म कर देने की घोषणा की गयी थी। रतन सेन उस सूची में पहले आदमी थे।

मैं अब कवि शमशुर रहमान की जिन्दगी के लिए चिन्तित हूँ। जहानारा इमाम, काजी नूरुज्जमाँ, शहरयार कबीर, निर्मलेंदु गुण, के. एम सुभान, रामेंद्र मजूमदार, सुरजित सेन गुप्ता, राशिद खान मेमन, अहमद शरीफ, यतीन सरकार, सैफुद्दीन अहमद मानिक, शौकत उसमान आदि सबके लिए मुझे आशंका होती है। पता नहीं, किस दिन सुबह अखबार हाथ में लिये चौंक जाना पड़े कि 'कल सुबह जमातपंथियों की फ्रीडम पार्टी ने शेख हसीना, बदरुद्दीन उमर, कबीर चौधरी, बेलाल चौधरी, निर्मल सेन, मोहम्मदुर्रहमान मन्ना के सीने में छुरा भोंक दिया।' पढ़ना पड़ेगा कि 'उन लोगों ने डॉ. कमाल हुसेन, अमीरुल इस्लाम, गज़ीउल हक़, पन्ना क़ैसर, शिशिर भट्टाचार्य के हाथों की नसें काट डाली हैं।' और, हमारे रिश्तेदार भी सुबह नींद से उठकर यह पढ़ सकते हैं कि 'कल सुबह दिन के उजाले में तसलीमा नसरीन को रिक्शे से खींचकर छुरा मारकर घायल कर दिया गया और हाथों की नसें काट दी गयीं, तुरंत ही उसकी मौत हो गयी।' मेरे छोटे भाई की

आवाज में मुझे उसका डर दिखायी दे रहा था। लेकिन मुझे तो अकेले रिक्शे से जाना ही पड़ेगा। बाहर भी निकलना ही पड़ेगा, अकेले।

रतन सेन के लिए दुखी होऊँ या फिर रतन सेन जैसी मेधा और स्वस्थ सोच वाले जो लोग जिंदा हैं, उनके लिए ? चट्टग्राम शिविर का आतंक तो है ही, राजशाही विश्वविद्यालय की भी वही दशा है।

गुलाम आज़म का सही-सलामत बचे रहना, उसके लिए मीटिंग-जुलूस वगैरह क्या हमें समझा नहीं देता कि अभी हमारे लिए चिन्ताजनक समय है ! हमारे सामने अभी भयानक दुःसमय है।

आतंकवादियों के मामले में कोई सुनवाई नहीं होती। जानती हूँ, रतन सेन का खूनी भी बच जायेगा, जिस प्रकार गुलाम आज़म बच जाता है। जमाते-इस्लामी उसके राजनीतिक प्रतिबंध को लेकर देश-भर में राजनीति के नाम पर आतंक फैलाने में लगी है। अभी उसके लोग देश-भर की समस्त मेधा की नसें काटे ले रहे हैं। ठीक वैसे ही, जैसे इकहत्तर में देश के दुश्मनों ने बुद्धिजीवियों को मार डालने का निर्णय लिया था।

देश में क्या फिर से एक बार इकहत्तर आ रहा है ? अभी दो दिन पहले मेरे पड़ोस में रहने वाली पाँच साल की एक बच्ची मेरे कमरे में आकर कहने लगी, "कितना मजा ! ! कितना मजा ! !" मैंने पूछा, "किस बात का मजा, छुटकी ?" उसने कहा, "हमारा देश अब पाकिस्तान हो जायेगा न, इसीलिए बहुत मजा आ रहा है !"

हैरान होते हुए मैंने पूछा, "तुमसे यह बात किसने कही ?" पाँच साल की मासूम लड़की ने बताया, "मेरे अब्बू-अम्मी ने कहा।" मैं बुत बन गयी। उस बच्ची के माँ-बाप जरूर ही घर बैठे पाकिस्तान बनने का गुपचुप सपना देख रहे हैं। और सिर्फ गुपचुप ही क्यों ?

यह सपना तो जमातपंथी फ्रीडम पार्टी के संगठित धूर्त खुलेआम देख रहे हैं। और हम निरीह लोग हतप्रभ उनके सपने की तरफ हैरत भरी नजर से देख रहे हैं। किससे शिकायत करें ? सरकार से ? माँ के अपराध की शिकायत मौसी से करें !

रँगीली हँसी ढेर सारी गुलमोहर पलाश में

'ओ गृहवासी ! खोल द्वार, खोल ! शुरू हुई (होली) दोल ! ! जल में, थल में, वनतल में, रच गयी दोल (होली) ! !' यह गीत सुनते हुए नींद खुली। वह होली का दिन था, शान्तिनिकेतन में 'वसंत-उत्सव' हो रहा था। हम गृहवासी द्वार खोलकर 'आम्रकुंज' की ओर बढ़े। मानो ऋतुराज आकर आज आम्रकुंज में ही ठहरे हैं। उन्हें साथ लेकर ही आज हमारा आनन्द-उत्सव होगा।

मेरी मुग्ध दृष्टि वनतल, वृक्ष, गीत और रंग में डूबे लोगों से पल-भर के लिए भी अलग नहीं हुई। मैं निरंतर 'बाहर' से 'भीतर' की तरफ बढ़ती गयी। मनुष्य के भीतर अभी तक इतनी स्वच्छता, इतना सौन्दर्य बचा हुआ है, इसने मुझे विस्मित कर दिया। हम तीसरी दुनिया के लोग कंकाल हुई एक जाति हैं, फिर भी हम कैसे इतना अमल आनन्द धारण कर पाते हैं !

भोर से ही वसंत गान, वासंती रंग की साड़ी पहने लड़कियों का नृत्य, लाखों लोग उस सुर और छंद से मतवाले हैं। मैं भी इसी रसधारा में डूबी हुई हूँ। रवीन्द्रनाथ के शान्तिनिकेतन में खड़ी मैं, मेरे भी मन को होली का रंग लग गया। इससे पहले इस तरह कभी वसंत का अनुभव नहीं हुआ था। इससे पहले वसंत की उन्मत्त हवा ने कभी इस तरह से शरीर को नहीं छुआ था। मैंने पहले इतना ज्यादा प्यार नहीं किया था धरती पर फैली धूप, हवा, माटी और मनुष्य को।

सभी ने आगे बढ़कर सुबह का गुलाल लगाया। मैदान, आम्रकुंज, कलाभवन, संगीत भवन में गुलाल उड़ाने का उत्सव चला। सबके कंठ में था मधुर संगीत और देह में नृत्य की थिरकन। जिन लोगों को यह सुखद अनुभूति नहीं मिली, उनके लिए मुझे बहुत अफसोस है।

शान्तिनिकेतन की एक अलग ही सुगन्ध है। मुझे मालूम नहीं, कहाँ से आकर एक खुशबू प्राणों में भर जाती है। रवीन्द्रनाथ को इतने नजदीक से देखते हुए

अद्‌भुत लगता है। उनकी स्मृति और स्वप्न की गहराई के निकट खड़ी होकर मैं अपनी जिन्दगी के तमाम दुःखों को भूल गयी। मैंने भी अपने मन में गुलाल उंड़ेल दिया। मैं अब तक रंग-बिरंगे गुलालों से नहायी हुई हूँ।

मैं रात में कोपाई नदी के किनारे पूर्णिमा के जल में डूब गयी। मेरे शरीर की समस्त वेदना धवल चाँदनी में धुल गयी थी। चाँद के साथ हम सबने खेला अपरूप खेल। कौन कहता है कि कोपाई में पानी नहीं है ! मैं तो कोपाई के पानी में भी डूबी थी सौ बार।

वसंत-उत्सव से कहा है—फिर मिलूँगी ! मैं फिर बोलपुर की तपती मिट्टी में प्यार का जल छिड़कने, गुलाल उड़ाने आऊँगी।

तब फिर मिलूँगी। पूजाघर, आश्रम, आम्रकुंज—सबसे कहा है, फिर मिलूँगी। रामकिंकर की आदिवासी युवती से, बुद्ध से, सुजाता से कहा, कालोर दुकान, सुवर्ण रेखा से कहा—फिर मिलूँगी। जरूर मिलेंगे। यदि गीत अच्छे लगते हैं तो फिर मिलेंगे। झाऊ वन से कहा है, साइकिल से जाती युवती से कहा है—फिर मिलेंगे ! धूल कण, घास-पत्थर से कहा—फिर मिलेंगे ! भेंट तो होगी ही। कोपाई, तुमसे फिर मुलाकात होगी ! फिर पूर्णिमा की रात में हम लोग अमल आनन्द में झूमेंगे। अपने सभी दुःखों को धो डालने के लिए चाँदनी-भरे जल में जीवन को डुबो देंगे।

रवीन्द्रनाथ को मैं ईश्वर के रूप में मानती हूँ। मेरी आँखों के सामने अचानक ईश्वर की जो तस्वीर उभरती है, वह रक्त-मांस, शिल्प-स्वप्न सहित रवीन्द्रनाथ की ही है। यही मेरा धर्म है। मैं इसी एक ईश्वर के समक्ष पराजित हूँ। दूसरे किसी भी ईश्वर और किसी भी तरह की पारलौकिकता से मेरा मोह नहीं है। इस दुनिया में रवीन्द्रनाथ के अलावा मैंने अपने सामने कोई दीवार नहीं रखी, न ही मेरा और कोई गंतव्य है।

वसंत-उत्सव के गुलाल से रँगी दोपहर में सुनील दा के घर ठंडे फर्श पर बैठी समरेन्द्र सेनगुप्ता के साथ बात कर रही थी। समरेन्द्र ने कहा, "मैं तो रवीन्द्रनाथ के संगीत का दासानुदास हूँ !" उस समय सुनील दा अपने पोखरे में तैर रहे थे और मेरे अंदर के कमरे में बज रहा था—'फागुन ! हवा-हवा में किया है जो दान, मैंने तुम्हारी हवाओं में…'

नहीं, मैं जरा भी बढ़ा-चढ़ाकर नहीं कह रही हूँ। इसलिए कि फागुन की पूर्णिमा में भीगकर मैं शुद्ध हुई हूँ। सचमुच उनके संगीत का दासानुदास बनने के लिए मैं और हजार साल जीना चाहती हूँ। कवि समरेन्द्र के हाथ में कोई पान-पात्र नहीं था। सुनील दा के हाथ में भी नहीं। सुनील दा के हाथ में था गुलाल, जिसे उड़ाते हुए वे उत्सव में हँस रहे थे। हम लोगों ने पूरे दिन, पूरी चाँदनी उनके संगीत का पान किया था। इसे पीने से कोई नशा नहीं होता।

जिसे संगीत नहीं आता, उसने भी गाया है। मुझे ही लीजिए। मैं जानती

हूँ कि मेरे कंठ में सुर नहीं। लेकिन मैं भी गीतों में डूब गयी थी।

शान्तिनिकेतन के एक-एक पत्ते, एक-एक फूल, पक्षी, सारी की सारी हवाओं, नदी की समस्त लहरों ने गाया था। शाम की 'श्यामा' में खड़ी चैताली ने गाया था। कोपाई की तरफ जाते-जाते उर्मिला और गौतम ने गाया था। चाँदनी में मैदान में बैठकर दीपेन और सुपर्णा दी ने गाया था, छत पर रात के खुले आकाश के नीचे रेखा मैत्र, सौमित्र दा, और अंत में मृदुल ने गाया था। आहा ! ऐसे गीत-संगीत के जीवन को छोड़कर कौन लौटना चाहता है ईंट-पत्थर-बालू की दुनिया में।

मेरा लौटने का मन नहीं हुआ। मैंने चाहा कि उनके चरणों में नतजानु होकर बैठूँ। मैं उनके सुधा रस में डूबी हूँ–आकंठ डूबी हूँ उसके अतल में।

ढाका वापसी के बाद मुझे अब तक ऐसा लगता है कि कोई मुझे गोपन में पुकारता है। सूर्योदय के पहले कोई मुझे पुकारता है। बेहद करीब से पुकारता है, पुकारकर कहता है–'ओ, गृहवासी खोल, द्वार खोल··· ।' मैं द्वार खोलकर भोर का सूर्योदय देखती हूँ। मेरे लिए सबकुछ–यह रोशनी, यह हवा, वृक्ष, नदी, माटी और मनुष्य–सबकुछ बड़ा अपना-अपना-सा लगता है। बड़ा स्निग्ध, बड़ा स्वप्नमय, सुन्दर । क्या यह भीतर-बाहर से शुद्ध होना नहीं है ? मैं जानती हूँ कि असुन्दर के कंकड़-पत्थरों को पार कर सुन्दर की तरफ जा रही हूँ। अपने 'ईश्वर' की तरफ। कौन है जो मुझे लौटाये ? किसी धर्मयुद्ध, किसी अधिभौतिक कुशक्ति में दम है तो मुझे वापस लौटा ले !

बेमन-सा लगता है

शाम को घर पर मन नहीं लगता। मन चाहता है, पेड़-पौधों की न सही, शहरी मकानों-दालानों की पथरीली हवा ही शरीर को लगे। फिर शाम से जो 'लोडशेडिंग' शुरू होती है, उसमें घर पर बैठे रहने का मतलब है जलते हुए चूल्हे पर बैठे रहना। अक्सर बाहर निकलकर रिक्शा लेती हूँ। साथ में भाई या बहन किसी एक को ले लेती हूँ। रिक्शे का 'हुड' खोलकर चलने को कहती हूँ। कहाँ जाऊँगी, यह कभी नहीं बोलती। फिर यूँ ही इधर-उधर दो घंटे घूमकर लौट आती हूँ।

इस शहर में हवा खाने की जगहें तो कम नहीं हैं। लेकिन 'पहला बैशाख' बांग्ला नववर्ष के अलावा 'रमना पार्क' में कभी नहीं गयी। 'सोहरावर्दी उद्यान' में कई साल पहले गयी थी—गीत-कविता के एक जलसे में। मेरे घर से ये दोनों बहुत करीब पड़ते हैं। लेकिन आमतौर पर नहीं जा सकती, क्योंकि शाम को दोनों उद्यान औरतों के हाट में परिवर्तित हो जाते हैं। इस हाट में पुरुष लोग मोल-भाव करके मांस खरीदते हैं। रमना पार्क के लिए सरकार का सालाना खर्च कई लाख रुपये है। इसकी देखभाल का देश में वेश्यावृत्ति बढ़ाने के सिवा और क्या लाभ है ? आजकल काकराइल मस्जिद में भी धर्मपिपासु युवकों और वृद्धजनों की भीड़ बढ़ रही है। फुटपाथ से लेकर सड़क तक भीड़ हो जाती है। वे लोग भी बेहद थके शरीर से रमना पार्क में टहलने आते हैं और टहलते-टहलते सीधे हाट में पहुँच जाते हैं। हाट में दाढ़ी-टोपी ठीक जँचती नहीं, सो टोपी उतारकर कुर्ते की जेब में छिपानी पड़ती है। हम लोगों के लिए जाने की कोई जगह नहीं है। रमना में, सोहरावर्दी के हाट में मांस की गंध है। मन करता है 'क्रिसेंट लेक' में शाम बिताएँ। यह भी संभव नहीं होता। लफंगे वहाँ भी छेड़छाड़ के मकसद से आते हैं। सभी जगह मुसीबत, सभी जगह आतंक, षड्यंत्र और सभी जगह प्रदूषित हवा है।

इस ढाका शहर में कहाँ जाकर स्निग्ध हरियाली में साँस लूँ ? कहाँ जाने से ले पाऊँगी निर्मल साँस ? घर से निकलकर कहीं भी जाकर सुकून नहीं। रिक्शे पर ही इधर-उधर थोड़ा टहलकर दूध की चाह 'घोल' से मिटानी पड़ती है। कहीं रिक्शे से उतरकर खड़ा होने के लिए मिट्टी नहीं, सीढ़ी नहीं, पेड़ का तना नहीं। शाम को संसदा के पास बच्चों को पैराम्बुलेटर में बैठाकर दम्पती उन्हें घुमाने आते हैं। छोटे-छोटे बच्चे साइकिल लेकर खेलने आते हैं। दूर से देखने पर लगता है, मेला लगा है। मेले में गोलगप्पे और चाट पर टूट पड़ती है भीड़।

मजबूरन मुझे घर लौट आना पड़ता है। घर की 'लोडशेडिंग' खत्म नहीं होती, फिर भी। क्योंकि रिक्शा वाले से इतनी ज्यादा मेहनत कराने की इच्छा नहीं होती, फिर उसे ज्यादा मेहनताना देने की हैसियत भी तो मेरी नहीं है न!

परिवार-कल्याण की ओर सरकार की नजर बहुत चौकस है। इस खाते में विदेशी सहायता भी बहुत आती है। ढाका शहर की दोमंजिला बसें 'छोटा परिवार-सुखी परिवार' जैसे उपदेश देती हुई चलती हैं। गाँव के कोने-कोने में विदेशी 'कम्बिनेशन फाइब' तेजी से फैल रही है। लेकिन दरिद्रता की कोख में कम प्राणी तो नहीं हैं ! बढ़ ही रहे हैं। पुत्र-पिपासु पितृगण पुत्र पैदा न होने तक उत्पादन बंद करने को राजी नहीं हैं। वे अथक परिश्रम करते जा रहे हैं। सरकार बार-बार नारा लगा रही है–'दो नहीं, एक ही संतान काफी है।' एक संतान यदि पुत्र हुआ तो पर्याप्त है, लेकिन कन्या होने पर किसी परिवार के लिए वह पर्याप्त होगा ? बांग्ला देश के कितने परिवार उसे पर्याप्त मानते हैं ?

पर्याप्त समझें, इसके लिए सरकार ने ही क्या इंतजाम किया है ? और यदि किया भी है तो वह कितना कारगर हुआ है ? फिर हमारा समाज ही उसे पर्याप्त समझने के लिए कितना योग्य हो पाया है ?

विज्ञापन की स्त्री

विज्ञापन में स्त्री की 'जय-जयकार' हो रही है। स्त्री विज्ञापन में कैसे इस्तेमाल होती है, कैसे वह वंचित होती है—यह मेरा मुद्दा नहीं है। मेरा मुद्दा कुछ और है। अखबार-पत्रिका के ऑफिस में एक 'विज्ञापन-प्रतिनिधि' की जरूरत होती है। और, इस विज्ञापन-प्रतिनिधि के रूप में महिला का ही चयन किया जाता है। क्यों अधिकतर महिलाओं का ही चयन किया जाता है ? आखिर पुरुष क्यों नहीं ? बहुत पहले से यह सवाल मेरे मन में है।

आजकल काले धन के मालिक लोग भिखारियों को खैरात बाँटने के बजाय अखबार-पत्रिका निकालने में ज्यादा दिलचस्पी लेते हैं। दौलत का पहाड़ यदि ऊँचा होते-होते ऐसी स्थिति में पहुँच जाये कि पहाड़ क्रमशः आकाश फाड़कर निकलने लगे तो ऐसे पहाड़ के मालिक हज करने चले जाते हैं। हज से लौटकर घर बैठे बदन खुजलाते रहते हैं, फोन से बातें करते रहते हैं, मंत्री-वंत्री के साथ तेल-मसालेदार खाना खाते हैं और शाम को क्लब में शराब पीने और औरतें 'देखने' जाते हैं। 'देखना' कहना शायद सही नहीं होगा। यहाँ भी 'खाने' शब्द का प्रयोग किया जा सकता है। उनके अलस, खाली समय को देखते हुए बहुत-से लोग सलाह देते हैं—एक पत्रिका निकालिए। पत्रिका किस तरह की होगी, यह एक ही रात में यार-दोस्तों के साथ बैठकर तय कर लेते हैं—कागज के एक टुकड़े पर 'राजनीति', दूसरे पर 'सेक्स'। फिर आफिस ले लिया जाता है, पत्रकारों को बुला लिया जाता है। कहाँ-कहाँ देशी-विदेशी स्त्रियों की तस्वीरें मिलती हैं—इकट्ठा करो, 'कवर' में साट दो। अन्दर रखो उफनता सेक्स। बस हिट ! लोग कहेंगे—यह तो जहाँ हाथ डालता है, वहीं से सोना निकलने लगता है। बाकी जो कुछ हैं, वह है 'राजनीति'। यह भी उसी तरीके से। कहाँ क्या हो रहा है, कौन किसे गाली दे रहा है, किसी का अविश्वास, कोई संशोधन, कौन जेल में है, कौन बाहर, भाला-बरछी फेंका-फेंकी

आदि-इत्यादि। इसके साथ तरह-तरह के दर्शन की होड़। इससे भी तो फायदा है। मालिक एक ही रात में बुद्धिजीवी हो जायेगा। धुला हुआ, प्रेस किया कपड़ा पहनकर, गाड़ी से उतरकर उसे सभा-समितियों में 'पति' का आसन सुशोभित करना होगा, अनगिनत परिचित-अपरिचित लोग वाहवाही करेंगे। कहेंगे, आपके अन्दर इतने गुण थे, हमें पहले मालूम नहीं था। मालिक के होंठों पर उस वक्त मधुर मुस्कान होगी। तब उनका जोर से हँसना भी मुनासिब नहीं होगा। यथासंभव गंभीर होना पड़ेगा। तब लोग काले 'पैसे' को काला नहीं, सफेद कहेंगे।

लेकिन काले को सफेद करने की पद्धति का वर्णन करना भी यहाँ मेरा उद्देश्य नहीं है। मुद्दा यह है कि पत्रिका के लिए विज्ञापन लाने का काम जो स्त्री करती है, वह अपनी राह पर कैसे चलती है, अपनी मंजिल की तरफ कैसे बढ़ती है। मैं दरअसल उसकी यात्रा की ओर ध्यान दिलाना चाहती हूँ। मैं एक विज्ञापन प्रतिनिधि के बारे में जानती हूँ। जब भी वह विज्ञापन लाने जाती है, उसे कंपनी के मालिक या मैनेजर द्वारा अपमानित होना पड़ता है। वह एक मजबूर लड़की है। उसका पति उसे छोड़कर चला गया है। पढ़ाई भी ज्यादा नहीं, आई. ए. तक। वह जब नौकरी ढूँढ़ने निकली तो पत्रिका में उसे यही नौकरी मिली। कारण शायद यह है कि चूँकि उसका पति नहीं है, इसलिए सोचा जाता है कि वह लड़की बहुत 'ठीक-ठाक' नहीं होगी। और, जब कोई लड़की 'ऐसी-वैसी' होती है तो वह विज्ञापन बटोरने के लिए अच्छी जँचती है। लेकिन दुःख की बात यह है कि पति के तलाक देने-भर से ही लड़कियाँ विज्ञापन लाने योग्य हो जाती हैं, यह बात नहीं है। जो कम्पनी विज्ञापन देगी, उसके बड़े साहब के सामने बैठकर सिर्फ बात करने से काम नहीं बनता, बल्कि बड़े साहब की इच्छा से उनके चेम्बर का दरवाजा बंद होगा, फिर बड़े साहब उठकर लड़की से चिपट जायेंगे और विज्ञापन देने से पहले प्रस्ताव रखेंगे–चलिए, एक दिन कहीं से घूम आयें !

यदि लड़की पूछे–'कहाँ ?' तो बड़े साहब नजरें नीचे करके जवाब देते हैं, 'क्यों, समझ नहीं रही हैं कहाँ ?'

लड़की समझ जाती है–कहाँ ! क्योंकि इससे पहले और बहुत-सी कंपनियाँ उसे समझा चुकी हैं कि यह 'कहाँ' दरअसल है कहाँ !

लड़की खुद को संयत करती हुई कहती है–'नहीं !'

बड़े साहब जाल फेंकते हैं, कहते हैं–'बहुत बड़ा विज्ञापन मिलेगा।' लड़की फिर भी कहती है–'नहीं।' अब बड़े साहब चिढ़ जाते हैं। कहते हैं–'तो फिर इस क्षेत्र में क्यों आयीं ?'

इस क्षेत्र में आयी क्यों ? तो क्या यह माना जाये कि विज्ञापन-संग्रह करने का क्षेत्र बुरा है ? और चूँकि बुरा क्षेत्र है, इसीलिए इसमें लड़कियों को नियुक्त किया जाता है ! बड़े साहब के हाथ में खुद को सौंपकर लड़कियाँ विज्ञापन ला

देंगी, पत्रिका उन विज्ञापनों को छापेगी और उस पर उन लड़कियों को थोड़ा-सा कमीशन मिलेगा। यही न ?

यह भी तो एक तरह की वेश्यावृत्ति है, सभ्य वेश्यावृत्ति। शरीर के बदले रुपया कमाना। जितना ज्यादा बड़े साहबों के पास शरीर को पसार देगी, उतना ही विज्ञापन का मूल्य बढ़ेगा। अग्रणी बैंक, सोनाली बैंक, तितास गैस, समवाय बैंक, विद्युत उन्नयन बोर्ड, याहिया ग्रुप ऑफ इंडस्ट्रीज़ पेट्रोबांग्ला, वी. सी. आई. सी., स्वास्थ्य मुख्यालय, पर्यावरण मुख्यालय आदि–कहीं भी विज्ञापन लेने गयी लड़कियाँ बचती नहीं हैं। असल में लड़कियाँ कोई भी काम करने के लिए आगे आयें, एकदम ऊँचे ओहदों को छोड़कर प्रायः सभी पेशे नीची निगाह से देखे जाते हैं, सभी पेशों में शरीर की महक बिखरी रहती है। कभी मैं परिवार-कल्याण विभाग में डॉक्टर थी। इस विभाग की फैमिली वेलफेयर विज़िटर से फैमिली वेलफेयर सहायक तक–सबको, उपनिदेशक के पद पर बैठा आदमी सिर्फ अपनी भोग की सामग्री समझता था। हर रोज वह एक न एक लड़की की तरफ हाथ बढ़ाता, उसको कमरे में ले जाकर दरवाजा बंद कर देता और नौकरी छीन लेने का डर दिखाकर उसकी आवाज को दबा देता था। ये सारी घटनाएँ मैंने अपनी आँखों के सामने घटते हुए देखी हैं। विरोध करने पर स्वयं मुझे कम परेशानी नहीं उठानी पड़ी।

खैर, यह बहुत पुरानी बात है। मैं आज कह रही हूँ कि लड़कियाँ किसी भी काम के लिए आगे आ सकती हैं। इससे उनकी इज्जत घटती नहीं है। प्रिंसेस डायना भी कभी किसी के घर बर्तन माँजने का काम करती थीं। इससे उनकी इज्जत पर तनिक भी आँच नहीं आयी। लड़कियाँ किसी भी काम में अपनी दक्षता दिखा सकती हैं। लेकिन समाज के सज्जनों को इतना सहनशील तो होना ही पड़ेगा कि जब कोई लड़की पत्रिका के लिए विज्ञापन लेने जाये तो उससे विज्ञापन सम्बन्धी बातचीत ही की जायें, चाहे विज्ञापन दिया जाये या न दिया जाये। हकीकत तो यह है कि लड़कियों का दोनों ही पक्ष गलत इस्तेमाल कर रहे हैं। एक तरफ पत्रिका वाले तो दूसरी तरफ कंपनियों-संस्थाओं के मालिक और अधिकारी। बीच में हो यह रहा है कि काम के लिए निकली लड़कियाँ काम के प्रति अपने सम्मान और आस्था को खो रही हैं। इसके बाद यदि स्त्रियाँ चहारदीवारी के भीतर ही खुद को सुरक्षित महसूस करें, तो क्या यह लज्जा सिर्फ स्त्रियों की होगी, पुरुषों की नहीं ?

कोई भी काम असम्मानजनक नहीं है, गारमेंट्स में काम कर रही स्त्री, दफ्तर-अदालत की लिपिक स्त्री, अस्पताल में नर्स, आया, स्वीपर के पद पर काम कर रही स्त्री–कोई भी असम्मानजनक काम नहीं करती। सभी को उन्हें सम्मान देना सीखना होगा। जो वेश्या है, उसकी भी एक मर्यादा है। सरकार ने

उसे वेश्यावृत्ति करने की अनुमति दी है। वह भी सम्मान पाने की हकदार है। स्त्रियाँ चहारदीवारी से निकलकर काम करने के लिए बाहर आयी हैं। काम करने का मौका न देकर जो लोग उन्हें नोंचने आते हैं, उनकी पहचान की जाये। उन्हें चेतावनी दी जाये।

किसने कहा बंधु तुम्हें इतना कष्ट सहने को !

अल्पसंख्यक बौद्ध और ईसाइयों को छोड़कर प्रायः सभी बंगाली हिन्दू और इस्लाम धर्म में विश्वास रखने वाले हैं। धार्मिक प्रभाव में ही बंगाली समाज के नियमों और रीति-रिवाजों का निर्माण हुआ है। तृतीय विश्व में रहने के कारण अधिकांश बंगाली निम्नस्तरीय और मानवेतर जीवन जीने के अभ्यस्त हैं। थोड़े-से सम्पन्न हैं और बाकी सब मध्यवर्गीय जीवन के तहत मध्यम दर्जे की शिक्षा और संस्कृतिचर्या के साथ धर्म को मूलमंत्र मानते हैं।

बंगाली परिवार में कन्या का जन्म कभी वांछित नहीं होता। इसलिए कि प्रचलित समाज-व्यवस्था किसी लड़की को आदमी का दर्जा ही नहीं देती। बेटे का जन्म होने पर बंगाली मुसलमान प्रसवगृह की दुआरी पर खड़ा होकर अजान देता है। मुसलमानों के लिए 'अजान' एक पवित्र पुकार है। बेटी के जन्म लेने पर अजान देने का रिवाज नहीं है। बेटे के जन्म पर 'अक़ीक़ा' नामक एक अनुष्ठान में एक गाय या दो बकरियों की 'कुर्बानी' देनी पड़ती है, लेकिन बेटी के जन्म लेने पर एक खस्सी से ही काम चल जाता है।

जन्म के इस भेदभाव के साथ ही बचपन और किशोरावस्था की विषमताएँ शुरू होती हैं। कभी बंगाली लड़कियों के लिए शिक्षा निषिद्ध थी। मुसलमान लड़के किताब-कापी लेकर स्कूल जाते, और लड़कियाँ घर में रसोई तथा दूसरे कामकाज करतीं। मुख्यरूप से लड़कियों के शरीर और मन को घर के कामकाज में लगाने के लिए ही यह व्यवस्था की गयी थी।

उन्नीसवीं सदी के पूर्वार्द्ध में लड़कियों की शिक्षा-व्यवस्था का विकास हुआ। लड़कियों का नियमित स्कूल पहली बार सन् 1819 में खुला। यह मिशनरियों द्वारा खोला गया था। बंगालियों के प्रोत्साहन से सन् 1847 में सर्वप्रथम लड़कियों का स्कूल बारासात का विद्यालय खुला। फिर 1850 में बेथुन स्कूल खुला। विरोधियों

के कुप्रचार के कारण तेईस छात्राओं में सोलह स्कूल छोड़कर भाग जाने के लिए बाध्य हुईं। उस समय लड़कियों की पढ़ाई के विरोध में कुरुचिपूर्ण तर्क पत्र-पत्रिकाओं में छपते थे–"बालिकाओं को विद्यालय भेजने से व्यभिचार बढ़ने की आशंका है, क्योंकि कामुक पुरुषों की नजरें बालिकाओं पर पड़ने से वे उनसे बलात्कार करेंगे। कम उम्र के कारण छोड़ नहीं देंगे, क्योंकि उनमें 'खाद्य' और 'खादक' का सम्बन्ध है।··· सम्पन्न घर की लड़कियों को नौकरों के साथ स्कूल भेजने में भी उनके कौमार्य-हरण का खतरा है, क्योंकि रक्षक ही भक्षक होगा।"

धर्म कहता है कि ईश्वर ने पुरुष की पसली से स्त्री की सृष्टि की है। पुरुष की पसलियों की हड्डी से यदि किसी का जन्म हो तो वह मानव-रूप में संपूर्ण नहीं होगा–आशा है इस बात से किसी को एतराज नहीं होगा। स्त्री को पर्दे की आड़ में रहना होगा। अपने पिता, भाई, चाचा, मामा आदि कुछ गिने-चुने सम्बन्धियों के अलावा किसी अन्य पुरुष के सामने उसका निकलना मना है। मुसलमान स्त्री पर रोक लगाने के लिए धर्म की जंजीर सबसे बड़ा बंधन है। इसी जंजीर के कारण अधिकांश स्त्रियाँ आज भी निरक्षर और उत्तराधिकार से वंचित हैं। बाल-विवाह, तलाक और वैधव्य की शिकार हैं।

बंगाली हिन्दू लड़कियाँ पिता की सम्पत्ति से वंचित होती हैं। (यह सिर्फ बांग्लादेश के लिए ही प्रयोज्य है। भारत के हिन्दू सक्सेशन एक्ट 1956 के अनुसार पिता की सम्पत्ति पर बेटे और बेटी का समान अधिकार है।) बंगाली मुसलमान लड़कियों को जो मिलता भी है, वह लड़कों का आधा होता है, लेकिन वह भी सिर्फ कागज पर। असलियत में तो प्रायः लड़कियों के भाग्य में कुछ भी नहीं जुटता। लड़कियों को उत्तराधिकार से यत्किंचित प्राप्त होना और न होना ही उनकी मर्यादा को सबसे ज्यादा छिन्न-भिन्न करता है। जिस तरह पिता की संतान के रूप में उन्हें स्वीकृति नहीं मिलती, उसी तरह मनुष्य के रूप में भी वे सम्मान नहीं पाती हैं।

सयानी होने के बाद बंगाली लड़कियों को धर्म और समाज जो चीज सबसे ज्यादा सँभालकर रखना सिखाता है, वह है सतित्व। इसे सँभाले रखने पर ही लड़कियों का समाज में सबसे ज्यादा मूल्य होता है। मूल्य इस हिसाब से कि उसे लोग अपांक्तेय या अछूत घोषित नहीं करेंगे। दुनिया में प्रचलित सभी धर्मों में लड़कियों के सतित्व को सबसे ज्यादा महत्व दिया गया है। लेकिन किसी भी धर्म में पुरुष के लिए किसी तरह के सतित्व का विधान नहीं है। बांग्ला शब्दकोश में 'सती' का कोई पुल्लिंग प्रतिशब्द नहीं है। इसका अर्थ है कि पुरुष के लिए एकगामिता की कोई जरूरत नहीं है। उसे वेश्यालयों में जाने की सुविधा धर्म और समाज दोनों ने ही दी है। उसके लिए इस्लाम में चार शादियाँ 'हलाल' हैं। उसके लिए घर की दासी से भी भोग को जायज ठहराया गया है।

पति-सेवा स्त्री का परमधर्म है–"पति धर्म, पति कर्म, पति सारात्सार/पति के अलावा रमणी की गति नहीं और/पति-आज्ञा सती के लिए वेद के समान/पति के तुष्ट होने पर, तुष्ट प्रभु भगवान।" रमणी की पति के बिना गति नहीं। पति के बारे में विशेष रूप से कहूँ–"पति जो कहे, वही करोगी/परम जतन से पति की सेवा करोगी/पति के खाने पर खाओगी, नहीं खाने पर नहीं खाओगी/पति के सोने पर सोओगी, नहीं सोने पर नहीं सोओगी।" सती होने के लिए स्त्री के दिमाग में ये सारे उपदेश डाले जाते थे। अब भी ऐसा होता है। आज जबकि राधाकांत देव, गौरमोहन विद्यालंकार, राजा वैद्यनाथ राय, राजा राममोहन राय, ईश्वरचंद्र विद्यासागर की कृपा से लड़कियों को पढ़ाई नसीब हो चुकी है, तब भी बंगाली मुसलमान लड़कियाँ जानती हैं कि पति के पाँव के नीचे स्त्री का स्वर्ग होता है। यह भी मानती हैं कि पति को संतुष्ट रखने पर अल्लाहताला खुश होंगे। इसीलिए बहिश्त का प्रलोभन दिखाकर पति की चरण-सेवा में स्त्री को मग्न रखना धर्म और समाज का एक कौशल ही है।

बंगाली लड़कियाँ पति और पुत्र का जूठा खाकर धार्मिक पुण्य लाभ करती हैं। इससे पति-सेवा भी होती है, धर्म की रक्षा भी होती है, लेकिन जो नहीं होता, वह है स्वाभाविक पोषण और पौष्टिकता की रक्षा। पौष्टिकता के अभाव में अधिकांश बंगाली लड़कियाँ स्वास्थ्यहीन, श्रीहीन और कुछ हद तक मेधाहीन भी हैं। स्त्री को सिर्फ पुरुष की यौन-सामग्री के रूप में देखा गया है। इस्लाम धर्म में स्त्री के यौनांग की हिफाजत करने की बात कही गयी है। यह भी कहा गया है–औरत तुम्हारे अनाज का खेत है, इस खेत में तुम जब चाहो, जा सकते हो। स्त्री को अबाध रूप से भोगने की बात सभी धर्मों में कही गयी है। स्त्री को मूल्यवान वस्तु की तरह उपहार में देने और युद्ध में जीते गये इलाके की औरतों को भोग की वस्तु बनाने की बात सभी धर्मों में मान्य है।

माँग में सिन्दूर, हाथ में चूड़ी या शंख के कंगन पहनकर सुहागन का चिह्न भी स्त्री अकेले धारण करती है, जबकि पुरुष को शरीर पर विवाह का कोई चिह्न धारण नहीं करना पड़ता। वैधव्य का चिह्न भी स्त्री ही धारण करती है। विधवा स्त्री को तरह-तरह के व्रत पालन करने पड़ते हैं। पोशाक और खानपान में भी पूरी तरह बदलाव लाना पड़ता है। लेकिन किसी विधुर को साथी के बिछुड़ जाने की कोई ग्लानि नहीं भोगनी पड़ती। विधवाओं के लिए शाकाहारी भोजन का वास्तविक उद्देश्य है, उनकी स्वास्थ्यहीनता, श्रीहीनता यानी रूप-सौंदर्य के साथ-साथ कामेच्छा का शमन, जबकि विधुरों के लिए यह जरूरी नहीं है।

बंगाली स्त्री के लिए पति प्रभु, मालिक, मुनीब, स्वामी आदि है। पति रूपी पुरुष को ही स्त्री का उद्धारकर्ता माना जाता है। हिंदू स्त्रियाँ शादी से पहले तरह-तरह के व्रत करती हैं। सभी व्रतों का मुख्य उद्देश्य है पति पाना, पुत्र-संतान

की जननी होना और निर्विघ्न पारिवारिक जीवन गुजारना। पारिवारिक जीवन का अर्थ समाज ने इस तरह समझाया है कि पति-सेवा और ससुराल की सेवा करते हुए सबकी प्रसन्नता के लिए स्वयं के व्यक्तित्व को विसर्जित करना।

जो औरत पुरुष के बनाये हुए धर्म और कानून के पिंजड़े में स्वयं को बंदी रखती है या अपने को विसर्जित करती है, उसे सभी बहुत अच्छा कहते हैं। सभी उसकी प्रशंसा करते हैं। यह भी पुरुषतंत्र का एक कौशल है कि जो स्त्री पिंजड़ा तोड़कर बाहर आती है, उसे अश्लीलता का दोषी ठहराया जाये, उसे सामाजिक बहिष्कार का शिकार होना पड़े। मानो किसी भी स्त्री के लिए 'पारिवारिक पिंजड़ा' ही उसका परम आराध्य है।

मातृत्व के महत्व का वर्णन सभी जगह है। लेकिन समाज तो पिता के परिचय को ही अग्राधिकार देता है। पिता के नाम के अलावा कोई भी बच्चा कहीं परिचित नहीं हो सकता। सभी जगह मातृत्व की यह पराजय स्त्री के अवमूल्यन का एक बड़ा पहलू है। कानूनी तौर पर भी बच्चे पर पिता का ही अधिकार ज्यादा होता है।

शादी नामक अनुष्ठान स्त्री के विक्रय की पद्धति है। दहेज का आदान-प्रदान, देनमोहर के बदले में शादी। यानी इन्सान के इन्सान के साथ सम्पर्क से ज्यादा रुपये-पैसे के जरिये स्त्री की खरीद-फरोख्त का काम होता है। विक्रय-सामग्री के रूप में स्त्री जब अच्छी तरह समाज में स्थापित हो जाती है तो उसे वस्तु (विक्रय सामग्री) के रूप में ही पर्दे में ढँककर रखना पड़ता है। स्त्री बिकाऊ है, इसीलिए उसका चलना-फिरना तक तय किया जाता है—घर में और घर से बाहर नपी-तुली एक निश्चित जगह तक। स्त्री बिकाऊ है, इसीलिए उसके शृंगार के लिए तरह-तरह के प्रसाधनों की व्यवस्था है।

इसी स्त्री रूपी वस्तु को विवाह रूपी अनुष्ठान के जरिये घर-घर में यौन-सामग्री और संतान-उत्पादन के यंत्र के रूप में स्थापित किया जाता है। पति के परिचय से वह पहचानी जाती है। जमाना बदला है। लड़कियों ने लिखना-पढ़ना सीखा है। नौकरी-चाकरी कर रही हैं। आर्थिक सम्पन्नता भी बहुत बढ़ रही है, लेकिन पिता या पति के परिवार में आर्थिक मदद करने के अलावा स्त्री की सचमुच की आर्थिक मुक्ति नहीं हो रही। स्त्री के प्रति समाज की नजरों में कोई परिवर्तन नहीं आया है। धार्मिक और तरह-तरह का सामाजिक उत्पीड़न बरकरार है।

इस्लामी पंजा

ठीक-ठीक यह नियम वे कब से पालन कर रही हैं, मुझे सही तारीख मालूम नहीं है। इसे देखकर मैं बहुत हैरान हुई हूँ कि आखिर उनको और लोगों को क्या फायदा हुआ है ! या फिर यह नियम 'ऊपर वाले' की संतुष्टि के लिए बना है ? यह और बात है कि 'ऊपर वाले' के खुश रहने से कुछ कम लाभ नहीं मिलता।

टेलीविजन के पर्दे पर जो लड़कियाँ उद्घोषणा करने आती हैं, कैमरे के सामने उन्हें साड़ी का पल्लू सामने की ओर लाकर बैठना पड़ता है। पहले यह नियम नहीं था। अब सामने पल्लू खींचकर बैठने की क्या वजह है ?

कभी रोज़ा के महीने में उद्घोषिकाएँ सिर पर पल्लू रखकर कहती थीं—शुरू हो रहा है पत्रिका कार्यक्रम 'रंग-बिरंग'। अब वही पल्लू सिर से उतरकर दाहिनी बाँह को ढँके हुए है। फिर भी कुछ तो ढँका है। कुछ न ढँकने पर बहुत से लोगों को शायद चैन न मिलता।

शुरू-शुरू में सोचती थी कि शायद आँचल की खूबसूरत कढ़ाई दिखाने के लिए फैशनेबुल लड़की ने उसे खींचकर सामने कर रखा है। बाद में पाया कि सभी ऐसा कर रही हैं। सभी जब ऐसा कर रही हैं तो निश्चय ही यह फैशन नहीं है, बल्कि आदेश से ऐसा हो रहा है—'ऊपर वाले' के आदेश से। शौक से तो कोई एक ही फैशन हमेशा नहीं अपनाता। लेकिन ऐसा आदेश क्यों दिया गया ? पल्लू सामने न रखने से भी तो इतने दिनों से चल ही रहा था। इससे क्या असुविधा होती थी ? किसको असुविधा होती थी ? निश्चय ही लड़कियों को कोई असुविधा नहीं थी, क्योंकि समाचार पढ़ने और उद्घोषणा करने के तुरंत बाद वे सामने से पल्लू को पीछे की ओर खिसका देती हैं। फिर इस तरह के कृत्रिम शृंगार का कारण क्या है ? क्या मैं यह मान लूँ कि लड़कियों की ऐसा करने की कोई इच्छा नहीं है, फिर भी वे यह करने के लिए बाध्य हैं।

क्यों यह विचित्र नियम—मैं इसे विचित्र इसलिए कहूँगी, क्योंकि पीठ पीछे उसका पालन नहीं होता, सिर्फ प्रदर्शन के समय ही इसका सुचारू रूप से पालन होता है—लड़कियों के ऊपर लादा गया ? उनके साथ पुरुष उद्घोषक भी तो हैं, उनको तो शरीर पर अलग से कुछ लपेटना नहीं पड़ता। या फिर ओढ़ने-लपेटने के लिए लड़कियों के ही शरीर पर कपड़ा लपेटना पड़ता है। लादने के वक्त लड़कियों पर ही सारे नियम लादे जाते हैं ? बहुत-से लोगों ने कहा है—यह इस्लामी नियम है। चूँकि आँचल से सिर ढँकने पर तरह-तरह से बाँधे गये बाल और जूड़े व्यर्थ हो जायेंगे, इसलिए लड़कियाँ सिर पर पल्लू रखने के लिए तैयार नहीं हैं। दो महिला नेताओं ने जरूर सिर पर पल्लू रखा है, लेकिन उन्होंने अपने राजनीतिक स्वार्थ के कारण ऐसा किया है। दूरदर्शन की लड़कियों का तो ऐसा कोई स्वार्थ नहीं है। इसीलिए पल्लू उनके सिर पर न चढ़कर उनके कंधे पर चढ़ता है। अंततः वे इसी का पालन कर रही हैं। जिस देश में इस्लाम की जय-जयकार है, वहाँ थोड़े-बहुत आवरण की जरूरत तो है ही। और कहीं न सही, औरतजात का बदन यदि ढँका न रहे तो मर्द जहाँ-तहाँ उन पर झपट ही पड़ेंगे। संभव है, कामुक पुरुषों के कारण ही इस्लाम के अधिकांश नियम बने हों।

यदि इस्लाम को मानना ही है तो पूरा-पूरा मानना चाहिए। वैसी स्थिति में दूरदर्शन के पर्दे पर लड़कियों की तस्वीर का आना ही अनुचित है। लड़कियाँ घर में पर्दानसीन बनकर रहें, घर के बाहर कदम नहीं रखें। 'रामपुरा' जाने का तो सवाल ही नहीं उठता। विज्ञापन में लड़कियों का हँसना-इठलाना बंद हो, नाटक में स्त्री चरित्र ही न रहे, लड़कियाँ गाना न गायें, नाचें नहीं। इस्लाम को मानने के लिए जरूरी है—यह सब पालन करना। आधा-अधूरा मानने का तो कोई अर्थ ही नहीं। सिर्फ इतना ही क्यों माना जाता है, जिसमें पुरुषों का कोई कर्तव्य नहीं होता ? क्या कर्तव्य सिर्फ स्त्रियों का ही होता है ? इस्लामी कानून इस देश में सिर्फ स्त्रियों पर ही क्यों लागू होते हैं।

उत्तराधिकार-कानून में भी इस्लाम ने स्त्री को उसके हक से वंचित किया है, पुत्र के लिए रखा है दो हिस्सा और पुत्री के लिए एक हिस्सा। यह असभ्य उत्तराधिकार-कानून इस देश में प्रचलित है। विवाह कानून में लड़कियाँ देनमोहर दहेज की शर्तों पर पुरुषों के हाथ एक तरह से बिक जाती हैं। पुरुष स्त्री को खाने-पहनने को देगा और स्त्री पुरुष के आदेशानुसार काम करेगी। जिस तरह मालिक घर के पालतू कुत्ते को समय पर खाना देता है और बदले में वफादार कुत्ता घर की रखवाली करता है, बड़ी हद तक वैसा ही। पुरुषों को चार शादियाँ करने की छूट है। एक ही घर में चार विवाहित स्त्रियों के साथ जीवन जीने का अधिकार सिर्फ पुरुषों को ही है ?

सिर्फ स्त्री को दबाये रखने के लिए ही देश में इस्लामी कानून जारी है।

बाकी कानून कहाँ गये—चोरी करने पर हाथ काट देने का कानून ? व्यभिचार करने पर पत्थर या बेंत बरसाने का कानून ? ऑक्टोपस की तरह दुर्नीति अपनी हजार भुजाएँ फैलाये विकसित हो रही है। इसके लिए कहीं कोई सज़ा का नियम नहीं है। या पुरुष दुर्नीति के अभ्यस्त हैं, इसीलिए शासक पुरुष-सज़ा का नियम लागू नहीं करना चाहते। सिर्फ टोपी और कुर्ता पहनकर मस्जिद तक दौड़ने से ही सारा पाप धुल जाता है।

कोई भी आदमी इस बात को बहुत अच्छी तरह जानता है कि इस्लाम एक प्रकार का कवच है। पापी और पतित लोगों का कवच, अत्याचारी और व्यभिचारी लोगों का कवच। यह कवच देश की राजनीति में खूब इस्तेमाल होता है। चूँकि राजनीति के साथ समाज और समाज के लोग जुड़े रहते हैं, इसीलिए यह कवच विभिन्न क्षेत्रों में इस्तेमाल होता रहता है—रेडियो-दूरदर्शन, सामाजिक रीति-रिवाजों और विभिन्न संस्थाओं-प्रतिष्ठानों में। दूरदर्शन वाले लड़कियों को नचाये बिना बिजनेस नहीं कर पायेंगे, इसीलिए नचा रहे हैं। साथ ही लड़कियों के शरीर पर इस्लामिक इत्र छिड़ककर उन्हें पाक-साफ भी कर रहे हैं। एक ओर लड़कियों के बिना काम नहीं चलता, तो दूसरी ओर इस्लाम के बिना भी नहीं चलता। इसीलिए जिस तरह लड़कियों के लिए रूप-रंग, साज-सिंगार, नाच-गान की थोड़ी-बहुत जरूरत पड़ती है, उसी तरह इस्लाम की भी थोड़ी-बहुत जरूरत पड़ती है। तभी तो दूरदर्शन वाले थोड़ा-सा इस्लाम और थोड़ी-सी स्त्री को मिलाकर एक अजीब खिचड़ी पका रहे हैं। इस तरह न तो वे स्त्री को छोड़ पा रहे हैं और न ही इस्लाम को। इससे किसी का भी स्वाभाविक विकास नहीं हो पा रहा। स्त्री ठीक से, इन्सान के रूप में खड़ी नहीं हो पा रही, क्योंकि जब-तब उस पर कुछ न कुछ लाद दिया जाता है। वह अपनी मर्जी और पसंद के अनुसार अपना जीवन नहीं जी पा रही। उसकी व्यक्तिगत स्वतंत्रता बार-बार नष्ट हो रही है। और, इस अधूरे प्रयोग से इस्लाम की भी निश्चित ही क्षति हो रही है। होना है तो पूरा हो, नहीं तो जरा भी नहीं। इस्लाम यदि जमकर न बैठ सका तो बैठाने की जरूरत ही क्या है! पंजा मारना हो तो पाँचों उँगलियों से मारना चाहिए। दो उँगलियों से पंजा मारना कुछ जँचता नहीं है।

वे इस्लाम को मौका देखकर कमजोर के ऊपर थोपना चाहते हैं। इस्लाम धर्म तो है ही, चोला भी कम नहीं है। नेतागण इस चोले में बेईमानी को ढँके रखते हैं। दूरदर्शन वाले भी इसके द्वारा निश्चय ही अपनी बेईमानी के बिजनेस को ढँके रखते हैं। इस्लाम कमजोर पर ही ज्यादा बरसता है। यह कमजोर, नासमझ औरतजात यदि एक बार इस आरोपित कानून से स्वयं को मुक्त कर ले तो उसके व्यक्तित्व के सामने सिर्फ मैं ही क्यों, बहुत-से सचेतन लोग सविनय श्रद्धा अर्पित करेंगे।

मैं यह नहीं कह रही हूँ कि आप लोग दाएँ कंधे से पल्लू गिराकर विद्रोह कीजिए। मैं तो सिर्फ इतना अनुरोध कर रही हूँ कि आप यदि पल्लू डालना चाहती हैं, तो डालिए और यदि नहीं चाहतीं तो मत डालिए। अपनी इच्छा से जीकर देखिए, जीवन आपका स्वागत करेगा। हो सकता है बंधु कि हमारे रास्ते में काँटे-झाड़ियाँ, साँप-बिच्छू ज्यादा हों, फिर भी जीत हमारी ही होगी। इरादा यदि अटल है तो किसी में इतनी ताकत नहीं कि वह हमारी मंजिल के आड़े आये।

अपना खलिहान खाली

एक लड़की जो पिता के मरने के बाद भाई के परिवार में पल रही थी, उसे भाई ने वेश्यालय में बेच दिया। वेश्यालय से भागकर बेचारी ने जीना चाहा तो रिक्शे से खींचकर उससे बलात्कार किया गया—सामूहिक बलात्कार। लड़की जख्मी यौनांग लिये अस्पताल में पड़ी हुई है। पत्रकार उसके बिस्तर को चारों ओर से घेरकर उसकी दुःखभरी दास्तान सुन रहे हैं। दिन-भर कैमरों के फ्लैश चमक रहे हैं। वाह, क्या बात है ! कैमरामैन आनंदित है, पत्रकार आनंदित है, अखबार वाले आनंदित हैं, हाकर्स उल्लसित हैं और पाठकों को भी निश्चय ही मजा आ रहा है !

'स्त्री के बारे में कोई घटना' न छपने पर आजकल पत्र-पत्रिकाएँ उतनी जमती नहीं हैं। मैंने देखा है कि बहुत-से लोग अखबार खोलते ही स्त्री विषयक घटनाओं को ढूँढ़-ढूँढ़कर पढ़ते हैं। पता नहीं, इससे उन्हें खुशी मिलती है या वे दुखी होते हैं। हाँ, दुखी होने का कोई लक्षण तो समाज के किसी भी स्तर पर नजर नहीं आता। सभी लूट रहे हैं, सभी खा रहे हैं और सभी चाह रहे हैं—'स्त्री सम्पदा।' स्त्री बड़ी हद तक दो-प्याजा मांस की तरह है, खाने में बहुत मजा आता है। काफी हद तक वह अचार-चटनी की तरह भी है, जिसे चाटने में भी मजा है।

2

इस देश में स्त्री एक ऐसी मजेदार चीज़ है कि इसे बिगड़ता देखते ही पुरुष कसकर थप्पड़ लगा देगा, लात मारेगा, गला दबा देगा या फिर गला काट लेगा। हमारे गाँवों में दहेज न देने के कारण वधू-हत्या आम बात हो गयी है। किसी स्त्री को मारकर तालाब में डुबा देने या पेड़ पर लटका देने के लिए बहुत दक्ष हाथ की जरूरत नहीं पड़ती। पुलिस एक-दो दिनों तक ही उसे ढूँढ़ती है, हालाँकि उसकी

दिलचस्पी कातिल को पकड़ने से ज्यादा पैसा बटोरने में होती है। सुना है खून-वून के मामले में कई तरह से रुपये-पैसे का खेल चलता है।

लेकिन दहेज की समस्या का क्या होगा ? 'दहेज देंगे' कहकर बेटी को किसी के हाथ में सौंपकर दरिद्र पिता यदि दहेज की रकम और साइकिल-रेडियो आदि देने में असमर्थ रहता है तो ? सुना है दहेज देना और लेना दोनों कानूनी अपराध हैं। लेकिन यह सिर्फ सुनने-सुनाने को ही है। हो यह बराबर रहा है। लड़की के पिता से धन-सम्पत्ति हासिल करने के लिए लड़के शादी को तैयार हो जाते हैं और देनमोहर भी कम कर देते हैं, ताकि मन मर्जी तलाक देने का रास्ता भी साफ रहे। लड़की के पिता द्वारा दहेज की रकम के लिए दिये गये समय से दो-चार दिन देर होते ही पुरुष उस लड़की के छाती-रूपी पिंजरे से प्राण खींच लेता है, मानो अंकपित हाथों से पालतू कबूतर को पिंजरे से बाहर निकाल लिया हो।

लोग कहते हैं, पुरुष ज्यादा काम करता है। यह बात कितनी झूठ है, बहुतों को मालूम ही नहीं। मान लीजिए, गाँव का एक सम्पन्न परिवार है। मुर्गा बोलते ही नींद से जाग जायेगी घर की 'बहू'। वह आँगन में झाड़ू लगायेगी और यदि घर कच्चा है तो एक-एक कमरे को लीपेगी। फिर रसोई में जाकर चूल्हा जलायेगी। लकड़ी न रहने पर लकड़ी भी काट लेगी। चूल्हे पर दाल-भात चढ़ायेगी। फिर पुआ-पकवान भी बनायेगी। यह सब उसे अकेले ही करना पड़ता है। इतना काम समाप्त करने तक देखा जाता है कि घर का पुरुष बिस्तर से उठकर एक दातून लिये दातुन-भर करता है। जाड़े की धूप सेंकता है। पड़ोसियों, घर के अन्य पुरुषों तथा रिश्तेदारों के साथ बैठकर बातचीत करता है, गायों को गुहाल से निकालता है और फिर पीढ़ा बिछाकर बैठ जाता है।

औरत उसकी थाली में भात परोसती है, साथ में दाल-सब्जी, नमक-मिर्च और पानी भी रखती है। पुरुष खाना खाकर डकार लेता हुआ खेत में चला जाता है। वहाँ जाकर खेती करता है, धान बीनता है, खेत में खाद डालता है और फिर धान काटता है। फिर उसे घर ले आता है। मान लीजिए, धान वह घर ले आया। अब घर में औरत उस धान को माँड़ती है, फिर बड़ी-बड़ी देगचियों में उबालती है, कूटती है और अंत में उससे निकले चावल को ठीक से रखती है। वह औरत धान माँड़ने और कूटने जैसे भारी काम करते हुए बीच-बीच में आकर चूल्हे पर चावल चढ़ा जाती है, खाना पकाती है; और पुरुष, तालाब से नहाकर सिर में सरसों का तेल मलकर चटाई या पीढ़ा बिछाकर बैठ जाता है, आराम से खाना खाता है।

औरत गुहाल का गोबर साफ करती है। पुरुष खा-पीकर बाहर घूमने निकल जाता है या फिर बरामदे में बैठा हुक्का पीता है और हँसी-मजाक में मस्त हो जाता है। उधर औरत गाय के लिए चावल के माड़ में नमक मिलाती है और

उसे खिलाती है। सुबह उसने थोड़ा-सा बासी भात खाया था और अब शाम होने को है, लेकिन अब तक उसे खाने का समय नहीं मिला। फिर शाम को ढिबरी या लालटेन जलाकर रात के खाने का इंतजाम करती है। बर्तन माँजना और आँगन में झाड़ू भी लगाना है। उस औरत को न खाने की, न जूड़ा बाँधने की और न कपड़े बदलने की फुर्सत है। शाम तक घूमते और टहलते मर्द को फिर भूख लग जाती है। शाम होते ही खाना खाकर वह फिर सोने के लिए बिस्तर पर चला जाता है; और सारा काम खत्म करके स्त्री जब सोने जाती है, तब पुरुष थकान से चूर, अधखाये, पसीने से लथपथ उसके शरीर का उपभोग करता है। औरत को यह मालूम ही नहीं कि इस सम्भोग से उसे क्या मिलता है, जानती है तो बस इतना ही कि इससे पुरुष को संतुष्टि मिलती है। शारीरिक श्रम स्त्री ही अधिक करती है। पुरुष के घर-रूपी खलिहान को स्त्री धन-धान्य से भर देती है और, उसका अपना खलिहान खाली रहता है।

नपुंसक सम्बन्धी

मंच पर कविता पढ़ते हुए मैंने पाया है कि श्रोताओं के बीच से कोई-कोई चिल्लाकर कहता है–'नपुंसक' कविता पढ़िये। बहुत-से लोग तो 'स्लिप' भी बढ़ा देते हैं–'नपुंसक' का अनुरोध करते हुए। इस 'नपुंसक' शब्द का मैंने जो अर्थ लिया है, वह है नियति। 'नियति' शीर्षक से मेरी एक कविता है। कविता का सारांश यह है–एक स्त्री को हर रात एक नपुंसक पुरुष चुम्बनों के साथ आलिंगन में लेता है, उत्तेजित करता है और जब स्त्री विह्वल हो उठती है, तब वह पुरुष अपनी चरम असमर्थता के साथ सिमट जाता है।

इस कविता को पढ़कर मैंने अपनी एक चिकित्सक मित्र को रोते देखा है, क्योंकि उसके जीवन में भी हर रात ऐसी ही घटना घटती है। हर रात उसका नपुंसक पति आकर उसे जगाता और रुलाता है। वह स्त्री न तो समाज का बंधन तोड़ सकती है और न पति को प्यार करती हुई सुखी गृहस्थ हो सकती है। एक अस्थिर विषादपूर्ण जीवन है उसका। सिर्फ उसका ही क्यों कहूँ, यह समस्या समाज में बहुतेरी औरतों की है। इस कविता को पढ़कर परिचित-अपरिचित कई स्त्रियों ने मुझसे मिलकर कहा कि आपने बहुत ही सच बात लिखी है। कविता के इस 'सच' को लेकर हमारे देश के छोकरे बहुत मजा लेते हैं। वे मंच की ओर 'नपुंसक' कविता पढ़ने के अनुरोध का तीर फेंकते हैं। यदि मैं उस कविता को पढ़ूँ, उस बेहद तकलीफदेह कविता को, तो श्रोताओं-दर्शकों की कतार में बैठे वे युवक निश्चय ही सीटी बजायेंगे, अद्‍भुत आनंद लेंगे। उन्हें बेहद मजा आयेगा, क्योंकि इस कविता में आये कुछ शब्द उन्हें उत्तेजित करेंगे। जैसे–स्तन, होंठ, चुम्बन आदि। इस कविता से उनके मजा लेने का एक कारण यह भी है कि इसमें एक यौन-जीवन का जिक्र किया गया है और इसमें यौन विषयक एक अत्यंत महत्वपूर्ण, लेकिन साथ ही न बताया जाने वाला प्रसंग है। इसीलिए इसे लेकर इस अशिक्षित देश में समस्याएँ

भी कम नहीं हैं। जितनी अधिक समस्याएँ आ रही हैं; समाधान उतने नहीं हो पा रहे। अधिकतर स्त्रियाँ तरह-तरह की यौन-जटिलताओं की शिकार हैं। बहुतों को तो पता ही नहीं है कि यौन-जीवन का 'चरम सुख' क्या होता है।

यौन-जीवन के प्रति आम लोगों में एक अद्भुत घृणा और क्षोभ का संचार हुआ है। दर्शक और श्रोता निरे अशिक्षित हैं, ऐसा तो मैं नहीं कहूँगी। वे पढ़े-लिखे भी हैं। मनुष्य जीवन के सुख-दुख के बारे में न जानते हों, ऐसी बात भी नहीं है । असल में लोग काम-जीवन सम्बन्धी शब्द पुरुषों के मुँह से ही सुनने के आदी है। एक स्त्री द्वारा लिखे गये अक्षरों में यौन-जीवन की कथा कहने पर, चाहे वह सफल जीवन की हो या असफल जीवन की, शिक्षित-अशिक्षित सभी क्षुब्ध होंगे। इसी क्षोभ से स्थूल मजाक पैदा होता है। सीटी बजाना, चिल्लाना, अश्लील शब्दों के तीर चलाना वगैरह।

मेरा कहना है कि एक पुरुष कवि यदि स्त्री के स्तन, जाँघ, योनि आदि शब्दों का निःसंकोच उच्चारण करता है, सम्भोग का सटीक वर्णन करता है तो कोई श्रोता उत्तेजित या असहज नहीं होता। वह उत्तेजित होता है तो सिर्फ स्त्री कवि-लेखक के शब्दों से, क्योंकि लोगों की धारणा ही कुछ ऐसी है कि ऐसे शब्दों का उच्चारण सिर्फ पुरुष ही कर सकता है। स्त्री की कलम से ऐसे शब्द लिखे जाने पर वे उस स्त्री को भी 'मजे की चीज' समझते हैं। स्त्री के होंठों से इन शब्दों को उच्चरित होते देख पुरुष दर्शक-श्रोता विकृत आनंद से उछल पड़ते हैं। वे समझते हैं कि ऐसे शब्दों या वाक्यों का उच्चारण करना स्त्री के लिए उचित नहीं, जिन्हें कहने या बोलने का अधिकार सिर्फ पुरुष को है। पुरुष साहसी होते हैं, वे युद्ध करते हैं, विजय प्राप्त करते हैं, भोग भी करते हैं। चूँकि पुरुष ही भोगता है, इसीलिए उसके द्वारा तमाम दुर्भोग भी सम्भव है। तमाम अनाचार, अत्याचार, असौजन्य, अश्लीलताएँ पुरुष को ही शोभा देती हैं। अपरम्पार 'अश्लीलता' से आनंदित होने का अधिकार सिर्फ पुरुष को ही है। इसीलिए स्त्री जब 'अश्लीलता' करती है, तब उसे समाज से निकाल दिया जाता है। स्त्री जब 'अश्लील' शब्दों या वाक्यों का उच्चारण करती है तो उसे अच्छी निगाह से नहीं देखा जाता। समाज से बाहर रहकर ही स्त्री के मुँह से 'अश्लील शब्दावली' यानी यौन-गंधयुक्त शब्द शोभा देते हैं। सामाजिक लड़कियाँ यदि समाज द्वारा आयोजित किसी मंच पर चढ़ती हैं और अश्लील शब्दों का उच्चारण करती हैं तो उनकी खैर नहीं। या फिर इससे एक अलग तरह का मजा लिया जा सकता है। एक सभ्य महिला के होंठों से अश्लील शब्दों के उच्चारण का स्वाद ही कुछ अलग होता है। कवि शमशुर रहमान, निर्मलेंदु गुण, रफीक़ आज़ाद आदि कोई भी कवि यदि 'नियति' कविता लिखता या पढ़ता तो पाठक और श्रोता दर्शकों को कोई एतराज़ नहीं होता। एतराज़ दरअसल इसीलिए है, कि उसे तसलीमा नसरीन ने लिखा है। एतराज़

फहमीदा सुलताना होने पर भी होता और शफीनाज़ परवीन होने पर भी। दोष दरअसल कविता का नहीं, किसी यौन विषयक शब्द का भी नहीं, बल्कि रचयिता के लिंग का है। रचयिता यदि स्त्री है तो गुदगुदी कुछ ज्यादा ही होती है। लेकिन यदि पुरुष है तो कोई गुदगुदी नहीं, बल्कि सब कुछ बहुत ही श्लील और संयमित लगता है।

इस समाज की नजर में 'नियति' कविता भीषण गड़बड़ वाली है। सन् 1988 में यह 'रविवार' पत्रिका में छपी थी। सांस्कृतिक मंत्रालय के एक सहकारी सचिव ने बाद में मुझे बताया था कि इस कविता पर अश्लीलता का आरोप है, और 'रविवार' के उस अंक को 'बैन' करने की योजना बन रही है। आखिरकार यह कविता बैन नहीं हुई थी। लेकिन यदि 'नियति' कविता पाठकों को अश्लील लगती है तो मेरा खयाल है कि बांग्लादेश के पुरुष कवियों की अधिकतर कविताएँ अश्लील लगने के लिए बाध्य होंगी।

'नपुंसक' शब्द स्त्री की 'कोमल जिह्वा' से उच्चरित हो रहा है–यह घटना 'शिश्न पुरुषों' के गुस्से का कारण तो होगी ही ! और, बहुत-से लोगों की नज़रों में यह एक तरह की बदतमीज़ी भी है, क्योंकि पुरुषों की कमजोरी का भांडा फोड़ देना क्या सहने योग्य है ? पुरुष कोई ऐसा-वैसा जीव नहीं है ! उसे तो स्त्री का 'प्रभु' ही कहा जा सकता है। इसके अलावा यह कहावत भी है ही–Boss is always right। वह 'पुंसक' होने पर भी सही है, और नपुंसक होने पर भी।

MEGALOMANIA, THY NAME IS MAN

एक असभ्य पुरुष ने उस दिन कहा, "पुरुषों के चरित्र की कालिमा पोंछने के लिए चार इंच कपड़ा ही पर्याप्त होता है, लेकिन स्त्रियों के चरित्र की कालिमा बारह हाथ के कपड़े से भी नहीं ढँकती।"

इस पुरुष को कोई असभ्य नहीं कहता। उसकी इस तरह की विचित्र बात सुनकर कोई नाराज भी नहीं होता। इतना ही नहीं, इस असभ्य पुरुष की बातें सुनकर कोई क्षुब्ध नहीं होता। इस असभ्य पुरुष को लोग 'सज्जन व्यक्ति' के रूप में जानते हैं। इस तरह के सज्जन लोगों के बीच हमारा निवास है। हमारा, यानी स्त्रियों का। विनत, नष्ट, निर्धन, निर्गुण, नीच स्त्रियों का !

चरित्र की कालिमा पुरुष तो चार इंच के कपड़े से ही पोंछ सकता है, यानी वीर्य-भीगे पुरुषांग को छोटे-से कपड़े से ही पोंछा जा सकता है और, स्त्रियों के चरित्र की कालिमा बारह हाथ के कपड़े से भी ढँककर नहीं छिपायी जा सकती। इसका अर्थ है कि लड़कियों के गर्भवती होने पर साड़ी के ऊपर से भी वह दिखाई देता है। 'सज्जनों' के मतानुसार किसी भी मनुष्य का चरित्र यौन-सम्बन्ध से ही निर्धारित होता है। यौन-सम्बन्ध के कारण ही लड़कियाँ गर्भवती होती हैं, और इस गर्भवती होने को हमारे असभ्य सज्जन महोदय ने 'चरित्र की कालिमा' कहा है। हालाँकि इसमें उन्होंने वैध-अवैध को छाँटकर ही कहा है। कालिख तभी पोती जाती है, जब गर्भ अवैध प्रमाणित होता है। वैध-अवैध का निर्माण करने वाला पुरुष अपनी सुविधानुसार स्त्री के वैध गर्भ और अवैध गर्भ की पहचान करता है, और समाज की असहाय, अनाथ, निकृष्ट, अक्षम, बेचारी स्त्री पुरुष की अदालत में स्वयं को मुजरिम समझती है। 'चरित्र' इतना तुच्छ है कि इसे इस सम्बन्ध के द्वारा ही मापा जा सकता है ? चरित्र की और कोई विशेषता नहीं है, और न

ही दूसरा कोई सहारा। सज्जन लोगों ने 'चरित्र' को चार-छह इंच की जगह में सीमित कर दिया है। चरित्र की उत्पत्ति और विनाश यहीं निर्धारित होता है।

असल में चरित्र इतनी तुच्छ वस्तु नहीं है। फिर चरित्र की कालिमा गर्भस्थ संतान पर कभी नहीं पड़ सकती। संतान मात्र ही पवित्र और सुंदर होती है। उसे समाज के किसी भी मैल को स्पर्श नहीं करना चाहिए। सामाजिक विवाह-बंधन के सहारे ही स्त्री का संतान से सम्बन्ध होना चाहिए—यह कोई सभ्य दृष्टिकोण नहीं है। स्त्री की जब इच्छा हो, वह गर्भ धारण करे। उसे और उसके गर्भ को अधिकार है पुष्पित होने का। सज्जन लोग विवाह के कागजात देखना चाहेंगे, सामाजिक चौकीदार स्त्री के चरित्र पर कालिख पोतने का उपक्रम करेंगे। वे अपनी बनायी 'सतीत्व' की परिभाषा को सामने पेश कर देंगे, जबकि स्त्री और उसके बच्चे का उससे कुछ लेना-देना नहीं है। स्त्री और उसके बच्चे को समाज के सज्जन नाली में फेंकेगे, गाली देंगे, बेंत से मारेंगे, जेल में डालेंगे। इससे स्त्री और उसके बच्चे की पवित्रता जरा भी धूमिल नहीं होगी, क्योंकि स्त्री का यह निरंतर 'स्ट्रगल' एक दिन निश्चय ही यह प्रमाणित करेगा कि स्त्री के समूचे शरीर पर सिर्फ स्त्री का ही अधिकार है। स्त्री को ही अधिकार है कि वह अपने किसी अंग को उभारे या संकुचित रखे। वह बारह हाथ का कपड़ा स्त्री-शरीर के किसी भी तरह के फैलाव को ढँकने के लिए बाध्य है।

'Frailty, Thy name is women'—यह एक प्रसिद्ध वाक्य है। सबकी जुबान पर रहता है। **Frail** शब्द का अर्थ है क्षणभंगुर, अस्थायी, नश्वर, कमजोर, जराग्रस्त, नैतिक दुर्बलताग्रस्त, पाखंडी और झूठा। **Frail** से **Frailty** आया है। लेकिन कोई भी इस कथन का विरोध नहीं करता। सभी ने इसे मान लिया है। यहाँ तक कि स्त्रियों ने भी। स्त्रियों की सभा में कोई सज्जन जब उन्हें गुदगुदाकर हँसाते हैं और बातों-ही-बातों में कहते हैं—स्त्री तो पुरुष की कमजोरी है, तब स्त्रियाँ हँसते-हँसते एक दूसरे पर लोटपोट जाती हैं। वे सोचती हैं, उन्हें बड़ी अच्छी बात कही गयी है ! इससे उनका सम्मान बढ़ गया है !

ये नासमझ स्त्रियाँ, पुरुषों के लिए किसी 'प्रसिद्ध' वाक्य की रचना नहीं करतीं, जिसे उनके मुँह पर फेंककर उनकी जुबान बंद की जा सके। पुरुषों को थोड़ा-सा भी झटका न देने से सिर्फ पुरुष ही झूले पर झूलता रहेगा और स्त्री हमेशा उसे पीछे से झुलाती रहेगी। उसे स्वयं झूले पर चढ़ना और झूलना नसीब नहीं होगा।

पुरुष समझता है, वह अपनी मांसपेशियों और चार इंच के पुरुषांग से दुनिया को जीत लेगा। वह विस्तृत, विपुल और विशाल जैसा कुछ है। असलियत यह है कि यह सच नहीं है। यह युग बुद्धि का है। चार इंच की वस्तु लेकर आज दुनिया को नहीं झुकाया जा सकता। यदि दिमाग हो, तभी कुछ मिल सकता है,

वरना नहीं। चार इंच की वीरता बहुत दिखा चुके, अब अपना रास्ता नापो !

पुरुष के पास जितना है, वह उससे दुगुना प्रदर्शित करता है। पुरुष उतना शक्तिशाली नहीं है जितना दिखाता है। पुरुषों को एक सुंदर वाक्य उपहार में देने का समय आ गया है–'Megalomania, Thy name is man'।

शेक्सपियर के समय से जरूर ही जमाना बहुत आगे बढ़ा है। युग बदला है, और आगे भी बदलेगा। बांग्लादेश के कुछ असभ्य पुरुषों को लेकर दुनिया कुंडली मारकर नहीं बैठी रहेगी। 'सज्जनों' द्वारा बनाए गए इस नष्ट 'समाज' को लेकर यह ग्रह रुका नहीं रहेगा। समाज बदलेगा। समाज को जो बदलेंगे, उन्हें थोड़ा 'असज्जन' भी बनना होगा। 'असज्जन' ही 'सज्जनों' के शिश्न के जोर को कम कर सकते हैं।

धर्म का काम धर्म ने किया

स्त्रियाँ चलते-फिरते, दौड़ते-बैठते और सोते-हँसते सर्वत्र एक तरह की बाधा महसूस करती हैं। उन्हें कितना चलना, कितना दौड़ना, कितना बैठना, कितना सोना और कितना हँसना चाहिए–इस सबका एक हिसाब है। यदि पूछा जाए कि इसका हिसाब किन लोगों ने लगाया है तो एक ही जवाब होगा–किसी अल्लाहताला ने !

क्योंकि अल्लाहताला पर कोई वश नहीं चलता। अल्लाहताला, अल्लाहताला ही होता है। अल्लाहताला द्वारा प्रेरित पुरुष एवं उस पुरुष के शिष्यगण, यानी साहब लोगों ने लड़कियों का चलना-फिरना निर्धारित किया है। स्त्रियाँ कितनी दूर जा सकेंगी, किसके साथ सो सकेंगी, कितने जोर से हँसेंगी–सूक्ष्मातिसूक्ष्म हिसाब का हमारे इस्लामी विशेषज्ञ बराबर प्रचार कर रहे हैं। यह प्रचार गाँवों तथा शहरों में इस्लामी जलसे बुलाकर किया जा रहा है। प्रचार किया जा रहा है राजनीतिक लोगों (जिनके लिए इस्लाम लोगों को ठगने का हथियार है) और समाज के 'सज्जनों' द्वारा। स्त्रियाँ घर से बाहर निकलें, पढ़ाई-लिखाई करें, काम करें, रोजगार जुटाएँ, स्वावलम्बी बनें–यह सब इस्लाम ने कभी स्वीकार नहीं किया। कुरान में अल्लाहताला ने कहा है, "तुम लोग पुराने जमाने की तरह घर पर ही रहो, न कि सज-धजकर अपना रूप-सौन्दर्य दिखाती फिरो।" (सूरा आहयाब-33)

इस आयत की व्याख्या करते हुए अल्लामा अबू बकर जरसास ने लिखा है, "स्त्री को अपने घर में रहने का निर्देश दिया गया है और बाहर निकलने की मनाही की गयी है।" (आहकामूल कुरान, तृतीय खंड, पृष्ठ 443)

स्त्री का सचमुच का कार्यक्षेत्र घर है। इस्लाम ने इकट्ठा होकर नमाज पढ़ने को महत्व दिया है, लेकिन सिर्फ पुरुषों के लिए, स्त्रियों के लिए नहीं। पुरुषों के लिए जमात के साथ नमाज अदा करना फर्ज़ है। स्त्रियों के लिए भी नमाज फर्ज़ है, लेकिन जमात के साथ नहीं।

हजरत मुहम्मद (साः) ने कहा है, "घर का एकांत प्रकोष्ठ यानी कमरा स्त्री के लिए सबसे अच्छी मसजिद है।" (मसनदे-अहमद, छठा खण्ड, पृष्ठ 297 और मुसतादरिक में हाकिम खण्ड 18, पृष्ठ 209)

एक बार अबू हुमायेद सायेदी की पत्नी नबी (पैगम्बर) की खिदमत करने गयी। उसने कहा, "हे अल्लाह रसूल, मैं आपके साथ मस्जिद में नमाज पढ़ना चाहती हूँ। इस पर आपका क्या विचार है ?" नबी ने कहा, "मेरा दृढ़ विश्वास है कि तुम सच्चे मन से ऐसा करना चाहती हो। लेकिन याद रखना, तुम्हारे लिए अपने घर के छोटे-से कमरे में नमाज पढ़ना किसी विशाल कमरे में नमाज पढ़ने की अपेक्षा ज्यादा बेहतर होगा। घर में पढ़ने की अपेक्षा छोटे-से कमरे में, और मुहल्ले की मस्जिद की अपेक्षा घर पर बैठकर नमाज पढ़ना ज्यादा अच्छा होता है।" इसके बाद से अबू हुमायेद सायेदी की पत्नी ने जीवन-भर एकांत में एक छोटे-से कमरे में नमाज पढ़ी। (मसनदे-अहमद, छटा खंड, पृष्ठ 371, अलइसतियार, इब्ने अबदिलबार, तयकियाय उस्मे हुमायेद अल्मायीराह)

कहा जाता है, जरखरीद गुलाम (नौकर), स्त्री, बच्चे और रोगी के अलावा जुम्मे की नमाज पढ़ना हर मुसलमान का फर्ज़ है। सिर्फ जमात से ही नहीं, जनाजे से भी स्त्रियों को अलग रखा गया है। हजरत अनास (साः) ने वर्णन किया है, "हम लोग नबी के साथ एक जनाजा लेकर जा रहे थे। उस समय कुछ स्त्रियों को पीछे-पीछे आते देखकर उन्होंने गुस्से से पूछा, 'क्या तुम लोग इसे कंधा दे रही हो ?' उन स्त्रियों ने कहा, 'नहीं।' उन्होंने फिर पूछा, 'क्या इसके दफन के काम में भाग लोगी ?' स्त्रियों ने कहा, 'नहीं।' इस बार नबी (साः) ने कहा, 'जब तुम्हारा यहाँ कोई काम ही नहीं है तो क्या साथ-साथ आने की कोई जरूरत है ? इसके लिए तुम लोगों को कोई इनाम या सबाब नहीं मिलने वाला। सिर और बालों की खूबसूरती लेकर लौट जाओ।" (फातहुल बारी, तीसरा खण्ड, पृष्ठ 118)

हजरत आयशा (राः) ने वर्णन किया है, "नबी (साः) ने कहा है, 'तुम लोग' घर के काम में लगी रहो। यही तुम लोगों का जिहाद है।" (मसनदे-अहमद, छठा खण्ड, पृष्ठ 68)

एक बार एक महला सहाबा ने नबी (साः) से पूछा, "अल्लाहताला ने मर्द पर जिहाद फर्ज़ किया है। वे विजयी होने पर गनीमत प्राप्त करते हैं और शहीद होने पर अपने रब के पास जीवित हालत में रिज़क पाते हैं। हमारा कोई भी काम इसके समान महत्व रखनेवाला होगा ?" नबी (साः) ने कहा, "पति का आज्ञाकारी होना और उसके अधिकारों के प्रति सचेत रहना ही वह काम है।" (आत तारगीब, वात तारहीब, तीसरा खण्ड, 336 पृष्ठ)

लेकिन यदि किसी महान उद्देश्य से स्त्री को घर से बाहर जाने की अनुमति दी भी गयी हो या समूह में इबादत करने की व्यवस्था को उसके लिए उपकारी

और आवश्यक समझा गया हो, तब भी ऐसा इन्तजाम कर दिया जाता है कि हर क्षण उसे यह एहसास होता रहे कि जहाँ से वह बाहर निकलकर आयी है, वही उसके लिए उचित जगह है। घर से बाहर निकलने का अर्थ यह नहीं है कि उसने नारीत्व की सीमा-रेखा को पार कर लिया है। स्त्रियों को मस्जिद में जाकर नमाज पढ़ने की अनुमति दी गयी है, लेकिन इस शर्त पर कि वे पुरुषों के साथ बेरोकटोक मेलजोल और 'पुरुषनुमा' लक्षण जाहिर नहीं करेंगी, बल्कि उनकी कतार भी पुरुषों की कतार से अलग होगी। यह दूरी जितनी अधिक होगी, शरीयत की निगाह में वह उतना ही अधिक प्रिय और पसंदीदा होगा। हजरत अबू हुराइरा (राः) ने वर्णन किया है, "नबी (साः) ने कहा है कि पुरुषों की सर्वोत्तम कतार है पहली और निकृष्टतम कतार है आखिरी, जबकि स्त्रियों के लिए आखिरी कतार सर्वोत्तम है और पहली कतार निकृष्टतम।" (मुसलिम, किताबुस सालात और आसहाबुस सुनानिल आरबाया)

पुरुषों की पहली कतार और स्त्रियों की आखिरी कतार की प्रशंसा की गयी है, क्योंकि इससे स्त्री-पुरुष की दूरी कायम रहती है और पुरुष का आगे तथा स्त्री का पीछे रहना तय होता है। हजरत मुहम्मद (साः) ने मस्जिद में स्त्री के नमाज पढ़ने के विपक्ष में ही राय दी है। विशेष स्थिति में अनुमति दी भी है तो कुछ शर्तों के साथ। मसलन, पीछे खड़ा होना होगा, पुरुषों के साथ मेलजोल नहीं चलेगा, आदि। कोई भी नहीं चाहता कि स्त्री घर से बाहर निकले। घर का कामकाज और पति का आज्ञाकारी होना ही स्त्रियों के लिए जिहाद के बराबर घोषित किया गया है।

स्त्री की प्रतिभा को रोकने के लिए सभी तरह का इंतजाम किया गया है। स्त्री को अन्तर्मुखी करने के लिए, ठीक-ठीक अन्तर्मुखी भी नहीं, बल्कि पति एवं परिवारमुखी करने के लिए और उसकी दूसरी योग्यताओं को दबाने के लिए इस्लाम ने महान भूमिका निभायी है। मुसलमान स्त्रियों में कोई इसके दबाव में आ गया है तो कोई नहीं। तरह-तरह के बहाने से वे घर से बाहर निकल रही हैं। और निकलेंगी भी क्यों नहीं ? उन्हें अब पता चल गया है कि घर ही लड़कियों का एकमात्र कार्यक्षेत्र नहीं है। घर सिर्फ घर है। कार्यक्षेत्र घर से बाहर है। वे अब घर से बाहर के कार्यक्षेत्र में जाने की जरूरत महसूस कर रही हैं। यह जरूरत आर्थिक है। आदमी के सभ्य होने पर अर्थनीति भी समृद्ध होती है। आदमी के सभ्य होने के लिए शिक्षा और स्वास्थ्य जरूरी है। धर्मवादी लोग समाज को चाहे कितनी ही मजबूत रस्सी से क्यों न बाँध रखें, सभ्यता रस्सी तोड़कर आगे बढ़ेगी ही। स्त्रियाँ घर से बाहर निकल रही हैं, पढ़ाई-लिखाई कर रही हैं, काम पर जा रही हैं। इससे पुराने मूल्य टूट रहे हैं। गाँवों की गरीब लड़कियाँ, जिनके लिए धर्म ही एकमात्र नीति-निर्धारक चीज है, श्रमिक का काम करने के लिए घर से

बाहर निकल रही हैं, जबकि घर बैठे पति की सेवा और आज्ञा-पालन को धर्म में साफ-साफ स्त्रियों का एकमात्र काम कहा गया है। स्त्रियों ने जरूरत पड़ने पर इस निर्देश को तोड़ा है—यह जरूरत जिन्दगी के लिए है, इन्सान के रूप में जिन्दा रहने के लिए है। लड़कियों के आगे बढ़ने के इस निर्णय को देखकर मेरा मन यह मानने का हो रहा है कि जीवन धर्म से कहीं अधिक बड़ा है।

स्त्री-जन्म का प्रायश्चित्त

मेरे पिता इधर अक्सर मौत की बात करते हैं। मैं उनके सिरहाने सिर झुकाये खड़ी रहती हूँ। वे धीमे स्वर में कहते हैं–शायद अब मैं ज्यादा दिनों तक जीवित नहीं रहूँगा। पिताजी का रक्तचाप बहुत बढ़ गया है, डायबिटीज भी बहुत ज्यादा है। उम्र भी अधिक हो गयी है। वे अपने दोनों बेटों और दोनों बेटियों को अक्सर अपने पास पाना चाहते हैं। दोनों बेटियाँ उन्हें मिल जाती हैं, लेकिन बेटे आसानी से नहीं मिलते, क्योंकि उनके दोनों बेटों के पास समय नहीं है कि बीमार पिता के सिरहाने आकर थोड़ा-सा खड़ा हो जाएँ। दोनों बेटों के पास समय नहीं कि पिता की तरफ एक नजर डालें, पिता के साथ सुख-दुख की बातें करें, बचपन और किशोरावस्था को एक बार छूकर देखें।

सिर्फ हम दोनों बहनों में ही है सारा प्यार और मोह-माया। दोनों ही पिता के किसी भी सुख-विषाद में उनके पास रहतीं। दोनों ही बहनें पिता के थके माथे पर प्यार से हाथ फेरतीं। उनकी किसी भी बीमारी में हम जागकर रात काटते।

अपनी मृत्यु की चिन्ता में लीन रहने के साथ-साथ मेरे पिता अपने बच्चों के आर्थिक-सामाजिक सुख-समृद्धि की चाहत में बेचैन भी रहते हैं। उनके दोनों ओर उनके स्नेह की दोनों कन्याएँ खड़ी रहती हैं। वे अपने बेटों को जरूरी सूचना भेजकर बुलवाते हैं, बेटों के साथ अपनी सम्पत्ति को लेकर चर्चा करते हैं। यह चर्चा सिर्फ बेटों के साथ करते हैं, वहाँ बेटियों को जाने की अनुमति नहीं है। वे अपने बेटों को अपनी जमीन-जायदाद का कागज-पत्र दिखाते हैं। उनके दोनों पुत्र जमीन-जायदाद की बातचीत खत्म करके अपने-अपने घर चले गये। शायद वे खुली जगह पर एक सुन्दर हवादार मकान का स्वप्न देखने लगे, शायद रातों-रात ढेर सारी सम्पत्ति का मालिक बन जाने के प्यासे हो गये। शायद वे यह न चाहते हों कि बीमार पिता फिर से स्वस्थ होकर चलने-फिरने लगें।

लेकिन हम दोनों बहनें चाहती हैं कि पिताजी वर्षों तक जीवित रहें। पिताजी हमारे साथ समुद्र-तट पर दूर तक घूमने जायें। वे हमारे साथ हँसते-गाते, अड्डेबाजी करते लम्बी जिन्दगी जीयें। किसी पर्व या उत्सव के दिन पिताजी हमें अपनी गोद में बैठाकर पुराने दिनों की बातें सुनायें।

पिताजी अपनी दोनों बेटियों को बहुत प्यार करते हैं, लेकिन उन्हें मालूम है कि उनकी जमीन-जायदाद का अधिकांश हिस्सा पुत्रों के हाथ में चला जायेगा। बेटियों को बहुत थोड़ा-सा मिलेगा। यदि उनकी जमीन-जायदाद एवं रुपये-पैसों की सचमुच किसी को जरूरत पड़ेगी भी तो उनकी बेटियों को ही; क्योंकि उनके दोनों बेटों के पास इफरात रुपये हैं, जमीन है, उनको किसी चीज की कमी नहीं। हम दोनों बहनें ही जीवन के बहाव में पतवारविहीन तैर रही हैं। लेकिन हमें ही कम मिलेगा। मिलेगा उन्हें, जिनके पास बहुत-कुछ है।

हम लोग ही सर्वहारा के दल में हैं। जिन्हें मिलता है, उन्हें मिलता ही जाता है। जिनके पास ढेर का ढेर है, उन्हें ही अधिक से अधिक मिलता है।

2

उस दिन मैंने एक क्षुब्ध पिता को देखा। उनकी एक बेटी है। वे अपनी सारी सम्पत्ति अपनी बेटी के नाम कर देना चाहते हैं। बेटी के जन्म लेने के 'अपराध' में इस देश के विरासती कानून के मुताबिक सारी सम्पत्ति पिता के भाई की तरफ चली जाती है, जबकि पिता चाहते हैं कि उनकी सम्पत्ति उनकी ही संतान के पास रहे। इसलिए वे सारी सम्पत्ति की रजिस्ट्री बेटी के नाम कर देना चाहते हैं। ऐसा नहीं करने पर उनकी सम्पत्ति ऐरे-गैरे लूट खायेंगे। लेकिन रजिस्ट्री करने के लिए दस प्रतिशत टैक्स देना पड़ता है। मान लीजिए, सम्पत्ति का मूल्य एक करोड़ रुपये है, तो रजिस्ट्री फीस के दस लाख रुपये लगेंगे।

बेटी का बाप होने के कारण पिता को दस लाख रुपये का दण्ड भुगतना पड़ रहा है। यदि बेटा होता तो एक करोड़ की सम्पत्ति का वारिस बनाने के लिए उसके पिता को दस लाख रुपये का अतिरिक्त बोझ नहीं उठाना पड़ता।

'एक ही संतान काफी है, चाहे बेटा हो या बेटी।' यह हमारा सरकारी नारा है। एक तरफ तो सरकार बेटी को 'संतान' का दर्जा दिलाने की तोतारटंत करती रहती है, दूसरी ओर रजिस्ट्री फीस भी ले रही है। बेटी को किसी पिता की पूरी सम्पत्ति नहीं मिलती। यदि नहीं मिलती, और कोई पिता उसे लिख देना चाहता है तो उसे क्यों इन कठिनाइयों का सामना करना पड़े ? बेटी के जन्म लेने की, यदि यही सजा है कि सरकार उसे बेटे के समान उत्तराधिकार का दर्जा नहीं देगी और पिता यदि उत्तराधिकार देना चाहे तो उसे आर्थिक दण्ड देना होगा, तो फिर क्यों माता-पिता बेटी पैदा करना चाहेंगे ? वे क्यों बेटी के जन्म के बाद पुत्र-पिता

नहीं होंगे ? जरूर होंगे ! ऊपर से भले ही उदारता दिखायें, लेकिन अंदर तो वही गला काटने वाला संस्कार का चाकू है, जो कभी बेटी के जन्म लेते ही उसका गला काट देता था। भीतर तो वही गहरा अंधकार आज भी है।

बेटी का कल्याण चाहने वाले इस पिता ने उस दिन मुझसे कहा–फिलहाल दस प्रतिशत रजिस्ट्री-फीस लेना तो बंद हो जाए ! मैंने कहा–उत्तराधिकार के शरीयत कानून को ही खत्म कर देना चाहिए, पिता की सम्पत्ति पर बेटा और बेटी का समान अधिकार रहेगा। आन्दोलन करना ही हो तो हम लोग किसी बड़ी चीज की माँग करते हुए मैदान में उतरेंगे, देखना होगा तो हिमालय की तरफ देखेंगे, दीमक के टीले की तरफ क्यों देखेंगे ? यह सुनकर पिता सूनी नजरों से मुझे देखते हैं।

उन्होंने कहा–बेटा होने से मुझे किसी तरह की रजिस्ट्रेशन फीस नहीं देनी पड़ती ! लेकिन मैंने एक बेटी के जन्म के बाद किसी पुत्र की जरूरत महसूस नहीं की थी।

वे चले गये। लेकिन मुझे बार-बार यह महसूस होने लगा कि कोर्ट में दस लाख रुपये कन्या-जन्म की प्रायश्चित-फीस देने के बाद एक दिन वे जरूर पश्चाताप करेंगे–क्यों उनका एक बेटा नहीं हुआ !

अवदमन

उस दिन पाँच सितारा होटल में एक ऐसी महिला से मेरा परिचय हुआ, जो वहाँ 'लेडीज़ टॉयलेट' साफ करती हैं। पूछा–आपको वेतन कितना मिलता है ? उन्होंने जो राशि बतायी, चिकित्सक की नौकरी करके भी मुझे उतना नहीं मिलता। परिवार में कौन-कौन है, पूछने पर कहा–तीन बच्चे और पति। पति क्या करते हैं ?–कुछ नहीं। सात बरस से बिस्तर पर पड़े हुए हैं, क्योंकि शारीरिक रूप से अपंग हैं। सात साल पहले एक बीमारी में उनके शरीर का दाहिना हिस्सा मारा गया। सात साल से यह महिला नौकरी करके परिवार पाल रही है, बच्चों को पढ़ा रही है, पति को खिला रही है, सारा खर्च उठा रही है। उसका इलाज भी करा रही है।

मैंने पूछा, "आप अकेले परिवार का सारा खर्च वहन कर रही हैं, पति के माता-पिता, भाई-बहन किसी तरह की सहायता नहीं करते ?" "नहीं, वे किसी तरह की सहायता नहीं करते।" इस महिला के कंधे पर ही पूरी जिम्मेदारी है। पूछा, "आपका यौन-जीवन ?" वह हैरत भरी नजरों से मुझे देखती रहीं। संभव है, इससे पहले कभी किसी ने उनसे ऐसा सवाल न किया हो। यह जो उनके घर पर एक अपंग पुरुष है, जो यौन-जीवन के निर्वाह में पूरी तरह असमर्थ है, उस असमर्थ पुरुष के साथ वे सात वर्षों से किस तरह जीवित हैं, किसी ने उनसे नहीं पूछा।

उस महिला के सीने में और उसके पैंतीस वर्षीय शरीर के प्रत्येक रोमकूप में जो तीव्र वेदना डेरा डाले हुए है, उस दिन मानो उस वेदना का एक-एक दरवाजा और खिड़कियाँ पूरी तरह खुल गयीं। बोलीं, "मेरे पति तो असमर्थ प्राणी हैं। इसलिए अट्ठाईस-उन्तीस वर्ष की उम्र से ही मेरा यौन-जीवन कुछ नहीं है।"

"दूसरी शादी क्यों नहीं कर ली ?"

"पति को कहाँ छोड़ दूँ ?"

"मान लीजिए, वही दशा आपकी होती, सात वर्षों से अपंग होकर बिस्तर पर पड़ी रहतीं, तो क्या आपको लगता है कि आपके पति दूसरी शादी नहीं करते ?"

सिर हिलाकर महिला ने जवाब दिया, "जरूर करते, इसमें कोई दो राय नहीं !"

"तो फिर आपने ऐसा क्यों नहीं किया ?"

"लड़के-बच्चे हैं। उन्हें असुविधा होती।"

"ठीक है, शादी नहीं की, लेकिन शरीर को क्यों कष्ट दे रही हैं ? जरूरत पड़ने पर इसे संतुष्ट क्यों नहीं कर रही हैं ?"

महिला ने जीभ काट ली, "छिः छिः ! यह कैसे हो सकता है ?"

"क्या आपके पति स्वस्थ रहने पर ऐसा नहीं करते ? सात वर्ष ? सात वर्षों तक क्या वे एक अपंग पत्नी को प्यार करते हुए संन्यासी-जीवन का निर्वाह करते ?"

महिला सोच में पड़ गयी। उसकी भौंहें सिकुड़ गयीं। उसने कहा, "असम्भव !"

"तो फिर आपके लिए यह क्यों सम्भव हो रहा है ?" मैंने समझाकर कहा, "इसलिए सम्भव हो रहा है क्योंकि आप इस समाज की 'औरतजात' हैं। समाज की औरतजात, यदि वह अविवाहित है, विधवा है, तलाकशुदा है या विवाहित होने पर भी पति नपुंसक है अथवा किसी भी कारण से यौन-संसर्ग में अक्षम है तो उसकी 'यौनेच्छा' को दबाना इस समाज का कर्तव्य है।"

इन मामलों में यदि समाज की स्त्रियाँ अपनी यौनेच्छा को दमित न करें, तो खैर नहीं। इसलिए संकट से बचने के लिए इस सज्जन महिला ने सात वर्षों से किसी पुरुष को स्पर्श नहीं किया। पति नामक अपंग-अकर्मी प्राणी को खिला-पिलाकर जीवित रखा है। समाज के लोग वाहवाही दे रहे हैं। इस महिला की यौनेच्छा का दमन समाज की नजरों में अब 'सती-साध्वी स्त्री' जैसा कार्य है, 'पुण्य का काम' है, 'बहिश्त नसीब होने लायक' काम है। पुरुषगण सम्भवतः इस तरह की अद्‌भुत 'यौन अवदमन' की बाध्यता से पूरी तरह मुक्त हैं। 'यौन अवदमन' स्त्री के लिए तो बाध्यतामूलक है, लेकिन पुरुष के लिए नहीं।

देश-भर में यौन-रोगियों की संख्या बढ़ रही है। गाँव-कस्बा-शहर में यूनानी और आयुर्वेदिक चिकित्सा-केन्द्रों का जिस तेजी से विकास हो रहा है, उतनी ही तेजी से रोगियों की संख्या में वृद्धि हो रही है। देश-भर में इनका प्रचार-प्रसार है। इन रोगियों के रोग के लक्षण इस प्रकार हैं–अत्यधिक सहवास या हस्त-मैथुन से लिंग नरम होगा और उसकी नसें ढीली पड़ जायेंगी। लिंग का आकार छोटा या नाटा और आगे से मोटा व चिकना हो जायेगा। अचानक गरम होकर फिर ठंडा हो जायेगा। स्त्री के साथ एक-दो मिनट से ज्यादा देर तक सम्भोग स्थायी नहीं होगा। जल्दी-जल्दी स्वप्नदोष होगा, धातु पतली होगी और पेशाब के पहले

तथा बाद में दर्द होगा—वगैरह-वगैरह।

सिर्फ स्त्री के मामले में ही अवदमन ! मानो स्त्री ने ही शरीर और मन की स्वाभाविक कामेच्छा को दमित करने की जिम्मेदारी ली है। उसे 'देवी' बनाया जाता है, 'सती' बनाया जाता है, 'लक्ष्मी' बनाया जाता है और यह सब बनाकर उसे पूजा जाता है, सम्मान दिया जाता है, मर्यादा दी जाती है, ताकि पूजा या सम्मान के लोभ में स्त्री देवी-सती-लक्ष्मी होकर चुपचाप पड़ी रहे। मानो तमाम 'पवित्रता' उसे अकेले ही अपने शरीर में धारण करनी होगी। पुरुष उसकी 'पवित्रता' के समुद्र में डुबकी लगाकर प्रभुत्व का आनंद प्राप्त करते हैं। पुरुष को आनंद प्रदान करने का दायित्व चूँकि स्त्री पर है, इसलिए 'सुख और शौक' पूरा करने के लिए उसे 'सती-लक्ष्मी-देवी' बनना पड़ता है। उसे बनना पड़ता है 'पूतपवित्र'।

समाज के पुरुष, यानी ठेकेदारों ने स्त्री की यौनेच्छा के दमन करने को ही 'पवित्रता' की संज्ञा दी है। पुरुष स्वच्छ पानी में तैरना चाहते हैं। गंदले पानी में उन्हें अच्छा नहीं लगता। शरीर और मन दोनों घिन्नाता है। स्त्री पानी की तरह है। स्त्री को 'स्वच्छ' रखने के लिए पुरुषों के बनाये कौशलों की कमी नहीं। पुरुष के कालिख-कलंक को अपने भीतर लेकर स्त्री 'गँदला' होती है, और 'गँदला' होते ही पुरुष उसे गाली देता है। उस गँदले पानी को छोड़कर वह फिर किसी स्वच्छ पानी में छलाँग लगाता है। यही तो नियम है।

गिनीपिग

परिवार-कल्याण-विभाग के चिकित्सक के रूप में मैं तीन वर्षों तक काम कर चुकी हूँ। मुझे अक्सर गाँवों में 'स्टेरिलाइजेशन कैम्प' के लिए जाना पड़ता था। गाँव के परिवार-कल्याण-केन्द्र में 'क्लायेंट' लाये जाते थे। सुबह से शाम तक उनके बंध्याकरण का काम निपटाने के बाद मुझे छुट्टी मिलती थी। मेरे साथ दो फैमिली वेलफेयर विज़िटर और एक आया जाती थी। फैमिली प्लानिंग असिस्टेंट 'क्लायेंट' का जुगाड़ करते थे। ऑपरेशन की सामग्री तथा अन्य जरूरी सामान लेकर हम उस क्लायेंट पर चढ़ाई कर देते थे। मैं यह सोचकर हैरान होती कि इन कैम्पों में भूलकर भी कभी कोई पुरुष क्लायेंट नहीं आता, जो आते हैं उनमें सोलह से लेकर पैंतालीस साल तक की उम्र की महिलाएँ हैं। तीन वर्ष में यदि मैंने एक हजार 'ट्यूबेकटमी' की तो 'वैसेकटमी' मात्र दो। पुरुष के स्थायी बंध्याकरण को 'वैसेकटमी' कहते हैं। इसके लिए आये पुरुषों को 'श्मशान का मुर्दा' कहना ही ज्यादा ठीक होगा। रुपये और लुंगी का लालच दिखाकर कोई किसी बूढ़े आदमी को कैम्प के बाहर छोड़ जाता। दूसरी ओर आम दिनों का एक ही नजारा : एक झुंड दरिद्र स्त्रियाँ बदन पर लाल साड़ी लपेटे, डरी-सहमी, विस्मित नजरों से देखती रहतीं। इनमें किसी का पति नहीं है, किसी का है। किसी के पाँच-तीन-दो-एक लड़का-बच्चे हैं तो किसी का एक बच्चा था, जो मर गया। पति तलाक दे चुका है, फिर भी आयी हैं। सरकारी साड़ी पहनकर महज एक सौ पचहत्तर रुपये पाने की आशा में भूखा-प्यासा शरीर लेकर आयी हैं। (ऑपरेशन से पहले कुछ समय तक भूखा रहना पड़ता है) मैं अक्सर अपने सहकर्मियों से पूछती, "वैसेकटमी केस क्यों नहीं है ?"

वे कहते, "पुरुष नहीं आते !"

"क्यों नहीं आते ?"

वे नहीं आते। रास्ते का भिखारी तक नहीं आता। एकदम बूढ़ा होने पर एक-दो को समझा-बुझाकर लाया जा सकता है। बाकी सभी नाक सिकोड़ते हैं। सोचते हैं, यह औरतों का काम है। वैसेकटमी कराने में पुरुषों की दिलचस्पी कम क्यों है, यह सवाल बहुत दिनों से मेरे मन में है। स्त्री के स्थायी बंध्याकरण की पद्धति को 'ट्यूबेकटमी' कहते हैं। ट्यूबेकटमी से वैसेकटमी बहुत सहज और निरापद होती है। फिर भी हमारे अगड़े पुरुष इस ऑपरेशन के लिए राजी नहीं। सम्भव है, पुरुषों में दुबारा विवाह की इच्छा रहती हो और सोचते हों कि उस समय नयी बच्चेदानी में वीर्य डालने की जरूरत पड़ेगी। वरना और क्या वजह हो सकती है ? दो-तीन, यहाँ तक कि चार-पाँच बच्चे भी यदि माता-पिता के कद की ऊँचाई पार कर जायें, फिर भी वैसेकटमी–नैव-नैव च ! सिर्फ स्त्री जो मन में आये, वह व्यवहार करे। पिल, फोम-टेबलेट, नरप्लाण्ट, इन्जेक्शन, ट्यूबेकटमी (लाइगेशन)–जो भी चाहे।

स्त्रियाँ ही जन्म-निरोध के तमाम स्थायी-अस्थायी तरीकों का प्रयोग करती हैं।

'कन्ट्रासपेटिव पिल' एस्ट्रोजन और प्रोजेस्टारोन नामक दो हारमोन से बनती है। इस पिल से कुछ सहूलियत तो मिलती है, लेकिन असुविधाएँ भी कम नहीं होतीं। असुविधाएँ इस प्रकार हैं–

1. उबकाई आना।
2. उल्टी होना।
3. सरदर्द, चक्कर।
4. स्तनों में दर्द।
5. उदासीनता।
6. बालों का गिरना।
7. कामशक्ति का घट जाना।
8. सामान्य पेट-दर्द तथा रजःस्राव के समय पेट में दर्द होना।
9. पैरों की मांसपेशियों में खिंचाव।
10. अनियंत्रित रजःस्राव।
11. सफेद स्राव।
12. योनि और योनिमुख पर कैनडिडा का आक्रमण।
13. वजन बढ़ना।
14. चर्बी बढ़ जाना।
15. पेनक्रियाटाइटिस।
16. गॉलब्लाडर में स्टोन।
17. ग्लाइकोसुरिया।

18. रक्तचाप का बढ़ना।
19. रक्तनली में खून का जम जाना।
20. बच्चेदानी में फाइब्रेयड नामक ट्यूमर का होना।
21. स्तन कैंसर।

कॉपरटी या आई. यू. सी. डी. (इन्ट्रायूटेराइन कन्ट्रासेपटिव डिवाइस) का प्रयोग भी काफी प्रचलित है। लेकिन इसके प्रयोग से क्या-क्या समस्याएँ आ सकती हैं, वे इस प्रकार हैं–

1. आई. यू. सी. डी. का प्रयोग करते समय रोगी की मूर्छा स्थायी हो सकती है।
2. रजःस्राव अनियमित होना और रजःस्राव का अधिक होना।
3. रजःस्राव के समय पेट में दर्द होना।
4. सालफिंगो अफोराइटिस (बच्चेदानी तथा डिम्बाशय में इन्फेक्शन)।
5. एनडोमेट्राइटस।
6. बच्चेदानी में कैंसर।
7. बच्चेदानी में छेद हो जाना।
8. बच्चेदानी के मुख पर चोट पहुँचना।
9. डिवाइस का टूट जाना।
10. अपने-आप बच्चेदानी से डिवाइस का बाहर निकल आना।
11. ट्यूबल प्रेगनेन्सी (बच्चेदानी में नहीं, बल्कि उसकी नली में प्रेगनेन्सी)।

यह तो हुई पिल और कॉपरटी सम्बन्धी जटिलता। लाइगेशन या ट्यूबेकटमी की जटिलता भी कम नहीं है। स्वस्थ शरीर में ट्यूबेकटमी ऑपरेशन होने के समय मृत्यु की दर 0.13 प्रतिशत है। क्लायेंट के अस्वस्थ होने पर यह दर और अधिक होती है। इसके अलावा 'एक्टोपिक प्रेगनेन्सी' की दुर्घटना भी घटती है। 'एक्टोपिक प्रेगनेन्सी' का मतलब है, बच्चेदानी के बाहर भ्रूण का होना। इस प्रेगनेन्सी से बड़ी-बड़ी दुर्घटनाएँ होती हैं–मृत्यु भी असम्भव नहीं।

लाइगेशन की तुलना में वैसेकटमी सहज और खतरे से खाली है। लेकिन देश में वैसेकटमी करवाने वाले पुरुष नहीं हैं, हालाँकि परिवार-कल्याण-आन्दोलन में पुरुषों की आवाज बुलन्द रहती है। उनके लिए दूसरी कोई अस्थायी व्यवस्था तक नहीं की जा रही है। इसका कारण क्या है ? सारे तरीके क्या एकतरफा सिर्फ स्त्रियों पर ही लागू होंगे ? इसलिए कि स्त्रियों पर लागू करना आसान है ?

जन्म-निरोधक पद्धतियों को उतनी आसानी से पुरुषों के गले नहीं उतारा जा सकता, जितनी आसानी से स्त्री के। इस व्यवस्था को अकेले स्त्री से ही निगलवाया जाता है, जो स्त्री के शरीर में तरह-तरह की परेशानी पैदा करती है। फिर भी स्त्री को ही निगलना पड़ता है। दुनिया का तमाम गरल पीकर स्त्री को ही रक्षा

करनी पड़ती है पुरुषों के परिकल्पित परिवार की, रक्षा करनी पड़ती है पुरुष के सुख और समृद्धि की, रक्षा करनी पड़ती है–परिवार, समाज, राष्ट्र और दुनियावी संतुलन की।

हिन्दुओं का उत्तराधिकार

भारत के हिन्दू सेक्सेशन एक्ट (1956) ने उत्तराधिकार के मामले में कोई भेदभाव नहीं रखा है। हिन्दू परिवार में जनमी कोई भी संतान चाहे वह पुत्र हो या पुत्री, अपने माता-पिता की संपत्ति पर समान अधिकार रखती है। भारत के हिन्दुओं के लिए बहु-विवाह निषिद्ध है। लेकिन इस देश (बांग्ला देश) के हिन्दुओं के लिए वैसा कोई पारिवारिक और उत्तराधिकार सम्बन्धी कानून नहीं है, जो पुत्र और पुत्री को समान अधिकार दे और बहु-विवाह बंद करे। देखा जाता है कि एक समय ऐसा था जब इस देश का एक कुलीन ब्राह्मण अस्सी-नब्बे विवाह तक करता था। अब भी शौक या सुविधा होने पर तीस-चालीस विवाह करने के सुख से अपने को वंचित नहीं करना चाहता। इसी तरह बांग्लादेश का मुसलिम विवाह कानून पुरुष के एक से अधिक विवाह करने के मामले में पहली पत्नी से दूसरे विवाह की इजाजत लेने की बात कहता है, लेकिन ऐसा कानून अभी तक भारत के मुसलमानों पर लागू नहीं है।

इस देश की हिन्दू लड़कियाँ पिता के उत्तराधिकार से वंचित हैं। पुत्र ही पिता की संपत्ति को आपस में बाँट लेते हैं। हिन्दू शास्त्रों में पुत्र को पिता की धन-सम्पत्ति का एकमात्र अधिपति कहा गया है। जीमूतवाहन का 'दायभाग' (एक खंड का नाम) इस क्षेत्र में मुख्य भूमिका निभाता है। जीमूतवाहन बंगाली थे, ग्यारहवीं शताब्दी के व्यक्ति। उनका दायभाग अब सिर्फ बांग्लादेश में ही प्रचलित है। भारत इस देश की तुलना में सभ्य हुआ है, इसलिए 'दायभाग' का नियम भी बदल गया है।

यदि शास्त्र के नियम को ही लें तो 'मिताक्षर शास्त्र' दायभाग की तरह अनुदार नहीं है। मद्रास, बंबई, काशी, मिथिला में कभी मिताक्षर का नियम चलता था, जीमूतवाहन का दायभाग नहीं। मिताक्षर के अनुसार अध्यग्नि, यानी विवाह के

समय अग्नि के समक्ष लड़की को दिया गया धन; अध्यवाहनिक, यानी विवाह के समय लड़की को पिता के घर से प्राप्त धन; अन्बाधेय, यानी विवाह के समय या बाद में दिया गया धन और दहेज आदि विशेष धन 'स्त्रीधन' है। सास-ससुर से प्राप्त धन भी 'स्त्रीधन' है। स्त्रीधन पर स्त्री का ही अधिकार होता है। पति यदि उसमें से कुछ ले तो वापस करने के लिए बाध्य होगा।

याज्ञवल्क्य के मतानुसार, पति या ससुर ने यदि स्त्री को 'स्त्रीधन' न दिया हो तो पुत्रों के बराबर पत्नी को संपत्ति में हिस्सा देना चाहिए तथा यदि पिता ने सभी पुत्रों में समान रूप से धन बाँट दिया है तो सजातीय पत्नियों को भी समान अधिकार देना चाहिए। यदि पति और ससुर द्वारा स्त्री को थोड़ा-बहुत 'स्त्रीधन' मिला है तो जितना अतिरिक्त धन देने पर उसका हिस्सा पुत्र के बराबर हो जाये, उतना देना कर्तव्य है। 'मिताक्षर' ने भी याज्ञवल्क्य के मत का समर्थन किया है।

"पिता के जीवित रहते बँटवारा होने पर माताओं का हिस्सा बराबर होगा", यह कहने के बाद याज्ञवल्क्य ने यह भी कहा है, "पिता की मृत्यु होने पर भी माताओं को समान हिस्सा मिलेगा।"

याज्ञवल्क्य ने और भी कहा है, "पिता की मृत्यु के बाद माता को भी समान अधिकार मिलेगा।" नारद ने भी कहा, "पिता की मृत्यु के बाद माता समान अंश की भागी है।" बृहस्पति भी इस बात को मानते हैं और व्यास भी इसका समर्थन करते हैं।

व्यास ने पितामही को भी माता की तरह हिस्सा देने की बात कही है। विष्णु ने कहा है, "माता एवं अविवाहित कन्या पुत्र की तरह ही हिस्सा पाने की अधिकारिणी हैं।"

बृहस्पति के मतानुसार, "माँ का हिस्सा बराबर है, कन्या का हिस्सा एक चौथाई।" कात्यायन भी अविवाहित कन्या के एक चौथाई अधिकार का समर्थन करते हैं। उन्होंने कहा है, "थोड़ी-सी संपत्ति होने पर कन्या और पुत्र का हिस्सा बराबर होगा।" मनु अनुदार थे लेकिन उन्होंने भी कहा, "भाई लोग अपने हिस्से में से बहन को हिस्सा देंगे। न देने पर वे पतित होंगे।" मनु ने यह भी कहा है कि "अपुत्रा साध्वी पत्नी अपने पति के पिंडदान का भी पूर्ण अधिकार रखती है।" वरदराज ने कहा है, "भार्या अर्धांगिनी, पुण्यापुण्य फलभागिनी है। उसके जीवित रहते पति का धन दूसरों को क्यों मिलेगा।" श्रुति के अनुसार, "पति और पत्नी एक पूर्ण स्वरूप के दो हिस्सेदार हैं।"

पत्नी यदि पति की अर्धांगिनी है तो पति की मृत्यु के बाद स्त्री में ही वह जीवित रहता है। रहना ही चाहिए, वरना अर्धांगिनी किस बात की ! और यदि ऐसा है तो जो भी धन-सम्पत्ति है, पति की मृत्यु के बाद स्त्री को ही मिलनी चाहिए।

मनु और नारद दोनों ने कहा है, "जिस प्रकार पुत्र आत्मसम है, दुहिता भी उसी प्रकार पुत्र समान है। इसलिए आप में और पुत्र तथा कन्या में कोई भेद नहीं। इसलिए आप के जीवित रहते, अर्थात पुत्र-कन्या के रहते दूसरा क्यों धन का हरण करेगा ? पुत्र-कन्या दोनों बराबर हैं। इसलिए पुत्र के न रहने पर कन्या ही पुत्र है। पुत्र और कन्या दोनों पिता के वंश की रक्षा करते हैं।" यानी यह बात सच है कि शास्त्र कन्या के विरोध में उतना नहीं है, जितना कि दुनिया के लोग। 'दायभाग' को ग्यारहवीं शताब्दी के आदमी ने बनाया है और इक्कीसवीं सदी के द्वार पर खड़े हम लोग पुराने को झाड़-पोंछकर नये का कितना स्वागत कर पा रहे हैं ! पुराने समाज-संस्कार संस्कार-स्वभाव को त्याग कर कितना नया गढ़ रहे हैं ! और नयी चेतना से कितना गढ़ रहे हैं ! जीवन में बहुत कुछ तो फेंक चुके हैं। सिर्फ नहीं फेंक पाये तो शास्त्र को ! शास्त्र को पकड़कर अब तक लटके हुए हैं हमारे अशिक्षित, अर्धशिक्षित; यहाँ तक कि कथित शिक्षित लोग भी।

इस देश का हिन्दू सम्प्रदाय अब तक शास्त्र का नियम मानकर चल रहा है। कोई भी सभ्य कानून उसके लिए अभी नहीं बना है। सरकार से उनके बहुविवाह को बंद करके और उत्तराधिकार का सभ्य कानून बनाकर कम-से-कम हिन्दू स्त्रियों को इन्सान का दर्जा देने की माँग मैं कर रही हूँ।

बंगाली मुसलमानों की दुर्नीति और दुर्गति

मुसलमानों के कई तरह के बहाने हैं। बंगाली मुसलमानों ने एक बार घोषणा की थी–'हम लोग अंग्रेजी नहीं पढ़ेंगे।' म्लेच्छों की पढ़ाई-लिखाई न करने का कुफल उन्हें उठते-बैठते मिल रहा है। शिक्षा, संस्कृति, उद्योग में बंगाली मुसलमान हिन्दुओं से कम-से-कम दो सौ वर्ष पिछड़े हुए हैं। अब ये लोग बीच-बीच में आगे बढ़े हुए हिन्दू और मुसलमानों पर धावा बोलना चाहते हैं। लेकिन मुश्किल यह है कि ये 'बंगाली' उन 'बंगालियों' की पूँछ तक नहीं पकड़ सकते, क्योंकि दोनों में दूरी ही बहुत अधिक है।

मुसलमानों में और भी कई संस्कार थे। मसलन, स्त्री-शिक्षा नहीं चलेगी। सन् 1930 में बेगम रुकैया ने कहा था, "औरत के प्रति मुसलमान भाईयों की अवहेलना, उदासीनता और अनुदार व्यवहारों की आलोचना अनिवार्य है। कहावत है कि कहने में अपना दुःख परनिन्दा होता है, लेकिन स्त्री और पुरुष तो समाज-रूपी विशाल शरीर के दो भिन्न अंश हैं ! लंबे समय से पुरुष स्त्री को प्रताड़ित करता आ रहा है और स्त्री चुपचाप सहती चली आ रही है। पुरुष के पक्ष में 'नारायणी सेना' है, इसीलिए वे अब तक स्त्री पर विजय प्राप्त करते चले आ रहे हैं। खुशी की बात यह है कि इतने समय बाद श्रीकृष्ण ने स्वयं हमारी हिंदू भगिनियों के प्रति कृपा की है। इसीलिए चारों तरफ हिंदू समाज के विभिन्न सम्प्रदायों की अवरोधबंदिनी महिलाओं में जागरण आया है। वे, विशेषकर मद्रास की महिलाएँ, सभी क्षेत्रों में विकास की तरफ अग्रसर हुई हैं। इस बार मद्रास के लेजिसलेटिव कौंसिल में डिप्टी प्रेसीडेंट के पद पर एक महिला चुनी गयी है। हाल ही में रंगून में एक महिला बैरिस्टर बनी है। लेडी बैरिस्टर मिस सोराबजी का नाम भी जाना-माना ही है। लेकिन मुस्लिम स्त्रियों की बात क्या कहूँ ? वे तो जहाँ की तहाँ रह गयीं : 'माताएँ यदि विष देती हैं खुद की ही संतान को/बिक्री करते हैं पिता सिक्कों

के बदले / तो उसे भला कौन बचाता है ?'

बेगम रुकैया ने यह भी कहा है, "हालाँकि इस्लाम धर्म ने कन्याओं की शारीरिक हत्या का निषेध किया है, फिर भी मुसलमान अम्लान वदन से कन्याओं के मन-मस्तिष्क और बुद्धि-विवेक आदि की खुलेआम हत्या कर रहे हैं। कन्या को मूर्ख बनाये रखना एवं चहारदीवारी के अन्दर रखकर ज्ञान और विवेक से उसे वंचित करना बहुतेरे लोग कुलीनता का लक्षण मानते हैं।"

बेगम रुकैया के 'साखावत मेमोरियल स्कूल' में छात्राओं के अभिभावक इस आशय के आवेदनपत्र भेजते थे कि उनकी लड़कियों को थोड़ी-सी उर्दू और कुरान-शरीफ का पाठ सिखाने के अलावा और कोई भी, खासकर अंग्रेजी शिक्षा न दी जाए। एक बार शिक्षा विभाग की ओर से बेगम रुकैया से अनुरोध किया गया कि वे बांग्ला देश में जितनी मुस्लिम महिलाएँ ग्रेजुएट हैं, उनका नाम भेजें। तब उन्हें तीन करोड़ मुसलमानों में सिर्फ एक महिला ग्रेजुएट मिली थी !

अलीगढ़ बालिका विद्यालय के सचिव शेख अब्दुल्लाह ने उस समय कहा था, "स्त्री-शिक्षा के विरोधी कहते हैं कि शिक्षा पा लेने के बाद स्त्री उद्दंड और लापरवाह हो जाती है। धिक्कार है ! ये लोग खुद को मुसलमान कहते हैं, लेकिन इस्लाम के मुख्य संदेश के खिलाफ इस तरह का आचरण करते हैं। यदि शिक्षा प्राप्त करके पुरुष पथभ्रष्ट नहीं होते तो स्त्री क्यों होगी ? ऐसी जाति, जो अपने आधे लोगों को मूर्खता और पर्दे के द्वारा कारागार में बंद रखती है, वह दूसरी उन जातियों के साथ किस तरह प्रतियोगिता करेगी, जिन्होंने स्त्री-शिक्षा को दिन-ब-दिन बढ़ावा दिया है ! भारतवर्ष में एक करोड़ लोग भिक्षावृत्ति में लिप्त हैं, जिनमें मुसलमानों की संख्या ही अधिक है। इसलिए किस मुँह से उनकी तुलना दूसरी जाति से करेंगे ? ऊपर से हम कुलीनता की बड़ाई करते हैं। भीख माँगना सबसे नीच काम है और इसी काम में मुसलमानों की संख्या अधिक है। इसका कारण यह है कि उन्होंने औरत को शारीरिक और मानसिक विकास से वंचित रखकर सब तरफ से पंगु बना दिया है। इसलिए उनके गर्भ की संतानें आलसी और कामचोर होती हैं। नतीजतन बाप-दादा का नाम लेकर भीख माँगने के सिवा वे और क्या करेंगे ?"

बेगम रुकैया का जन्म सन् 1880 ई. में और मृत्यु 1932 में हुई। आज से करीब सत्तर साल पहले उन्होंने कहा था, "मुसलमानों के तमाम दैन्य और दुर्दशा का एकमात्र कारण स्त्री-शिक्षा के प्रति उनकी उदासीनता है। हमारे भाइयों का सोचना है कि उनमें से कुछेक अलीगढ़ और ढाका विश्वविद्यालय तथा कलकत्ता के इस्लामी कालेज में पढ़कर 'पुलसीरात' पार करेंगे और पार करते समय बीवी और बेटी को हैंडबैग में डालकर ले जायेंगे। लेकिन दुनिया को चलाने वाले विश्वनियंता विधाता का विधान तो कुछ और ही है–उसके अनुसार हर एक को अपना-अपना

कर्मफल भोगना ही पड़ेगा। इसलिए स्त्रियों को चाहिए कि वे बक्से में बंद होकर मालगाड़ी में बैठ सशरीर स्वर्ग जाने की इच्छा छोड़ें और अपनी-अपनी बेटियों को अच्छी शिक्षा दिलाने पर ध्यान दें। बेटियों की शादी में जो रुपया-गहना और दहेज आदि पर खर्च करते हैं, उसी का थोड़ा-सा हिस्सा, अच्छी शिक्षा दिलाने और उनकी स्वास्थ्य-रक्षा करने में व्यय करें।"

स्कूली छात्राओं के स्वास्थ्य की जाँच करने पर उनके अभिभावक शोर मचाते थे। कहते थे कि स्कूल में लड़की को पढ़ने भेजते हैं, न कि यह विचार करने के लिए कि उनकी आँखें कमजोर हैं या दाँत; अंदर घाव है या फेफड़ा खराब है। यह सब स्कूल करेगा तो भला हमारी लड़की की शादी कैसे होगी ?

बेगम रुकैया एक स्कूल की संस्थापक एवं शिक्षक थीं। वे यह देखकर हैरान होती थीं कि लड़कियों की शिक्षा और स्वास्थ्य से ज्यादा उनकी शादी को महत्व दिया जाता है।

तब से अब तक के बीच समय की दूरी बहुत अधिक है। लेकिन अब भी लड़कियों की शादी का महत्व कम नहीं हुआ। समाज के सभी स्तर के लोगों के लिए आज भी लड़की कहाँ तक पढ़ी है, इससे ज्यादा महत्वपूर्ण बात है कि लड़की की शादी किसके साथ हो रही है। इस देश में स्त्री की हैसियत उसकी मेधा या शिक्षा से नहीं, बल्कि उसके पति की योग्यता से आँकी जाती है। वर्ष पर वर्ष बीत रहे हैं, लेकिन यह अँधेरा कम नहीं हो रहा। बंगाली मुसलमानों की चेतना में जमी हुई धूल-कालिख और मकड़ी का जाला हटाने की हिम्मत शायद किसी में नहीं है।

लड़कियों के लिए स्कूल-कालेज खुल रहे हैं। इनमें जो लड़कियाँ कापी-किताब लेकर पढ़ने आ रही हैं, मेरा दृढ़ विश्वास है कि उनमें से 90 फीसदी लड़कियों में 'शिक्षागत योग्यता' के बजाय 'स्वामीगत योग्यता' प्राप्त करने की इच्छा है। मैं लड़कियों को इसका दोष नहीं दे रही, यह तो उनका दोष है जो तरह-तरह की नाइंसाफी, संस्कार या विश्वास को एक इन्सान से दूसरे इन्सान में संक्रमित करते हैं। जो किसी के एक पाँव से दूसरे पाँव तक में कठोर बेड़ियाँ डाल देते हैं।

बेड़ियाँ पहनी हुई मुसलमान लड़कियाँ घर-आँगन से निकलकर ज्यादा दूर तक नहीं जा सकतीं। शादी होते ही पढ़ाई बंद कर देने का रिवाज हमारे शिक्षित समाज से अभी तक दूर नहीं हुआ है। सरकार के लाखों रुपये के खर्च से शिक्षा पाने के बाद घर बैठकर पति और बच्चों की सेवा में लीन होने वाली लड़कियों की संख्या उत्तरोत्तर बढ़ रही है, घट नहीं रही।

बंगाली मुसलमानों की दुनिया से इतना कुछ दूर हुआ—हिन्दू दूर हुए, उर्दूभाषी दूर हुए, दूर नहीं हुआ तो सिर्फ अंधकार।

राजनीति का छेद

बांग्लादेशी राष्ट्रीयतावादी दल के साथ जिस राजनीतिक पार्टी की अभी सबसे ज्यादा घनिष्ठता और दोस्ती है, उसका नाम है–जमाते-इस्लामी। जमाते-इस्लामी की राजनीति धर्म पर आधारित है। उसका चिंतन और चेतना आतंक और षड्यंत्र : सब कुछ धर्म की छत्रछाया में बढ़ता है। लेकिन मेरा एक सवाल है–दोनों दलों की दोस्ती कैसे हुई ? यह तो बिल्कुल ही साँप और नेवले की 'दोस्ती' जैसी बात है ! जिस धर्म के द्वारा जमाते शिविर पला-बढ़ा है, उसी धर्म के अनुसार, 'पुरुष जब भी स्त्री से बाध्य हुआ, तभी विध्वंस हुआ है।' (बुखारी)

'जिस जाति ने स्त्री के हाथ में सत्ता सौंपी है, उस जाति का कभी भला नहीं हो सकता।' (बुखारी)

'किसी भी जाति के लिए स्त्री को नेता के रूप में कबूल करना जायज नहीं है। क्योंकि असफलता और हानि निश्चित है, ऐसा सोचकर इस तरह के काम से परहेज करना जरूरी है।' (नायतुल अवतार)

'किबला के अनुसरणकर्ताओं का छोटा-छोटा समूह-उपसमूह है, उनमें से कोई भी औरत की नुमाइंदगी को जायज नहीं समझता।' (ऑल फासल फिल मिलाल वाल आहवा बयान निहाल, चौथा खण्ड)

'क्योंकि स्त्रियों का ज्ञान, बुद्धि और दीन (दैनिक शक्ति) अपूर्ण है। उनको फैसले के स्थान (अदालत) पर और युद्ध में जाने की इजाजत नहीं है।' (शारहु माकसिद)

'और जब तुम्हारे दुष्ट लोग, अमीर शासक और मालदार व्यक्ति कंजूस होंगे और तुम्हारी तमाम कार्यावली स्त्रियों के हाथ सुपुर्द होगी, तब इस दुनिया का पेट उसकी पीठ की तुलना में, यानी दुनिया में न रहना ही तुम्हारे लिए बेहतर

होगा।' (तिरमिजी शरीफ)

इस्लाम के इन मौलिक नियमों के आईने में राष्ट्रप्रधान और इमाम बनना स्त्रियों के लिए हराम है। शरीयत की परिभाषा में नमाज और देश--दोनों के संचालन को ही इमामती कहा जाता है। यह इमामत स्त्रियों के लिए क्यों जायज नहीं है ? जिस प्रकार नमाज की इमामत में किसी स्त्री के खड़े हो जाने पर मुसलमानों का फर्ज़ बनता है कि उसे हटा दें, उसी प्रकार राष्ट्र नामक 'बड़ी मसजिद' के पेश मुल्ला में किसी स्त्री के काबिज होने पर उसे भी हटा देना मुसलमान का फर्ज़ बनता है। इसलिए बांग्लादेश की चुनी हुई प्रधानमंत्री को गैरकानूनी या नाजायज घोषित करना जमाते-इस्लामी का फर्ज़ है। चूँकि बांग्लादेश के राष्ट्रीयतावादी दल का नेतृत्व एक स्त्री कर रही है और वह स्त्री सत्ता पर काबिज है, इसलिए तार्किक आधार पर तो बी. एन. पी. को जमाते-इस्लामी का मुख्य विरोधी होना चाहिए ! इस मामले में दोनों दलों के बीच किसी तरह के शगल का सवाल ही नहीं उठता।

सूरा निसा (आयत-30) में लिखा है, 'पुरुष ही स्त्री की नुमाइंदी करने वाला शासक है, क्योंकि अल्लाह ने एक को दूसरे के ऊपर अहमियत दी है।'

चूँकि धर्म कहता है कि 'स्त्री में पुरुष पर शासन करने और महत्व विस्तार करने की क्षमता नहीं है', चूँकि धर्म कहता है कि 'स्त्री-नेतृत्व वैध नहीं, जायज नहीं', इसलिए धर्म जिनका एकमात्र हथियार है, उन्हें किसी भी स्त्री के विरुद्ध जेहाद में उतरना चाहिए। यही स्वाभाविक होता। लेकिन यहाँ उल्टी घटना घट गयी। जमाते-इस्लामी ने चुपचाप बी. एन. पी. की स्त्री के सर पर हाथ रखा। क्या यह खुद का विरोध नहीं है ? सिर्फ खुद का ही विरोध क्यों, यह तो धर्म-विरोध है ! धर्म जिनका मुख्य अस्त्र है, वे ही यदि धर्म-विरोधी हुए तो देश की निरीह जनता कहाँ जायेगी ! या फिर नाक के सामने बहिश्त की मूली पकड़कर हिलाने से ही जनता की जीभ में पानी आयेगा ? और इकहत्तर के बाद बिल में घुसे हुए साँप यही तो चाह रहे हैं, जो आज बिल से सिर निकाले हुए हैं, और छाती फुलाकर घूम रहे हैं, जो आज राष्ट्रीयता की जड़ों पर, उसके रक्त-मांस और मज्जा में भयंकर डंक मार रहे हैं।

जमात को दूध-केला खिलाकर पाल रहा है देश का सत्ताधारी दल बी. एन. पी. और जमातिये भी शरीयत-विरोधी नारी-नेतृत्व में दूध-केला जमकर खा रहे हैं। बलिहारी है बी. एन. पी. की ! जिस दल की नेता अपने भाषणों में--'मैं खालिदा⋯, खालिदा⋯, खालिदा⋯' कहकर जनता को बता रही हैं कि वे चुनी हुई प्रधानमंत्री हैं, वे स्त्री हैं और नेता हैं तो फिर क्यों स्त्री नेतृत्व के विरोध में हदीस-फतवाधारी दल जमाते-इस्लामी की राजनीति को माने ले रही हैं ? जमात और फ्रीडम युवाकमांड की राजनीति को प्रतिबंधित करने के लिए लोग आज सड़क पर उतर रहे हैं। इस माँग पर हाल ही में जनसभा हो गयी, लेकिन उस तरफ

स्त्री-प्रधानमंत्री का कोई ध्यान ही नहीं है।

इस बात में कोई शक नहीं कि जमाते-इस्लामी अपनी स्वार्थ-सिद्धि के बाद स्त्री-नेतृत्व को जंगली साँड़ की तरह मारने दौड़ेगा। तब खालिदा जिया को अपना घूँघट और लंबा करने पर भी उसके सींग की मार खानी ही पड़ेगी, क्योंकि मौका मिलते ही जमाती कहेंगे, 'स्त्री का दायित्व और कर्तव्य नबी करीम (सा:) ने घर के अंदर ही तय किया है।' (फातहुल बारी)

'स्त्री की सबसे बड़ी जिम्मेदारी घर की देखभाल और पति एवं संतान की सेवा करना है।' (बुखारी)

स्त्री को घर से बाहर निकलकर राष्ट्र की देखभाल करने की जिम्मेदारी देने पर जो दल सबसे पहले नाराज होता है, वह जमाते-इस्लामी ही है। वे पर्दा-प्रथा की दुहाई देकर एक दिन जरूर कहेंगे कि गैर मर्दों के सामने आना स्त्री के लिए गुनाह का काम है। तब हो सकता है गुनाहगार प्रधानमंत्री को अदालत में मुजरिम के कटघरे में खड़ा होना पड़े।

धर्म के नाम पर ऐसी खिचड़ी पकी राजनीति से आक्रांत हैं देश के सीधे-सादे लोग। इस समय बीमार और यथास्थितिवादी राजनीति के विषवाष्प से पीड़ित देश और देश की जनता की रक्षा करना जरूरी है। खालिदा जिया इस देश की निर्वाचित प्रधानमंत्री हैं। उन्हें मैं समस्त स्त्रियों की तरफ से श्रद्धा ज्ञापित करती हूँ तथा उनके एवं समस्त स्त्रियों के कल्याण के लिए जमाते-इस्लामी नामक दल को प्रतिबंधित करने का उनसे ही अनुरोध करती हूँ। इससे देश भी बचेगा और अज्ञानता के अंधकार से बारह करोड़ जनता भी बचेगी।

स्त्री का नाम और परिचय

कोई भी बायोडाटा फार्म भरते समय उम्र और जन्मतिथि के बाद 'पिता/पति का नाम' कालम मेरी नजरों से नहीं बचा। विवाहित पुरुष 'पिता' और 'पति' में पिता को चुन लेते हैं, क्योंकि उनका पिता ही होता है, पति नहीं। लेकिन विवाहित स्त्रियों के लिए थोड़ी-सी परेशानी होती हैं, क्योंकि उनके पिता और पति दोनों होते हैं। उनको किसी भी एक का 'अभिभावकत्व' चुन लेना पड़ता है। विवाहित स्त्रियों को आमतौर पर पति का अभिभाकत्व ही स्वीकार करना पड़ता है।

पति और पत्नी को यदि एक-दूसरे का पूरक समझ लें तो स्त्री अगर अपने जीवन-वृत्त (बायोडाटा) में पति का नामोल्लेख करती है तो पति को भी जरूर पत्नी के नाम का उल्लेख करना चाहिए। वरना स्त्री और पुरुष दोनों को ही, चाहे वे विवाहित हों या अविवाहित, अभिभावक-रूप में माता-पिता का नाम स्वीकार करना ही तर्कसंगत है।

2

मान लीजिए, देश का कोई नागरिक अपने माता-पिता के साथ 'मैमनसिंह' में रह रहा है। उसके पिता का जन्म और पुश्तैनी घर राजशाही जिले में है और उसकी माँ का जन्म तथा पुश्तैनी घर चट्टग्राम जिले में। लेकिन इस नागरिक से यदि पूछा जाए कि तुम्हारा घर कहाँ है तो वह न तो 'मैमनसिंह' कहेगा, न चट्टग्राम, वह बतायेगा–राजशाही। यह भी हो सकता है कि राजशाही में पिता का पुश्तैनी मकान उसने कभी देखा तक न हो। उसके पिता चट्टग्राम की लड़की से शादी करके नौकरी के सिलसिले में मैमनसिंह चले आये और लम्बे समय से वहीं रहने लगे। फिर भी उसे अपना 'गाँव और पुश्तैनी मकान' राजशाही को ही मानना पड़ेगा। यह एक अद्‌भुत व्यवस्था है–पिता के जन्मस्थान को अपने उतसस्थल के रूप में बताना।

असल में इसका कारण है पितृसत्तात्मक समाज-व्यवस्था, जिसमें पिता ही परिवार का स्वामी है। परिवार में पिता का चाहे कोई आर्थिक योगदान न हो, वह यदि बूढ़ा, असमर्थ, असत्भाषी और अत्याचारी हो, तो भी बच्चों को पिता के परिचय से ही परिचित होना पड़ता है; हालाँकि माँ ही किसी बच्चे को नौ महीने सात दिनों तक गर्भ में धारण करती है और अपने जीवन का खतरा उठाकर उसे जन्म देती है। फिर भी समाज में उसके परिचय की प्रमुखता नहीं है। मेरे ऐसा कहने का यह अर्थ कतई नहीं है कि हमें मातृप्रधान समाज-व्यवस्था में पुनः लौट जाना चाहिए। यह भी नहीं कि रुकैया के स्त्री के स्थान-विषयक स्वप्न को वास्तविक रूप देना होगा। मेरा तो एक ही प्रस्ताव है कि आदमी जिस गाँव या शहर में रहता है, उसके ठिकाने के बतौर उसी गाँव या शहर के नाम का जिक्र होना चाहिए।

इसी के साथ पिता और माता के घर का भी अलग-अलग जिक्र किया जाये। यह नियम जितनी जल्दी शुरू हो जाये, उतना ही भला होगा।

हालाँकि 'भला' कहने का यह अर्थ नहीं है कि स्त्री की सारी समस्या इतने से हल हो जायेगी या स्त्री को आर्थिक आजादी मिल जायेगी। इतने-भर से स्त्री के राजनीति करने, मस्जिद में जाने, पढ़ाई-लिखाई, नौकरी, व्यापार आदि करने का क्षेत्र विस्तृत नहीं हो जायेगा। इतने से ही अँधेरा नहीं मिट जायेगा और न उसके सारे सामाजिक बंधन ही कटेंगे।

दरअसल, इस समाज के खून से बीमारी का दूर होना इतना आसान नहीं है। फिर भी स्वस्थ समाज बनाने की जो भी थोड़ी-बहुत चर्चा शिक्षित लोगों में चल रही है, उसका कुछ तो विस्तार होगा। मैं तो यह चाहती हूँ कि इन्सान सजग हो और असाध्य व्याधि-वृक्ष समूल नष्ट हो जाय।

3

पिता एवं पति का नाम अपने नाम के साथ जोड़ने का एक तरह का शौक स्त्रियों में बढ़ रहा है। हालाँकि स्त्री के नाम में पिता या पति का नाम जोड़ने की रीति नयी नहीं है, फिर भी उम्मीद है कि यह जल्दी ही खत्म हो जायेगी। कम-से-कम जिनमें अपने व्यक्तित्व जैसा कुछ भी है तो वे पिता 'रहमान', 'इस्लाम', 'हक' अथवा पति 'चौधरी', 'हुसैन', 'मुस्तफा' आदि को अपने नाम के साथ जोड़कर अपने अस्तित्व को नहीं मिटायेंगी। गंगोपाध्याय, चक्रवर्ती, साहा, पाल, सेन आदि से भी मेरा यही अनुरोध है कि पिता या माता की उपाधि में जो अच्छी लगे, उसे अपनायें, लेकिन बेहतर है कि ये उपाधियाँ ही खत्म हो जायें। धर्म-वर्ण छोड़कर बंगाली संतानों के उपाधिविहीन बांग्ला नाम रखने का समय अब आ गया है। कुछ नाम बतौर उदाहरण दे रही हूं, जैसे–प्रज्ञा लावनी, अथाह नीलिमा, रौद्र समुज्वल,

सुख समद्र, शुक्ला शकुंतला, अरण्य निविड़, रूपसी, हृदय आदि।

4

उस दिन एक बड़ी कम्पनी के इंटरव्यू बोर्ड में मैं मौजूद थी। अधिकारी के पद पर नियुक्ति होनी थी, उम्मीदवार की न्यूनतम शिक्षा मास्टर डिग्री थी। नौकरी के लिए आये हुए उच्चशिक्षित उम्मीदवार (युवक और युवतियाँ) एक-एक कर कम्पनी के निदेशकों का सामना कर रहे थे। मैं निदेशक नहीं हूँ। मैं तो अचानक वहाँ पहुँच गयी थी और एक दर्शक-भर थी। मुझे स्त्री और पुरुष उम्मीदवारों के साथ वहाँ किये गये अलग-अलग सलूक को देखकर हैरानी हुई थी। जब पुरुष उम्मीदवार परीक्षकों के सामने उपस्थित होते थे तो परीक्षक उनसे पूछते–उनका नाम क्या है, डिग्री क्या है, किस साल पास किया, विषय क्या था, अनुभव क्या है ? वगैरह। लेकिन समान योग्यता अर्जित की हुई एक ही पद के लिए आवेदन करने वाली महिला उम्मीदवारों के मामले में उनका आचरण बदल जाता था। नाम-परिचय से पहले ही पूछा जाता है–क्या आप शादीशुदा हैं। शादीशुदा हैं तो पति का नाम क्या है, उनका पेशा क्या है, पता क्या है, आदि विभिन्न सवाल पूछे जाते थे। मानो उम्मीदवार की योग्यता से अधिक उस्के पति की योग्यता महत्वपूर्ण है। पति के किरानी होने से उम्मीदवार का स्तर घट जाता है और उसके अधिकारी होने से उसका स्तर बढ़ जाता है ! उम्मीदवारों की योग्यता पति की योग्यता के नीचे दब जाती है। किसी-किसी कम्पनी में तो शारीरिक सौन्दर्य को भी स्त्री की योग्यता समझा जाता है।

स्कूल, कालेज और विश्वविद्यालय में लड़कियाँ पढ़ रही हैं, बड़ी-बड़ी डिग्री भी हासिल कर रही हैं। लेकिन 'योग्यता' हासिल नहीं कर पा रहीं–अपने अकेले अस्तित्व और व्यक्तित्व को लेकर कहीं भी खड़े होने की योग्यता !

नौकरी

स्नातकोत्तर डिग्री हासिल करने के बाद मेरी छोटी बहन ने विभिन्न प्रतिष्ठानों में नौकरी के लिए आवेदन किया था। इनमें एक-दो सरकारी गैर-सरकारी बैंक भी थे। मैंने पूछा, "सिटी बैंक या बराका बैंक में अधिकारी के लिए विज्ञापन नहीं निकला ?"

"निकला है, लेकिन उसमें तो हम लोग आवेदन नहीं कर सकते !" मेरी बहन ने कहा।

"क्यो ?"

"वे लड़कियों को नहीं रखते हैं !"

"शैक्षणिक योग्यता रहने पर भी नहीं।"

"नहीं ! वे 'पुरुष होने की योग्यता' माँगते हैं।"

"इसका कारण क्या है ?"

"जहाँ तक सुना है, लड़कियों को 'मेटरनिटी लीव' देनी पड़ती है और उनसे ओवर टाइम नहीं कराया जा सकता, इसीलिए।"

आदमी को अधिकार है कि वह किसी भी तरह काम का करे, चाहे पुरुष हो या स्त्री। लेकिन इस देश में सिर्फ बैंक ही नहीं, और भी कई कम्पनियाँ हैं जो लड़कियों को नियुक्त नहीं करतीं। चूँकि वह लड़की है, इसलिए उसकी शैक्षणिक योग्यता, कार्यकुशलता और अनुभव वगैरह सब बेकार है।

इक्कीसवीं सदी शुरू होने जा रही है और लड़कियों को इसलिए नौकरी नहीं मिलेगी, क्योंकि उन्हें 'मेटरनिटी लीव' लेनी पड़ती है। क्या मुझे यह विश्वास करना पड़ेगा कि यह नियम किसी सभ्य देश के किसी प्रतिष्ठान द्वारा घोषित किया गया है ?

सरकारी फैक्टरियों में निम्नवर्ग की लड़कियाँ काम कर रही हैं। देशी दवाओं

की एक कम्पनी पूरी महिलाओं द्वारा चलती है। एन. जी. ओ. में बहुतेरी महिलाओं को नियुक्त किया जा रहा है। यह सब बहुत शुभ लक्षण हैं, हालाँकि यह शिकायत रह ही जाती है कि महिलाओं को बहुत कम पारिश्रमिक दिया जाता है। कम पारिश्रमिक वे ले लेती हैं, इसीलिए 'सस्ते श्रमिक' के रूप में उनको नियुक्त भी किया जाता है। दुनिया के तमाम देशों में लड़कियों की मजूरी सस्ती होने के कारण उन्हें काम अधिक मिलता है। खुद अमेरिका में ही जिस काम में एक महिला को 51 सेंट्स मिलते हैं, वही काम करके कोई पुरुष एक डॉलर पारिश्रमिक पाता है।

असभ्य देशों का समाज एक तरह का 'फतवा' जारी करता है कि लड़कियाँ घर बैठे रहने की 'चीज़' हैं, घर से बाहर उनका काम करना उचित नहीं है। आत्मनिर्भर होना ठीक नहीं है। मेरा विश्वास है, जिस देश का हर वयस्क नागरिक आत्मनिर्भर नहीं, वह देश कभी सभ्य नहीं हो सकता।

देश के संविधान में स्त्री-पुरुष के समान अधिकार की बात कही गयी है, लेकिन इसी देश में विभिन्न गैर-सरकारी प्रतिष्ठान संविधान के नियमों का उल्लंघन करके भी कारोबार की छूट हासिल कर रहे हैं। ऐसे में सरकार के ध्यानाकर्षण की बात करने से कोई फायदा नहीं, यह मैं जानती हूँ। सरकार ने ही राष्ट्रसंघ के मानवाधिकार प्रस्ताव का पूरा अनुमोदन नहीं किया, क्योंकि समान अधिकार के लिए कुछ बातों का आदेश-निर्देश उसमें है।

पढ़-लिखकर जितनी लड़कियाँ नौकरी करती हैं, उनसे कहीं अधिक यूँ ही निठल्ली घर पर बैठी रहती हैं, जबकि काम के अभाव की बात तो नहीं ही होनी चाहिए। बहुतेरे लोगों का यह भी कहना है कि लड़कियाँ कठिन काम नहीं कर सकतीं, इसी से उनके लिए हल्का काम दिया जाता है, जबकि यह एक भारी झूठ है। गाँवों में किसान परिवार की लड़कियाँ मुर्गा बोलने से लेकर आधी रात तक लगातार काम करती रहती हैं, जिसे देखकर कोई पत्थर दिल इन्सान भी यह नहीं कह सकता कि उनका काम हल्का है। महिलाएँ मिट्टी काट रही हैं, ढो रही हैं, ईंट तोड़ रही हैं, वे किसी भी काम में पुरुष के समान दक्ष हैं। लेकिन उन्हें काम का मौका नहीं दिया जाता। उस दिन एक रेस्तराँ में कुछ लड़कियों को काम करते देखकर मेरे परिचित दो पुरुष होंठ बिचकाकर हँस पड़े। हँसने का कारण वही था कि इन लड़कियों को वे 'बुरी लड़कियाँ' मान रहे थे। अब तक यह समाज लड़कियों को बहुत छोटे और बहुत ऊँचे स्तर पर ही काम करते हुए देखने का आदी है। लड़कियाँ या तो इंडस्ट्री की मालिक होंगी या फिर गोबर चुनने वाली, वेश्या, नौकरानी, घसियारिन आदि होंगी। बीच की किसी हैसियत में लड़कियों को स्वीकार करने में जो मानसिक बाधा है, वह दूर नहीं हो पा रही है। सेना में लड़कियों को नहीं लिया जाता। आखिर इसका कारण क्या है ? क्या

लड़कियाँ उछलना, कूदना, दौड़ना, गोली चलाना आदि नहीं कर पायेंगी ? निश्चय ही कर सकती हैं।

दूसरे देशों में लड़कियाँ प्रमाणित कर चुकी हैं कि वे यह सब कर सकती हैं। वे हवाई जहाज और पानी का जहाज भी चला सकती हैं। दरअसल स्त्रियों के मन एवं शरीर को एक अद्‌भुत मायाजाल में लपेटकर पुरुष नामक प्राणी ने अनेक दर्शन, मनोविज्ञान, काव्य-महाकाव्य आदि की रचना की है और उन्हें कठोर वास्तविकता से दूर रखा है, मनुष्य को प्राप्त सहज अधिकारों से दूर रखा है। वरना लड़कियाँ सेल्स गर्ल्स के रूप में, ट्रक-बस-टेम्पो-लांच-ट्रेन ड्राइवर के रूप में, बैंक में, इंश्योरेंस कम्पनियों में, रेस्तराँ-होटल, अस्पताल, लांड्री, गैरेज में भी अपनी दक्षता दिखा सकती हैं। कपड़ा, कागज, साबुन, शैम्पू, स्नो-पाउडर, दवा, जूता, जूट, ईंट, कलम-पैंसिल, मसाला, सिरेमिक आदि के कारखानों में कम-से-कम पचास प्रतिशत स्त्री श्रमिक लेने की बाध्यता होने पर देश में मेधावी बेरोजगारों की समस्या जिस तरह से खत्म होगी, परनिर्भरता की ग्लानि से स्त्री को जैसे मुक्ति मिलेगी, वैसे ही उद्योगों को भी अधिक ईमानदार, समर्पित और कर्मठ श्रमिक पाकर फायदा होगा। मेरा विश्वास है कि राजमिस्त्री और काठमिस्त्री के रूप में भी पुरुषों की तुलना में स्त्रियाँ अधिक कुशल साबित होंगी।

वैज्ञानिक, चिकित्सक, वास्तुकार, फिल्म-निर्माता, जज, बैरिस्टर, वकील, मंत्री, राष्ट्रपति, प्रधानमंत्री के रूप में स्त्रियाँ दुनिया के विभिन्न देशों में अपनी प्रतिभा दिखा चुकी हैं।

सरकारी और गैरसरकारी सभी प्रतिष्ठानों में न सिर्फ बड़े कामों में, बल्कि छोटे और मझोले दर्जे के कामों में भी अनिवार्य रूप से स्त्रियों की भर्ती की व्यवस्था करना उचित है। साथ ही नौकरीपेशा महिलाओं के लिए होस्टलों की संख्या में वृद्धि होनी चाहिए।

'खाली दिमाग शैतान का घर' कहावत सभी जानते हैं। महिलाओं को काम-काज से अलग रखकर, आलस्यपूर्ण जीवन उपहार में देकर हमारे मध्यवर्गीय और उच्चवर्गीय समाजपति महिलाओं को 'शैतान' बनाना चाह रहे हैं। उनके अनुसार लड़कियाँ केवल सजेंगी, नाचेंगी, हँसेंगी, खेलेंगी। कान में आठ-दस छेद करेंगी, उनमें सोने की बालियाँ पहनेंगी, नाक में छेद करके गहने पहनेंगी, कपड़े-जूते, साड़ियों में जरी लगायेंगी, उन पर काम करवायेंगी। वे फालतू कामों में लगी हुई अनुत्पादक शैतान के रूप में बदल रही हैं। साज-शृंगार, फैशन, चमक-दमक आदि के प्रति मोह पैदा होने का एकमात्र कारण है स्त्री का कर्महीन आलसी दिमाग। बच्चों को स्कूल ले जाने और ले आने का महिलाओं में एक नया फैशन शुरू हुआ है। सुना है, आठ बजे बच्चे को स्कूल पहुँचाने के लिए स्त्रियाँ छह बजे से उठकर मेकअप करती हैं। किंडर गार्डेनों में तो बच्चों से काफी पैसे लिये जाते हैं, आखिर

वे स्कूल-बसों का इंतजाम क्यों नहीं करते ? क्या अभिभावकों ने कभी यह जरूरी माँग उनके सामने रखी है ?

स्त्रियों को काम न देने के पक्ष में यह कोई तर्क नहीं हो सकता कि स्त्रियाँ 'मेटरनिटी लीव' लेती हैं। सेना और पुलिस में, यहाँ तक कि राष्ट्रपति, प्रधानमंत्री के पद पर काम करती हुई महिलाएँ यदि मेटरनिटी लीव ले सकती हैं, तो फिर इस देश के सिटी बैंक और ऑल बराका बैंक को किस बात की चाह है कि वे यही कारण बताकर महिलाओं को नौकरी से वंचित रखें। या फिर कोई और कारण है, जिसे हम नहीं जानते। क्या यह महिलाओं को पिछड़ा रखने का कोई गूढ़ षड्यंत्र है ? हो सकता है ! अब तो कुछ भी अविश्वास योग्य नहीं।

उस दिन मेरे एक रिश्तेदार अपनी पढ़ी-लिखी लड़की के विषय में कह रहे थे–यदि किसी स्कूल या कालेज में लग जाती तो बहुत अच्छा होता।

पूछा–स्कूल-कालेज में ही क्यों ? रिश्तेदार ने कहा–शिक्षक की नौकरी ही लड़कियों के लिए सबसे अच्छी है। निरापद।

यानी इसी बीच दुनिया-समाज में यह भी फैसला कर लिया गया है कि कौन-सी नौकरी महिलाओं के लिए अच्छी है और कौन-सी बुरी। कोई लड़की जिस काम को करने में सहजता और स्वच्छंदता अनुभव करे या अपनी कुशलता दिखा पाये, वही काम उसके लिए अच्छा होना चाहिए। लेकिन लड़कियों के काम में यह जो बँटवारा चल रहा है, इसके परिणामस्वरूप भविष्य में एक तरह की निराशा ही पैदा होगी। जिस तरह दुष्ट पुरुषों ने 'औरतनुमा' और 'मर्दनुमा' कहकर कुछ अलग गुण-दोषों का निर्धारण किया है, उसी प्रकार 'स्त्रियों का काम' तथा 'पुरुषों का काम' बताकर इस विशाल उर्वर दुनिया में एक तरह की बाँट-छाँट का खेल चल रहा है।

यदि स्त्री भी मनुष्य है तो जो कान करने में पुरुषों पर कोई रोक नहीं है, वही काम करने में स्त्री पर भी कोई रोक नहीं होनी चाहिए। स्त्रियाँ भी हाथ-पाँव, मन-मस्तिष्क सहित सम्पूर्ण मनुष्य हैं। उन्हें बेकार बनाये रखने का अधिकार न किसी आदमी को है न किसी प्रतिष्ठान को और न ही किसी राष्ट्र को।

पाकिस्तान प्रेम, अलौकिकता और अनुभव

सन् 1971 में किसके साथ युद्ध करके बांग्लादेश ने स्वतंत्रता अर्जित की, यह हमारे राष्ट्रीय प्रचार-माध्यमों द्वारा कभी नहीं बताया जाता। पिछले 16 दिसम्बर को बांग्लादेश दूरदर्शन पर बार-बार कहा गया–नौ महीने तक रक्त-गंगा बहने के बाद बांग्लादेश में स्वतंत्रता आयी। इकहत्तर में बांग्लादेश ने किसके साथ युद्ध किया था ? क्या उस देश ने अपने 'जेठ' (भसुर) के साथ युद्ध किया था, जो उसका नाम लेना मना है ! प्रधानमंत्री अपने भाषण में बेहद चालाकी से भारत के सहयोग को नकार गयीं। उन्होंने भी इस बात का जिक्र नहीं किया कि इकहत्तर में उनके किस भसुर और ससुर ने बंगालियों का घर-द्वार लूटा और जलाया था। किन लोगों ने बिना बिचारे हत्या और खुलेआम बलात्कार किया था। किन लोगों ने बुद्धिजीवियों को पकड़-पकड़कर बंद जगह पर ले जाकर उनका खून किया था। आज की सरकार को यह इतिहास कबूल करने पर घोर एतराज है।

पिछले पन्द्रह दिसम्बर की रात दूरदर्शन पर एक नाटक आया था, जिसकी कहानी द्वितीय विश्वयुद्ध से शुरू होकर क्रमशः आगे बढ़ती है। अचानक भारत-विभाजन से पहले मुस्लिम लीग का नारा–'लड़ के लेंगे पाकिस्तान' रह-रहकर विजय-दिवस के पहले वाली रात को टीवी-नाटक में गूँजने लगा। आखिर यह दंभपूर्ण उच्चारण क्यों ? यदि कहा जाये कि इतिहास को सामने लाया जा रहा है तो फिर इकहत्तर के दिसम्बर में तो बांग्ला आकाश-वातास में 'जय बांग्ला' नारा मुखरित हुआ था; आखिर 'जय बांग्ला' नारा क्यों नहीं लगाया जाता ? जहाँ 'जय बांग्ला' के उच्चारण पर आपत्ति है, वहाँ 'लड़ के लेंगे पाकिस्तान' पर आपत्ति क्यों नहीं है ! हम आज इस ग्लानि को कहाँ ले जायें ?

2

एक बार छोटे-से शहर में किताब की दुकान ढूँढ़ते-ढूँढ़ते दो-चार दुकानें मिल गयीं। दुकानों में कोई कहानी, कविता, निबंध और उपन्यास की किताब नहीं मिली। एक तख्ते पर कुछ स्कूली पाठ्यपुस्तकें और बाकी 'मकसूदुल मोमेनीन', 'बहिश्ती जेवर', 'ताजकिरातुल औलिया', 'नयामुल कुरान', 'बच्चों के हजरत मुहम्मद', 'हजरत की जीवनी', 'नबी की बीवियाँ', हजरत खादिजा-हजरत आयशा की जीवनी आदि थीं। हैरान होकर मैंने दुकानदार से पूछा, "सबकी सब किताबें इसी तरह की क्यों हैं ?"

दुकानदार ने कहा, "यह सब पुरस्कार की किताबें हैं।"

"पुरस्कार की किताबें, मतलब ?"

"स्कूलों में अभी पुरस्कार-वितरण समारोह चल रहा है। साल-भर जो बच्चे अच्छी तरह पढ़ाई-लिखाई करते हैं, उन्हें पुरस्कृत किया जाता है। स्कूलों के प्रबंधक इन्हीं किताबों को पसंद करके खरीदते हैं।"

'हजरत खादिजा (रा :)' नामक एक किताब उठाकर पन्ने पलटते हुए मैंने देखा कि इसमें क्या है। चरित्र-निर्माण के लिए इस देश में क्या जरूरी है ? हजरत की तेरह या चौदह बीवियाँ पढ़-जानकर स्कूल की लड़कियाँ किस आदर्श में दीक्षित हो रहीं हैं, यह मुझे जानना ही चाहिए। गाँवों और कस्बों की लड़कियाँ हजरत खादिजा की निपुण पति-सेवा के बिषय में जानकर आदर्श गृहिणी, आदर्श रसोइया और आदर्श पति-सेविका के रूप में स्वयं को तैयार करने के लिए प्रेरित होंगी, लेकिन इससे देश-दुनिया को क्या फायदा होगा ? उन्हें जोन ऑफ आर्क की कहानी, मेरी तुलस्टोन-क्राफ्ट की जीवनी, बंगाल की मातंगिनी हाजरा, सरोजनी नायडू, बेगम रुकैया, ननीबाला देवी, लीला नाग, इला मित्र आदि की जीवनी के विषय में कोई जानकारी क्यों नहीं दी जाती ?

तो क्या हमें यह मान लेना होगा कि सत्य और सुन्दर के लिए जो लम्बा संघर्ष है, घने अंधकार से प्रकाशमय जीवन में जाने का कंटकाकीर्ण पथ का जो संघर्ष है, उसके विषय में नयी पीढ़ी को कुछ भी नहीं बताया जा रहा ! रोशनी की दुनिया से चुटकी-भर रोशनी भी उनके लिए नहीं बिखेरी जा रही। उनके मानस-पटल पर लादी जा रही है धर्मांधता और संकीर्णता। स्कूल-प्रबंधक और अभिभावकगण बालिकाओं के सोच की गति को नियंत्रित कर रहे हैं। मुझे तो संदेह होता है कि जब तर्क-बुद्धि, विवेक को अंतर में प्रवेश कराने का समय आता है, ठीक तभी कोरे दिमाग में अलौकिकता के मोह को घुसा दिया जाता है।

जिन स्त्रियों की अलौकिकता में आसक्ति है, उनसे मेरी बेचैन गुजारिश है कि आपको बहिश्त की कामना नहीं करनी चाहिए। बहिश्त में आपके शारीरिक और मानसिक सुख का कोई इंतजाम नहीं है और आपके प्रिय पुरुषगण जब अनगिनत

हूरों के साथ जल-क्रीड़ा में मग्न होंगे, तब अपमान और क्रोध से आपके मन में यही आयेगा कि इससे कम सजा तो दोजख में जाना ही है। इसलिए आप स्वयं चुन लीजिए–किस रास्ते जायेंगी–सिर्फ पति-सेवा के या आत्मनिर्भरता के ?

3

एनेस्थेसिया के एक प्रोफेसर उस दिन आपरेशन थियेटर में कुछ छात्रों को पढ़ा रहे थे–किस तरह से रोगी को सुलाना पड़ता है ! यानी कौन-सा इंजेक्शन देने पर रोगी आठ से दस सेकेण्ड के अन्दर बेहोश हो जाता है और ऑपरेशन हो जाने पर रोगी को फिर कैसे होश में लाया जाता है। यह सब उन्होंने बहुत अच्छी तरह समझाया और कहा–जब रोगी को धीरे-धीरे होश आने लगे तो उसे ऐसी कोई बुरी खबर नहीं देनी चाहिए, जिससे होश में आते-आते वह फिर से बेहोश हो जाए। विद्वान प्रोफेसर ने रोगी के स्नायुतंत्र पर आघात का उदाहरण इस तरह से दिया–"यदि किसी स्त्री का सिजेरियन ऑपरेशन हुआ है और उसे लड़की पैदा होती है, तो जब वह बेहोशी से धीरे-धीरे होश में आने लगे, तब उससे कहना चाहिए, 'आपको बच्चा हुआ है।' यदि लड़का पैदा हो तो कहना चाहिए, 'आपको बेटा हुआ है।' याद रखिए कि उसे लड़की हुई है, यह बात उससे कभी मत कहियेगा।" एनेस्थेसिया के अनुभवी डॉक्टर ने अपने जीवन में जरूर ही बहुत सारा अनुभव हासिल किया होगा। कोई स्त्री जब सिजेरियन ऑपरेशन के बाद आँखें खोले तो उसे लड़की पैदा होने की बुरी खबर सुनाने पर उसकी आँखें हमेशा के लिए बंद हो सकती हैं !

किसी आत्मीयजन की मौत की खबर और लड़की के जन्म की खबर–शायद दोनों ही बतौर बुरी खबर एक जैसी हैं !

कब्र की खबरें

ये खबरें इतनी छोटी होती हैं कि नजर ही नहीं आतीं। किसी लड़की ने किसी पेड़ पर फाँसी लगा ली, किसी बहू के गले पर किसी ने छूरा चला दिया, किसी लड़की को बलात्कार के बाद बोरे में भरकर नदी में फेंक दिया गया, दहेज नहीं मिलने के कारण किसी लड़की को गला दबाकर मार दिया गया, गुस्से से किसी के चेहरे पर एसिड बल्व मारा गया, किसी को कटारी से काट दिया गया। ये इतनी महत्वपूर्ण खबरें नहीं हैं कि देश भर में सनसनी फैल जाये। देश में इतनी बड़ी-बड़ी घटनाएँ घट रही हैं–सार्क का फुहारा लगाया जा रहा है, फुहारे के पानी में सात रंग तैर रहे हैं, पाकिस्तान के प्रधानमंत्री घूमने आ रहे हैं, विजय-दिवस पर परेड हो रही है। रैली हो रही है, सिनेमा हो रहा है, सी. एन. एन. चल रहा है, मंत्री लोग नये आश्वासन दे रहे हैं, सचिवगण फाइल इधर-उधर कर रहे हैं। इन खबरों के बीच कहाँ किस वेश्या को मरने के बाद लोगों ने कब्रिस्तान में जगह नहीं दी, यह भला ऐसी कौन-सी महत्वपूर्ण खबर है।

कब्रिस्तान में एक तरह का सूचनापट्ट लटकता रहता है, जिसमें लिखा रहता है–महिलाओं का प्रवेश मना है। यानी जीते जी महिलाएँ वहाँ प्रवेश नहीं कर सकतीं। मरने के बाद ही वे कब्रिस्तान में प्रवेश करने का अधिकार पा सकती हैं। लेकिन जमालपुर के 'कॉरपोरेशन फौती कब्रिस्तान' में सत्तर वर्षीय मालती को मरने के बाद भी घुसने नहीं दिया गया। मालती को स्वीकार करने में फौती कब्रिस्तान की माटी को एतराज नहीं था, एतराज किया था वहाँ के लोगों ने। मृत मालती को माटी स्पर्श नहीं करने दी। कॉरपोरेशन के सदस्यों ने लाश को दफनाने नहीं दिया। कॉरपोरेशन के अधिकारी तथा जिला प्रशासक भी इस विरोध के खिलाफ कुछ नहीं बोले।

क्यों मालती के शव को मात्र साढ़े तीन हाथ मिट्टी नहीं मिली ? इस 'क्यों'

का जवाब उन लोगों ने दिया है। कहा है–"मालती वेश्या थी।" चूँकि मालती वेश्या थी, इसलिए उसका शरीर कब्रिस्तान की मिट्टी की पवित्रता को नष्ट कर देती। इसलिए जमालपुर के 'पवित्र पुरुषों' ने प्रतिज्ञा की थी कि वे किसी पाप को वहाँ आश्रय नहीं देंगे। सत्कार स्वीकार के अभाव में दो दिनों तक लाश पड़ी रही। अंततः कब्रिस्तान के बाहर एक गंदे स्थान पर लाश को गाड़ दिया गया।

लेकिन इस निर्ममता का कारण क्या है ? मालती वेश्या थी, इसलिए समाज का उस पर इतना गुस्सा क्यों ? मालती को वेश्या होने का लाइसेंस किन लोगों ने दिया ? मालती क्यों वेश्या बनी थी, मैं वह इतिहास नहीं जानती। लेकिन न जानने पर भी यह अनुमान अवश्य लगा सकती हूँ कि किसी धूर्त पुरुष ने भोली-भाली मालती को बहला-फुसलाकर वेश्यालय में बेच दिया होगा। या फिर पति द्वारा घर से निकाल दिये जाने पर सड़क छाप पुरुषों ने उसे खींचकर वेश्यालय में फेंक दिया होगा। मेरा अनुमान है कि मालती की वेश्यावृत्ति को सरकार द्वारा स्वीकृति मिली होगी। चूँकि मालती दरिद्र और सामाजिक अत्याचारों से पीड़ित थी, इसलिए सरकार ने कहा होगा कि तुम वेश्यावृत्ति में ही लगो। इसीलिए मालती समाज के 'पवित्र पुरुषों' के शौक का वीर्य अपने शरीर में धारण कर खुद 'पापी' बन गयी। जिंदा रहते हुए समाज ने उसे जगह नहीं दी और मर जाने पर कब्रिस्तान ने भी नहीं स्वीकारा।

समाज के सज्जन पुरुषों की खुशी के लिए सरकार जिन शरीरों को जीवित रखती है, मर जाने पर उन्हीं शरीरों के सत्कार में सरकारी लोग बाधा डालते हैं। वेश्यावृत्ति में बाधा नहीं है, लेकिन वेश्या के अंतिम संस्कार में एतराज है। यह नियम क्यों ? इसे हम नहीं मानते। 'हम', मतलब स्त्रियाँ। यह सही है कि जो स्त्रियाँ समाज की कुछ सुविधाओं को पाकर वेश्या बनने की दुस्सह यंत्रणा नहीं भोग रही हैं, वे भी कोई-न-कोई यंत्रणा तो अवश्य ही भोग रही हैं। स्त्री-जन्म लिया हो और कोई यंत्रणा न भोगी हो, ऐसी स्त्री इस दुनिया में नहीं है। समाज और समाज के बाहर की सभी स्त्रियों को यह अत्याचार सहना पड़ता है। किसी को थोड़ा कम, तो किसी को थोड़ा ज्यादा। फर्क सिर्फ इतना ही है।

एक प्रधानमंत्री की मैं जितनी इज्जत करती हूँ, उससे कम इज्जत किसी वेश्या की भी नहीं करती। बतौर मनुष्य दुनिया पर दोनों का समान अधिकार है। कोई भी वेश्या होकर जन्म नहीं लेता। समाज ही किसी को महामनीषी बनाता है, किसी को गुंडा, किसी को पुरोहित तो किसी को वेश्या। समाज के ताकतवर लोग सभी सुख-सुविधाओं को हड़पकर दुर्बल को अंधकार में, दलदल में ठेल देते हैं। वेश्याएँ दुर्बल हैं, इसीलिए वे उन्हें भोगेंगे और उनके अधिकारों को छीन लेंगे। यदि यही उनका समाज है, तो इसी समाज की मैं भी एक सदस्य हूँ, यह सोचकर मुझे लज्जा आ रही है। घृणा भी कम नहीं हो रही।

इस समाज की सभी स्त्रियाँ आज मालती हैं। सभी स्त्रियों को सहना पड़ता है पुरुषों का धिक्कार और पुरुषों का वार। सभी स्त्रियों को फँसना पड़ता है पुरुषों के जाल में। उन्हें भुगतना पड़ता है, उन्हें मरना पड़ता है।

जिस मिट्टी में मालती की कब्र नहीं खोदने दी गयी, वह मिट्टी किसकी है ? समाज के किस महापुरुष के सत्कार के लिए उस मिट्टी को रखा गया है, जिस मिट्टी में दफनाये जाने का अधिकार मालती को नहीं है ? जो मालती इस देश की स्त्री है, इस देश की नागरिक है, इसी मिट्टी की सर्वहारा, सतायी हुई, दरिद्र और कमजोर इन्सान है यदि यह मिट्टी उसकी नहीं है, तो फिर किसकी है ?

2

बचपन में एक दिन छत पर बने कमरे में खड़ी भरी दुपहरिया में सन्नाटा देख रही थी।

अचानक देखा कि दूर से कोई धीरे-धीरे चला आ रहा है। वहीं मेरे एक रिश्तेदार बैठै थे। मैंने कहा–पूरी सड़क पर इस समय सिर्फ एक ही आदमी है। यह सुनकर मेरे रिश्तेदार उसे देखने के लिए मेरे पास आ खड़े हुए। फिर उन्होंने देखकर झल्लाते हुए कहा–क्या कहती हो ! आदमी कहाँ है, वह तो एक लड़की है !

उस दिन उस रिश्तेदार की इस बात से मैं बेहद हैरान हुई थी। वह दिन और उस घटना को बीते उन्नीस वर्ष हो गये, लेकिन आज तक मेरी हैरानी खत्म नहीं हुई।

यदि सच्ची बात कहूँ

आजकल मुल्ला लोग भी विज्ञान का 'ज्ञान' सिखा रहे हैं, क्योंकि वे जान गए हैं कि दुनिया जब क्रमशः विज्ञान-निर्भर हो रही है तो विज्ञान के साथ कदम न मिला पाने से उनका धर्म टिक नहीं पायेगा। इसीलिए चतुर धर्मव्यवसायी लोगों ने विज्ञान को अपने साथ खींचने के लिए प्रत्येक देश में कुछ आदमी नियुक्त किये हैं। ये आदमी समाज के प्रतिष्ठित विचारक हैं, कोई-कोई वैज्ञानिक भी हैं। इन लोगों द्वारा धर्म-प्रचार में शामिल होने के कारण साधारण लोग समझते हैं कि जब इतने बड़े-बड़े विद्वान कह रहे हैं तो अवश्य ही समझकर कह रहे होंगे। जरूर ही कहीं और बहिश्त-दोजख जैसा कुछ होगा। मोरिस बुकाइल नामक एक व्यक्ति ने कुरान को वैज्ञानिक प्रयोगशाला में टेस्टट्यूब में रखा और लिटमस पेपर डुबोकर दिखाया कि विज्ञान का सौर मंडल और कुरान का सौर मंडल एक ही है, इनमें कोई हेर-फेर नहीं है। हमारे अनपढ़ लोग समझ रहे हैं कि मोरिस बुकाइल ने जब कहा है तो यह अवश्य ही सही होगा। 'ओल्ड टेस्टामेंट' की छह दिनों में दुनिया रचने की कथा जब कुरान में उच्चारित होती है, तब मोरिस साहब ने अरबी शब्द को उलटकर अपनी कल्पना से कुरान 'रचने' की धृष्टता दिखायी। कुरान में लिखा गया है 'छह दिनों में', और मोरिस बुकाइल ने लिखा—'छह समय (काल)' में। बुकाइल बीसवीं शताब्दी के व्यक्ति हैं, लेकिन हजरत मुहम्मद तो बीसवीं शताब्दी के व्यक्ति नहीं थे। बुकाइल ने विज्ञान के सभी व्यवहार कुरानसम्मत बताकर मूर्खों की वाहवाही पानी चाही थी। और वह उन्हें मिली भी। न सिर्फ बुकाइल, बल्कि इस उपमहादेश के प्रोफेसर सालाम और शमशेर अली ने भी सस्ती वाहवाही पाने के लिए इस्लाम के पिंजड़े में विज्ञान को घुसाया है।

मिस्र के चिंतक अल्लामा फरीद अजदी ने लिखा है, "पुरुष का दिमाग आमतौर पर 49½ औंस होता है और स्त्रियों के दिमाग का वजन मात्र 44 औंस। दो सौ

अठहत्तर व्यक्तियों के दिमाग का वजन करके पाया गया है कि सबसे बड़े दिमाग का वजन 65 औंस है और सबसे छोटे दिमाग का वजन 34 औंस। दूसरी तरफ 291 स्त्रियों के दिमाग का वजन करने पर पाया गया कि सबसे भारी दिमाग का वजन 54 औंस तथा सबसे हल्के दिमाग का वजन 31 औंस है। इससे स्त्रियों के अंग-प्रत्यंग और स्नायु पुरुषों की तुलना में कई गुणा दुर्बल होते हैं।"

फरीद अजदी ने समझाना चाहा है कि पुरुष बुद्धि और ज्ञान में स्त्री की तुलना में ज्यादा परिपक्व होता है। प्राणी जगत में बहुतेरे ऐसे हैं, जो मनुष्य के दिमाग की तुलना में भारी दिमाग वाले हैं। लेकिन पाया गया है कि भारी दिमाग वाले मूर्ख या बुद्धू जैसा कुछ होते हैं, जबकि कम वजनी दिमाग वालों में अधिक बुद्धि होती है। दिमाग का आकार-प्रकार और वजन कभी बुद्धि, धारकशक्ति, मेधा और प्रतिभा का परिचायक नहीं होता। यदि ऐसा होता तो गौरैया से गेंडा अधिक बुद्धिमान होता।

अरबी मनीषी अब्बास महमूद अकास अल अक्कास ने लिखा है, "स्त्री पर पति के नेतृत्व और अधिकार की स्वाभाविक मर्यादा के कारण हैं और इसी वजह से स्त्री की समस्त आर्थिक जरूरतों को पूरा करने का दायित्व पति का है। यह कर्तव्य है कम मर्यादा वाले के प्रति अधिक मर्यादावाले व्यक्ति का। सिर्फ आर्थिक प्रयोजन की पूर्ति ही इसका एकमात्र ध्येय नहीं है। अन्यथा जो स्त्री धनवान है और जिसका पति उसकी जरूरत पूरी नहीं कर सकता, बल्कि स्त्री का मेहमान बनकर उसकी सम्पदा को भोगता है, वहाँ स्त्री को ही पति का कर्ता होना चाहिए। लेकिन इस्लाम ऐसा कभी नहीं होने देगा।"

कुरान में स्पष्ट लिखा हुआ है—"स्त्री पर पुरुष के अधिकार करने का मुख्य कारण यह है कि पुरुष रुपये-पैसे का उपार्जन करता है।" लेकिन यदि स्त्री रुपया-पैसा अर्जित करेगी, तब क्या होगा—यह बात मुहम्मद के दिमाग में नहीं आयी। क्योंकि वे अब्बास महमूद की तरह चतुर नहीं थे, इसीलिए वर्तमान में 'अब्बासगण' ने दायित्व लिया है कि कुरान के आधार पर स्त्री के कर्ता-मालिक होने पर किस तरह से प्रतिबंध लगाया जाये।

बांग्लादेश के पारिवारिक कानून में एक तरह की नई उदारता की शुरूआत हुई है। कुरान में स्पष्ट लिखा हुआ है, "वह (पति) यदि उसे (पत्नी) तलाक भी देता है तो वह उसके लिए तब तक वैध नहीं होगा, जब तक वह स्त्री दूसरे पति के साथ नहीं रहेगी।" (सूरा बकारा, आयत—230)

कुरान में जो भी लिखा हुआ है, सब अल्लाह का विधान है, नियम है। लेकिन पारिवारिक कानून में तलाक हो जाने के बाद दूसरे पति के साथ रहना तो दूर की बात है, दूसरा विवाह न करके ही तलाकदाता पति को वैध मानने का नियम लागू हुआ है। अल्लाह का नियम न मानकर जिन लोगों ने नया नियम

बनाया, उन्हें अवश्य ही क़ाफ़िर कहा जा सकता है। जो कुरान नहीं मानते, वे क़ाफिर ही होते हैं। लेकिन पारिवारिक कानून में जो कुछ धर्मसम्मत कहकर प्रचारित किया जाता है, वह दरअसल धर्म-सम्मत नहीं, बल्कि उल्टा होता है। अल्लाहताला ने कभी यह अनुमति नहीं दी कि बंदागण ! तुम अपनी सुविधानुसार कुरान की रचना करो अथवा नियम बना लो।

यदि अल्लाह का आदेश मानना ही है तो पूरा मानना होगा। वरना आधुनिक विज्ञान को, सभ्यता को, स्त्री के अधिकार को धीरे-धीरे धर्म के छिद्रों में घुसाने से धर्म का ही बारह बज जायेगा। सभ्यता भी और अधिक 'असभ्य' होगी।

पुरुष को चार शादियाँ करने के लिए स्त्री से अनुमति लेनी पड़ती है। यह है पारिवारिक कानून। कुरान की चार शादी के साथ 'सभ्यता की अनुमति' को मिलाकर यहाँ ऐसी एक खिचड़ी पक रही है, इससे अल्लाह का भी अपमान किया जाता है और सभ्यता का भी; यानी स्त्री-अधिकार का भी मखौल उड़ाया जाता है, क्योंकि कुरान में अल्लाह ने कहा है, "स्त्रियों में उससे शादी करना जो तुम्हें अच्छी लगे–दूसरी, तीसरी या चौथी।" (सूरा निसा, आयत-3)

कहीं भी यह नहीं लिखा है कि दूसरी, तीसरी या चौथी शादी करने की अनुमति पहली या पूर्व पत्नी से लेनी होगी। जिन लोगों ने अनुमति लेने का नियम शुरू किया है वे बे-शक क़ाफ़िर हैं, क्योंकि उन्होंने अल्लाह के नियम का उल्लंघन किया है। यानी मौजूदा पारिवारिक कानून को अवश्य ही इस्लाम-विरोधी कानून कहा जा सकता है।

और, यदि विरोध ही करना है तो इतना धीमा क्यों ? डंके की चोट पर क्यों नहीं ? विरोध का अर्थ तो विरोध ही होता है, चाहे आवाज धीमी हो या जोरदार।

परिवार चिता

सम्भवतः राजा राममोहन राय का जन्म 1774 ई. में हुआ था। उस समय भारत में 'सहमरण' नामक एक प्रथा का प्रचलन था। इस प्रथा का अर्थ था–'पति' नामक पुरुष की मृत्यु हो जाने पर स्त्री नामक वस्तु को पति की चिता में जलकर मरना होगा। उस समय भारतवर्ष में वह आग तेजी से जल रही थी। 'राजा राममोहन राय' नाम के साथ सहमरण का एक गूढ़ सम्बन्ध है। सन् 1818-19 में राममोहन राय ने लिखा है, "पति की मृत्यु के बाद जो स्त्री उसकी जलती चिता पर चढ़ जाती है, वह वसिष्ठ की पत्नी अरुंधती के समान स्वर्ग में जाती है। और, जो स्त्री पति के साथ परलोक जाती है, वह मनुष्य के शरीर में जितने रोयें हैं (जिनकी संख्या साढ़े तीन करोड़ है) उतने वर्ष तक स्वर्ग में रहती है।··· जो स्त्री पति के साथ परलोक सिधारती है, वह मातृकुल, पितृकल और पतिकुल–तीनों को पवित्र करती है।"

असल में यह राममोहन राय के शब्द नहीं हैं। यह 'सहमरण' के विषय में 'प्रवर्तक तथा निवर्तक संवाद-रचना' के प्रवर्तक का कथन है। 'निवर्तक' की भाषा में राममोहन राय ने कहा है, "तुम लोग पहले इस विधवा को उसके पति के साथ अच्छी तरह बाँध दो, बाद में उस पर इतनी लकड़ी डालो कि वह उठ न पाये। उसके बाद आग लगाते समय दो लम्बे बाँसों से उसे दबाये रखो। ये सारे बंधनादि कर्म किसी हारितादि के वचन में हैं कि इसी के अनुसार ऐसा करते रहो। अतएव यह सिर्फ जान-बूझकर स्त्री-हत्या है।"

हमारे पुरुषगणों ने ज्ञानपूर्वक स्त्री-हत्या की। वे कहते थे, "इस तरह के सहमरण और अनुसरण से पाप हो या जो कुछ भी हो, हम इसे खत्म नहीं होने देंगे। इसके खत्म होने पर एक लौकिक आशंका है–यदि पति की मृत्यु होने पर स्त्री सहगमन न करके विधवावस्था में रहेगी तो उसके व्यभिचारिणी होने की सम्भावना

है, जबकि सहमरण करने पर यह आशंका नहीं रहती। कुटुम्ब, रिश्तेदार सभी निस्संकोच रह सकते हैं। पति भी जीते-जी यह जान सकता है और उसके भी मन में स्त्रीघटित कलंक की कोई चिंता नहीं होती।"

ज्ञानपूर्वक स्त्री-हत्या का यह एक उचित नमूना है। विधवावस्था में व्यभिचार करने की सम्भावना अथवा आशंका है, इसीलिए हमारे पुरुषों को स्त्री-हत्या करना उचित लगा ! इसीलिए वे निस्संकोच स्त्री को पति की चिता में जला देते थे। पति भी निश्चिंत रहता था कि स्त्री तो उसके साथ जलेगी ही। सो स्त्री-सम्बन्धी कलंक का बोझा उसे ढोना नहीं पड़ेगा।

प्रसिद्ध उपन्यासकार शरत्चंद्र चट्टोपाध्याय ने पार्वती, चंद्रमुखी, राजलक्ष्मी, हरिलक्ष्मी, भवानी, सविता, शारदा आदि पर बहुत कहानी-उपन्यास लिखे हैं। उन्हें हँसाया है, रुलाया है, पति के घर भेजा है, विधवा बनाया है, प्रेम करवाया है। वे भी जानते थे कि स्त्री का मूल्य क्या है ? उन्होंने लिखा है, "नारीत्व का मूल्य क्या है ? अर्थात वे कहाँ तक सेवापरायण, स्नेहशील, सती तथा दुख-कष्ट भोगने वाली हैं। अर्थात् उन्हें पाकर आदमी को कितनी सुख-सुविधा मिलेगी। अर्थात वे कितनी रूपवान हैं कि पुरुष की लालसा और प्रवृत्ति को कहाँ तक तृप्त कर पायेंगी। दरमुलाई करने का इसके अलावा और कोई रास्ता नहीं। यह बात मैं दुनिया का इतिहास खोलकर प्रमाणित कर सकता हूँ।"

शरत्चंद्र चट्टोपाध्याय ने यह भी कहा है, "जिन लोगों ने इतिहास पढ़ा है, वे जानते हैं कि विधवा-विवाह दुनिया के किसी भी देश में आदरपूर्वक ग्रहण नहीं किया गया। कमोवेश सभी उसे हिकारत-भरी नजरों से देखते आये हैं। ऐसी हालत में जिस देश में यह प्रथा बिल्कुल प्रतिबंधित है, उस देश में विधवा को जलाकर मारना एक हितकर अनुष्ठान के रूप में विवेचित होगा। इसमें आश्चर्य नहीं होना चाहिए। पुरुष ने समझाया है कि सहमरण में जाना सती का परम धर्म है।" मनु ने भी कहा था–"पति-सेवा के अलावा स्त्री का और कोई काम नहीं है। उसने इस जन्म में पति-सेवा की है, अगले जन्म में भी करेगी।"

उन्होंने सहमरण के दृश्य का वर्णन इस प्रकार किया है, "पति की मृत्यु के बाद उसकी विधवा को एक कटोरी भाँग और धतूरा पिलाकर नशे में चूर कर दिया जाता है था। फिर श्मशान घाट पर और रास्ते में कभी वह हँसती, तो कभी रोती और कभी-कभी तो जमीन पर लेट जाती। फिर वह हँसती तो सहमृता होने के लिए ले जायी जाती। इसके बाद उसे चिता पर चढ़ाकर बाँसों का मचान बनाकर उसे दबोच लिया जाता, क्योंकि सम्भव है वह सती दाह की यंत्रणा न सह सके। चिता पर धूनी तथा घी डालकर खूब धुआँ किया जाता था, ताकि उसकी छटपटाहट देखकर कोई डर न जाये। फिर इतने ढाक-ढोल, बाँसुरी-शंख आदि बजाये जाते थे कि उसकी दर्दनाक आवाज, रुदन या अनुनय-विनय किसी को सुनाई न दे।"

यही था सहमरण !

मुझे आज तक अपने पूर्वजों के हाथों से विधवा की साड़ी, बाल, हाथ या टाँग पकड़कर खींचते हुए चिता पर चढ़ाने के दाग़ और आग के निशान नजर आते हैं, माँस की गंध आती है। अब तक स्त्री को लांछित करने की, आग में जलाने की आदत नहीं छूटी। अब तक तरह-तरह से समाज में 'सहमरण' की प्रथा चल रही है। भले ही पति के मरने पर अब स्त्री को पकड़कर चिता पर नहीं चढ़ाया जाता हो, लेकिन किसी और आग में तो जलाया ही जाता है।

सिर्फ सहमरण ही क्यों ? अब तो एकक मरण का काल है। और यह मरण अकेली स्त्री का मरण है। स्त्री को जन्म के बाद ही मरना पड़ता है। कोई उसका गला दबाकर मार डालता है, और यदि जिन्दा रह भी जाती है तो उसे मौत से अधिक तकलीफ भुगतकर जीना पड़ता है। स्त्री के जीवन में विवाह-विच्छेद सबसे ज्यादा दर्दनाक मौत है। विवाहित जीवन और नारकीय जीवन—दोनों ही आमतौर पर स्त्री के लिए एक-जैसे हैं। सुना है, नरक में साँप-बिच्छू निरंतर डँसते रहते हैं। परिवार में भी पति तथा उसके नजदीकी रिश्तेदार स्त्री को साँप-बिच्छू से कम नहीं डँसते। साँप-बिच्छू का डँसना तो दाँत भींचकर सहा भी जा सकता है, लेकिन आदमी का डँसना सहा नहीं जाता। वे सिर्फ दाँत से ही नहीं काटते, बल्कि उनके पास विचित्र-विचित्र नाखून हैं। उन्होने स्त्रियों को डँसने के लिए कुछ रीति-रिवाज बनाये हैं। उन रीति-रिवाजों के डंक से स्त्री को विवाह-पूर्व, विवाहित और विवाहोत्तर जीवन में हमेशा दंशित होना पड़ता है।

राजा राममोहन राय चिता की आग में विधवा का जलना बंद करा पाये थे। ईश्वरचंद्र विद्यासागर ने विधवा-विवाह आरम्भ कराके एक पुण्य का काम किया था, व्यभिचार और भ्रूण-हत्या का डर दिखाकर उन्होंने विधवाओं का उद्धार करवाया था। बहरहाल, चिता की अग्नि और वैधव्य के निर्वासन से स्त्री को राहत जरूर मिली, लेकिन क्या वह सचमुच बच पाई ? परिवार एवं समाज में स्त्री को जलाने की आग क्या आज भी कुछ कम धधक रही है ?

यह आग क्या स्त्री को चिता की आग से कुछ कम जला रही है ? हाँ, शरीर की मौत अवश्य नहीं हो रही, लेकिन मानवता और स्वतंत्रता की मौत बराबर हो रही है। मौत हो रही है मनुष्य-रूप में स्त्री के जीने के न्यूनतम अधिकार की।

अनभ्यास

वे एक शल्य चिकित्सक हैं। मानव शरीर के बाहर और भीतर की निपुण सिलाई करते हैं। सिल्क, नाइलोन, कैटगैट आदि धागे सीधी-बाँकी, बड़ी-छोटी सुई में पिरोकर जब वे आदमी के आमाशय, आँत, पित्ताशय, मांस, चमड़ी आदि की सिलाई करते हैं, तब उनकी दक्षता देखकर मैं उनसे प्रभावित हुए बिना नहीं रह पाती। लेकिन उसी व्यक्ति को देखकर मुझे तब अचरज हुआ, जब उनके शर्ट के दो बटन टूट गये और उन्होंने पत्नी को बुलाकर बटन टाँकने को कहा। खुद एक घण्टे तक बैठे रहे, लेकिन बटन लगाने का काम अपने हाथों नहीं किया।

मैंने पूछा–आपके हाथों की सिलाई इतनी अच्छी है। आपने खुद यह काम क्यों नहीं कर लिया ? यह सुनकर चिकित्सक महोदय गुस्से से लाल हो गये। बोले–आप मुझसे शर्ट के बटन टाँकने को कह रही हैं !

यानी आप मुझसे इतना तुच्छ काम करने को कह रही हैं ! फिर भी मैंने कहा–बटन टाँकना, शर्ट आदि के फटे हिस्से या किसी भी कपड़े की सिलाई आप बहुत अच्छी तरह कर सकते हैं, यह मुझे विश्वास है।

शल्य चिकित्सक उत्तेजित होकर उठ खड़े हुए। बोले–तो फिर घर में पत्नी क्यों है ? वे एक उच्चशिक्षित व्यक्ति हैं, लेकिन आदमी के चमड़े की सिलाई करने को वे 'स्टिच' कहते हैं, और घर के कपड़े-लत्ते की सिलाई को मामूली 'सिलाई'। 'स्टिच' पुरुषों का काम है और 'सिलाई' स्त्रियों का ! अपनी उच्च शिक्षा के साथ-साथ इस संस्कार को वे ढोते फिर रहे हैं। इसे दूर नहीं कर पाये।

सुई की सिलाई कहीं-कहीं पर उन्हें गौरव प्रदान करती है और कहीं-कहीं अपमानित। इसलिए अपमानित करती है, क्योंकि उन्होंने मान लिया है कि यह स्त्रियों का काम है। स्त्रियों के लिए जो काम निर्धारित है, उसे करते हुए अपमानित होना पड़ता है। स्त्रियाँ भी क्या मनुष्य जाति में आती हैं ?

2

पति-पत्नी दोनों बैंक में नौकरी करते हैं। एक ही वेतन पाते हैं, दोनों एक साथ दफ्तर जाते हैं, एक साथ घर लौटते हैं। लेकिन घर लौटते ही पति बिस्तर पर लेट जाता है, या घूमने निकल जाता है, या फिर क्लब में जाकर ताश खेलता है, दोस्तों के साथ अड्डेबाजी करता है। उधर पत्नी रसोईघर में बर्तन माँजती है, खाना पकाती है, सब्जी काटती है, मसाला पीसती है और फिर खाना परोसती है। लेकिन खाना अकेले नहीं खाती, बल्कि दोनों एक साथ खाते हैं। यहाँ भी पति के हिस्से मछली का बड़ा टुकड़ा या अधिक मांस आता है। इसका क्या कारण है ?

आर्थिक दबदबा ? लेकिन यहाँ तो यह नहीं है। यहाँ रुपया दोनों ही बराबर कमाते हैं। पद भी दोनों का एक है। फिर ?

यही है परिवार। स्त्री या पुरुष चाहे जो भी काम करें, पत्नी यदि इंजीनियर हो और पति जमादार, तब भी रसोईघर का कठिन काम स्त्री को ही करना पड़ता है और पति को अच्छा-अच्छा खाना खिलाना पड़ता है। एक बार एक परिवार में मैंने पति-पत्नी दोनों से कहा था–आप लोग रसोईघर के काम को क्या आपस में नहीं बाँट सकते ? पति ने भौंहें सिकोड़ते हुए पूछा–वह कैसे ?

मैंने कहा–मान लीजिए, आपने मसाला पीस दिया। तब तक आपकी पत्नी अनाज साफ करेगी। आप मांस पकायेंगे तो आपकी पत्नी चावल पका देगी।··· यह सुनकर पति महोदय अपमान से लाल हो गये। बोले–जिसका काम है, उसी को करने दीजिए।

पति नामक सज्जन कहना चाह रहे थे कि रसोई का काम दरअसल स्त्रियों का है और पुरुषों को खाना बनाना जानने पर भी नहीं बनाना चाहिए।

क्यों नहीं बनाना चाहिए ?

मेरे इस सवाल का जवाब उन्होंने नहीं दिया, क्योंकि इसका कोई तार्किक जवाब उनके पास था ही नहीं। था तो सिर्फ एक संस्कार कि रसोई का काम स्त्रियों का है। हालाँकि बाहर सभी जगह रसोई का काम पुरुष बावर्ची ही करते हैं और सिलाई का काम भी पुरुष दर्जी ही करता है। लेकिन घर में रसोई तथा सिलाई लड़कियों को करनी पड़ती है। बाहर सफाई के लिए पुरुष 'क्लिनर' है, लेकिन घर के कुक, क्लिनर और टेलर के रूप में स्त्री ही बिना पारिश्रमिक के परिश्रम करती है। जहाँ पारिश्रमिक का सवाल आता है, वहाँ पुरुष की नियुक्ति होती है और बिना पारिश्रमिक वाले काम स्त्रियों के लिए रखे रहते हैं। स्त्री को रुपये-पैसे की क्या जरूरत है ? उसे तो पुरुष ही खिलाता-पिलाता है। जिस तरह पालतू मैना को पालने-पोसने वाला खिलाता-पिलाता है। यह भी ठीक उसी तरह है। पंछी के लिए पिंजड़ा बनाया जाता है और स्त्री के लिए बनाया जाता है घर।

पुरुष का पालतू स्त्री-रूपी यह प्राणी किसी तरह की आजादी न हासिल कर पाये, इसके लिए सजग रहते हैं समाज के सजग पुरुष प्रहरी।

3

डॉ. गुलाम मुर्शिद ने लंदन से 'जाय-जाय दिन' (एक बांग्ला अखबार) में (17 नवम्बर को) चिट्ठी लिखी है। 'अवदमन' का उदाहरण देते हुए उन्होंने लिखा है कि एक पत्रकार ने अपनी अपंग पत्नी का अट्ठारह वर्ष तक साथ निभाया, लेकिन किसी और स्त्री को वह घर में नहीं लाया। मेरी 'अवदमन' नामक रचना में 'घर लाने' या न लाने के साथ 'अवदमन' को किसी तरह नहीं जोड़ा गया है। लेकिन पत्रकार किसी दूसरी स्त्री को घर में न लाकर खुद भी किसी स्त्री के घर नहीं गया, यह बात डॉ. मुर्शिद ने स्पष्ट नहीं की है। अपंग पति को लेकर जीवन बिताने वाली स्त्री को मैंने किसी पुरुष को घर लाने की सलाह नहीं दी है। घर न लाने का अर्थ अवदमन नहीं है।

4

पिता या पति का नाम अपने नाम के साथ न जोड़ने पर लोग कहते हैं कि क्या इससे स्त्री की मूल समस्याएँ हल हो जायेंगी ? असली समस्या की बात लिखिए। धर्म ने स्त्री को कितनी तरह से अमर्यादित किया है, यह बताने पर लोग कहते हैं कि आर्थिक मुक्ति के बिना नारी-मुक्ति सम्भव नहीं है, इसलिए उसे ही पहले उठाइए। और आर्थिक स्वतंत्रता की बात लिखने पर कहते हैं कि यौन-मुक्ति के बिना स्त्रियों की वास्तविक मुक्ति सम्भव नहीं, सो फिजूल में दूसरी बातें लिखने से क्या फायदा ! पुरुषतंत्र का विरोध करने पर लोग सलाह देते हैं कि धर्म से छुटकारा पाये बगैर स्त्री-स्वतंत्रता के लिए चिल्लाने से कोई फायदा नहीं। समाजवाद में यकीन रखने वाले लोग कहते हैं–छिः ! इन फालतू बातों को लिखकर सिर्फ समय की बर्बादी होती है। असती बात तो यह है कि पूँजीवादी व्यवस्था खत्म हुए बिना स्त्री कभी इन्सान के रूप में खड़ी नहीं हो पायेगी।

सभी सोच रहे हैं कि पहले एक हो जाये, शेष सब बाद में अपने आप हो जायेगा। लेकिन बीच में मुझे भी एक बात यह कहनी है कि किसी भी अन्याय या विषमता का विरोध करना ही होगा। समस्या कोई छोटी है, कोई बड़ी, लेकिन कोई भी तुच्छ नहीं है। इसलिए विरोध करते ही रहना होगा–जब तक कि उसका समाधान न हो जाये। छोटी-बड़ी सभी विषमताओं का विरोध करते जाना अनिवार्य है।

और, यह विरोध का दायित्व सिर्फ मेरा नहीं है। हम सबका है। गारमेंट बनाने वाले श्रमिक से लेकर प्रधानमंत्री तक का।

चीन में लड़कियों के पैरों में लोहे के जूते पहनाकर रखा जाता था, फलस्वरूप चीनी लड़कियों के पाँव छोटे हो गये। उसी प्रकार लम्बे समय से यहाँ की स्त्रियों के मन तथा शरीर को जंजीरें जकड़े हुए हैं, इसीलिए उनके मन पर जंग लग गया है। और, जंग लगे मन में नयी भावना तक नहीं आती. विरोध तो बहुत दूर की बात है। काफी हद तक पिंजड़े के पंछी की तरह, जो पिंजड़े में बंद रहते-रहते उड़ना भूल जाता है। इस देश की स्त्रियाँ भी अपने चारों तरफ के पिंजड़े को तोड़कर बाहर निकल आना भूल चुकी हैं। अनभ्यास के कारण वे विरोध की भाषा भूल गयी हैं। हम जैसों को, जिनकी आवाज अब तक बंद नहीं हुई है, चाहिए कि चिल्लाएँ, ताकि सोई हुई स्त्रियों के कानों तक वह आवाज पहुँचे।

हर स्त्री आज नूरजहाँ है

'कमलगंज के छतकछड़ा गाँव के लोगों ने नूरजहाँ पर पत्थर बरसाकर उसे मार डाला।' यह कहने पर लोग कहते हैं, छतकछड़ा गाँव के लोगों ने नहीं, बल्कि मौलाना मन्नान ने उसे मारा है। लेकिन मेरा सवाल है कि मौलाना मन्नान के आदेश से जब नूरजहाँ को पत्थर मारे जा रहे थे, तो छतकछड़ा के भलेमानुष कहाँ थे ? उन्होंने मौलाना का फतवा सुना, इस्माइल के घर में गड्ढा खोदा, गड्ढे में नूरजहाँ को खड़ा किया, फिर उसे पत्थर मारे या फिर चुपचाप खड़े पत्थर मारे जाने का दृश्य देखते रहे। उन्होंने मौलाना को ही उस गड्ढे में धकेलकर, ऊपर से मिट्टी डालकर जिन्दा क्यों नहीं दफना दिया ? चूँकि ऐसा नहीं किया इसलिए दोष सिर्फ अकेले मौलाना का नहीं है, इस पाप में छतकछड़ा के सभी लोग शामिल हैं।

आज भी क्यों किसी को मौलाना मन्नानों का चरित्र समझने में देर लगती है, यह मेरी समझ में नहीं आता। जो लोग मौलाना मन्नानों के फतवे मानकर चलते हैं, उनमें और मौलाना मन्नानों में मैं कोई फर्क नहीं देखती। यदि रोकने की शक्ति नहीं है तो अन्याय के लिए सिर्फ मौलाना ही जिम्मेवार नहीं, बल्कि वे भी हैं जो मौलानाओं को रोक नहीं सकते। बहुतेरे लोगों ने हैरानी जताते हुए कहा है—'इस युग में भी पत्थर बरसाकर मारा गया ! छिः-छिः !' यह सुनकर मैंने हँसते हुए कहा—'पत्थर फेंककर मारने का दृश्य क्या आँखों को अच्छा नहीं लग रहा !' लेकिन स्त्री पर तो पत्थर भीतर और बाहर से हमेशा फेंके जा रहे हैं—अदृश्य पत्थर। लोग उन्हें देख नहीं पाते, इसलिए वे हादसे पत्र-पत्रिकाओं में नहीं छपते। व्यभिचार के मामले में शरीयत कानून पत्थर फेंककर मार डालने की बात कहता है। जब पूरा देश ही आधा शरीयत कानून मान रहा है और कोई विरोध नहीं कर रहा, तब यदि छतकछड़ा गाँव में ही कुछ कठोरता से शरीयत कानून का

प्रयोग किया जाये तो कौन रुकावट डालेगा ? अन्याय के विरोध में खड़े होने वाले लोगों की संख्या दिन-ब-दिन घटती जा रही है। लोग सिर झुकाये हुए हैं, नतजानु हो रहे हैं। कठमुल्लाओं के आगे सबकी जुबान बंद होती जा रही है।

नूरजहाँ को मौलाना ने अपने भोग के लिए चाहा था। उनकी इच्छा पूरी नहीं हुई तो उन्होंने यह नृशंस काण्ड किया। मौलाना लोग नूरजहाँओं की कामना करते हैं। और उनका सर्वनाश करते हैं। कुछ सर्वनाश की घटनाएँ दिखाई देती हैं, और कुछ नहीं। जो अदृश्य पत्थर स्त्री को धीरे-धीरे मृत्यु की तरफ धकेल देते हैं, वे और भी भयंकर, और भी निर्मम हैं। इन्हें स्त्री को अकेले ही भोगना पड़ता है, अकेले ही झेलना पड़ता है समाज का समूचा संत्रास। अकेले ही उसे निगलना पड़ता है समाज का सम्पूर्ण गरल।

इससे पहले भी मैंने कहा है कि हिंस्र पशु भी इतना हिंस्र नहीं होता, जितना पुरुष होता है। पुरुषगण स्त्रियों को सजा दिलाने के लिए तरह-तरह के फतवे जारी करते हैं। यह सब फतवे आरोपित करके वे स्त्रियों की दुस्सह यंत्रणा देखते हैं और आनंद का उपभोग करते हैं। एक जानवर भी स्वगोत्र जानवर को इस तरह नहीं काटता, जिस तरह स्त्री को पुरुष काटता है। जानवर की जिन्दगी में सभ्यता-जैसी कोई चीज नहीं है, फिर भी इस युग में उनके स्वभाव में ऐसी निर्ममता, पाशविकता एवं नृशंसता देखने को नहीं मिलती।

मौलाना मन्नानों को सज़ा नहीं मिलेगी। इसके बदले में उन्हें कोई पत्थर नहीं मारेगा। वे समाज में मजे से रहेंगे। इसके बाद तो मौलाना और भी नूरजहाँओं के प्रति लार टपकायेंगे और न मिलने पर पत्थर न सही, कुछ और फेंकेंगे। ये समाज के ऊँचे आसन पर बैठकर स्त्रियों की तरफ फेंक रहे हैं—अवहेलना, असम्मान, अन्याय, अत्याचार और अकथ उत्पीड़न के पत्थर। स्त्रियाँ मर रही हैं, और कुछ घुट-घुटकर जिंदा हैं। उनके मरने और जिन्दा रहने में भले ही अंतर नज़र आता हो, लेकिन अंदर से कोई फर्क नहीं है।

नूरजहाँ के जिन्दा रहने पर ही क्या उसे कुछ सुख मिलता ? एक पति ने तलाक दिया था, दूसरा भी दे देता। लात-जूते तो उसे कित्ती भी पति से मिलते। समाज के रक्षक दिन-प्रतिदिन उस पर जो अत्याचार करते। वह अवधि घटाकर उसे एक ही दिन में मार डाला गया, यह भी नूरजहाँ के लिए एक तरह से बच जाना ही है !

असल में हम सब स्त्रियाँ ही एक-एक नूरजहाँ हैं। हमारे लिए गड्ढा खोदा गया है। हमारे लिए विचित्र-विचित्र फतवे जारी किये गये हैं। हम घर पर बैठे रहने की चीज़ हैं। हम पर्दे की आड़ में रहने की चीज़ हैं। हम जन्म से ही एक पुरुष अभिभावक द्वारा शासित किये जाते हैं। शादी नामक घटना के जरिये पति नामक अभिभावक के पास निवेदित होती हैं। उसे भोगने के लिए अपना तन

और मन सौंप देती हैं। हमें तलाक दिया जाता है, तलाकशुदा को जिन्दा रखने के लिए खर्चे-पानी का रुपया भी दिया जाता है, ताकि जिन्दा रहकर पुरुषों के और ज्यादा भोग के लिए समर्पित हो सकें। हमारे लिए शिक्षा, स्वास्थ्य, आत्मनिर्भरता और सचेतन बनाने की व्यवस्था नहीं है। जो कुछ है भी, वह निस्सार और शून्य है। सचमुच की शिक्षा नहीं, स्वस्थ्य नहीं, चेतना नहीं। सबका सब दिखावा है।

समाज की नीतियों, नियमों और फतवों के जाल में स्त्री को डालकर उसे अंधा-बहरा बनाकर पुरुष मजा लेता है। यह बहुत पुरानी कहानी है। देश के लाखों मौलानाओं ने इस तरह से लाखों-करोड़ों नूरजहाँओं को मार डाला है। महज घटनाक्रम में एक अखबार में यह एक खबर छपी है। इसका मतलब यह नहीं है कि अखबारों में जब हम हसीना और खलिदा जिया का भाषण छपते देखते हैं और क्लिंटन का चुनाव तथा विजय का आनंद-उत्सव देखते या पढ़ते हैं, तब कोई नूरजहाँ नहीं मरती है। तब भी हमारे देश में कहीं-न-कहीं कोई मौलाना उसे गला दबाकर मार रहा होता है। फाँसी दे रहा होता है, विष खिला रहा होता है। उस पर पत्थर फेंक रहा होता है, जिबह कर रहा होता है।

जो स्त्री समझती है कि वह नूरजहाँ की तरह उत्पीड़ित नहीं है, वह गलतफहमी में है। हाँ, सचेत होने पर एक दिन अवश्य समझेगी कि असल में वह भी एक 'नूरजहाँ' ही है और आशा है, तभी उसके डटकर खड़ा होने का समय आयेगा।

घटना-दुर्घटना

संतान के प्रसवकाल में, प्रसव की सुविधा के लिए, स्त्री के योनि-द्वार को थोड़ा-सा चीरा लगाकर बड़ा किया जाता है, वरना योनि की दीवार प्रसव के समय इतनी बुरी तरह फट जाती है कि कई बार योनि और गुदाद्वार के एक हो जाने तक की आशंका रहती है। इससे बचने के लिए चिकित्सक जच्चा के योनि मार्ग को चौड़ा करने के मामले में सचेत होते हैं। वे योनि की दीवार को चीरकर प्रसव का कष्ट कम कर देते हैं तथा प्रसव के बाद कटे हुए हिस्से की सिलाई कर देते हैं। वह सिलाई सात दिनों के अंदर बेदाग हो जाती है। इस पर किसी को एतराज नहीं होना चाहिए, लेकिन जच्चा के पति को इस पर एतराज होता है। उसे क्यों एतराज होता है ? "बीवी के गुप्तांग में सिलाई हुई है, सो इस बीवी को घर में रखना ठीक नहीं है।"

2

विकसित देशों में सिजेरियन ऑपरेशन की लोकप्रियता दिन-ब-दिन बढ़ रही है। जिस स्त्री को आठ-दस बच्चे पैदा करने की जरूरत नहीं, उसके लिए सिजेरियन ऑपरेशन ही बेहतर तथा निरापद है। इससे स्त्री तरह-तरह के खतरे की आशंका से मुक्त रहती है और उसकी तंदुरुस्ती की भी यथासंभव हिफाजत होती है। लेकिन स्त्री के इस फायदे से अधिकांश पुरुषों को एतराज होता है। स्त्री के पेट पर चिकनाई न हो तो पुरुषों का मन नहीं भरता। स्त्री का शरीर चिकना और मुलायम होना चाहिए। उस पर दाग-धब्बा देखते ही उन्हें विरक्ति होती है। वे होंठ बिचकाकर कहते हैं, "पेट की चीर-फाड़ वाली बीवी के साथ घर में नहीं रहा जा सकता।"

3

मान लीजिए, बच्चेदानी में ट्यूमर या बहुत ज्यादा खून गिरने के कारण बच्चेदानी को निकाल देना पड़े, क्योंकि जिंदगी बच्चेदानी से बड़ी है। कोई भी विवेकशील या स्वस्थ मानसिकता का व्यक्ति जिंदगी बचाने के लिए बच्चेदानी निकाल देने पर राजी हो जायेगा। लेकिन सबके मान जाने पर भी पति राजी नहीं होता। बच्चेदानी की और जरूरत न हो, तब भी।

वंश चलाने के लिए जिस पुत्र की आवश्यकता है, वह भी हो गया है। फिर भी कैसा तो लगता है। बच्चेदानी ही नहीं है, भला यह कैसी बीवी है। अपंग जैसी लगती है। बिना बच्चेदानी के औरत भी क्या औरत है ? और यदि ऐसी किसी स्त्री की बच्चेदानी को निकाल देना पड़े जिसने बच्चा जना ही नहीं, तो उसके स्वस्थ होने से पहले ही पति महोदय उसे छोड़ देते हैं।

4

स्तन में ट्यूमर होने पर स्तन काट कर निकाल देना आवश्यक होता है। ऐसी स्थिति में स्तन की माया से स्त्री से अधिक पुरुष ही दुखी होता है। बीमार स्तन को भी मसलकर आनंद लेने के लिए पुरुष के हाथ मचलते रहते हैं। स्त्री की स्तनहीनता से उन्हें इतना ज्यादा धक्का पहुँचता है कि स्तन-कटी स्त्रियों के प्रति उनका प्रेम, सहानुभूति कुछ भी नहीं रह जाती। वे बेझिझक कहते हैं, "मेरा भी तो कोई शौक और सुख है। अपंग स्त्री के साथ भला रहा जा सकता है।"

5

गर्भवती स्त्रियों में देखा जाता है कि किसी-किसी के पाँव फूल जाते हैं और रक्तचाप बढ़ जाता है। यदि इसकी उचित चिकित्सा नहीं हुई तो वे 'खींच की बीमारी की शिकार हो जाती हैं। इसे एक्लंप्सिया कहा जाता है। इस रोग का शिकार होने पर बच्चा तो मरता ही है, जच्चा भी मर जाती है। सिर्फ लापरवाही के कारण ही एक्लंप्सिया होता है। बहू के प्रति पति और सास-श्वसुर की अवहेलना ऐसी होती है कि वे बहू को चिकित्सक के पास ले ही नहीं जाते।

एक्लंप्सिया होने पर लोग कहते हैं–किसी जिन्न ने नाखून से नोंचा है सिर पर कपड़ा रखे बिना बँसवाड़ी में गयी थी, उसी का नतीजा है ! एक्लंप्सिया के रोगी को ताबीज-कवच पहनाकर, मंत्र पढ़ा-पिलाकर और ज्यादा मौत के मुँह में ठेल देते हैं। इसके बाद यदि औरत को चिकित्सक की शरण में ले जाते हैं तो वह जल्दी से प्रसव कराके रोगी को 'खींच' से बचा लेता है और स्त्री लगभग मौत की दहलीज छूकर ही धीरे-धीरे वापस आती है। कोई-कोई स्त्री बहुत ज्यादा

'खींच' होने से मानसिक संतुलन भी खो सकती है। ऐसा हो या न हो, मगर पति महोदय सोचते हैं, 'दूसरी किसी गर्भवती स्त्री को तो ऐसा नहीं होता, फिर इसे ही क्यों होता है ? जरूर ही इसने कोई पाप किया होगा। अल्लाहताला उसकी सज़ा दे रहे हैं। इसे घर से निकालना ही होगा।'

6

बच्चा पैदा होने का समय हो गया है। दाई को बुलाया जाता है। वह आकर जबरदस्ती बच्चे को खींच-तानकर बाहर निकाल देती है। बच्चेदानी के स्वाभाविक फैलाव तथा सिकुड़न की क्रिया से बच्चा पैदा हो, इतना भी इंतजार नहीं कर सकती। बच्चा तो पैदा हो जाता है, लेकिन बाद में होता यह है कि उस खींचातानी के कारण बच्चेदानी सरक कर धीरे-धीरे योनिद्वार पर निकल आती है। चलते-फिरते और खाँसते वक्त बच्चेदानी नीचे की तरफ निकल आती है। वह अस्वस्थता स्त्री को बहुत तकलीफ देती है। उधर स्त्री की इस अस्वस्थता से सबसे ज्यादा रुष्ट उसका पति होता है। योनिद्वार पर बच्चेदानी के निकल आने से पतिदेव को शारीरिक आनंद पाने में असुविधा होती है। हालाँकि उसी के निर्देशानुसार घर पर दाई आयी थी और दाई के कारण ही बच्चेदानी खिसक आयी है, फिर भी अंततः इसकी जिम्मेवारी कोई भी पुरुष अपने ऊपर नहीं लेता। वह अपना सम्भोग सुस्वादु न होने के कारण चरम निर्णय लेता है, "इस औरत को आज ही तलाक दूँगा।"

जो छह प्रसंग यहाँ दिये गये हैं, ये अक्सर ही घटते रहते हैं। हमारे गाँवों-कस्बों, यहाँ तक कि शहरों में भी मूर्ख, अशिक्षित और जाने-माने शिक्षित परिवारों में भी आये दिन ये घटनाएँ घट रही हैं। शारीरिक स्वास्थ्य के लिए आधुनिक विज्ञान का प्रयोग किया जाये, ऐसी मानसिकता अब तक पति-पुरुषों की नहीं बन पायी है। उनकी हीन मानसिकता का कुफल अकेले स्त्री को ही भुगतना पड़ता है। इतना ही नहीं, पति के गलत निर्णय लेने के ही कारण हमेशा स्त्रियों की मौत होती है। यहाँ पर पति के निर्णय को महत्व देने का कारण यह है कि स्त्री को कोई भी निर्णय लेने का अधिकार नहीं होता। पति ही निर्णय लेने वाला एकमात्र अधिकारी होता है। और यदि पत्नी जिन्दा बच भी जाती है तो वह उसे अस्वस्थता और अपंगता का दोषी ठहराकर छोड़ देता है। तलाकशुदा स्त्री यदि गरीब हुई तो आश्रय के लिए रिश्तेदारों के दरवाजे-दरवाजे भटकती है, या वेश्यालय में जाती है या फिर भीख माँगती है। चूँकि स्त्रियों के लिए काम की सहूलियत कम है, इसलिए यह तेजी से नीचे की ओर गिरने लगती है।

इसका असली जिम्मेवार कौन है ? क्या सिर्फ पति ? या समस्त पुरुष समाज ? वास्तव में ये जिम्मेवार नहीं हैं। जिम्मेवार है हमारी यह राजनीतिक और आर्थिक

दुरावस्था। शिक्षा, स्वास्थ्य, सचेतनता को समाज के हर स्तर तक पहुँचा देने की क्षमता यह देश अब तक अर्जित नहीं कर सका। विज्ञान से तेज रफ्तार इस देश में धर्म की है। अच्छाई से पहले बुराई फैलती है। सारा देश बुराई से भर चुका है। इतनी बुराई के बीच अच्छाई की उम्मीद करना ही शायद मूर्खता है।

वी शैल ओवरकम

कुसुम नामक एक लड़की मेरे घर काम करती थी। इसे थोड़ा बदल कर यह भी कहा जा सकता है कि कुसुम घर के कामकाज में मेरी मदद करती थी। कुसुम की उम्र तेरह या चौदह साल रही होगी। पता नहीं कहाँ से वह थोड़ा रीति-रिवाज सीखकर आयी थी और अक्सर घर पर उनका पालन करती थी। कुछ महीनों बाद मैंने पाया कि जब कभी मेरे घर के आसपास के माइकों पर अजान शुरू होती, तो वह सारा काम छोड़ दौड़कर नल के पास चली जाती, 'वजू' करती और बड़े साफ मन से रसोईघर के एक कोने में बैठकर नमाज पढ़ती। उस वक्त मजाल है कि कुसुम से कोई दूसरा काम करवा ले। यदि चूल्हे पर उस समय कुछ जलकर राख भी हो जाता तो कुसुम उसका शब्द, गंध, धुआँ सब कुछ पीछे छोड़ अल्लाह के दरबार में हाथ उठाती।

एक दिन मैंने पूछा, "तुम जो पाँच वक्त की नमाज पढ़ती हो, नमाज का सूरा-वूरा भी जानती हो ?"

कुसुम ने सिर हिलाकर कहा, "हाँ ! दो जानती हूँ !"

"कौन-कौन-सा ?"

"अलहामद्वलिल्लहा और कुलहुअल्ला !"

"इन सूराओं का अर्थ जानती हो ? इसका क्या अर्थ बताया गया है ?" कुसुम यह सुनकर हैरान हुई। सूरा का भी कोई अर्थ होता है, मानो उसने पहली बार सुना हो।

अचानक उसकी भौंहें सिकुड़ गयीं। उसे लगा कि कोई खराब बात कही जा रही है। इसलिए अचानक नाराज होती हुई बोली, "क्या कहती हैं, सूरा का भला क्या अर्थ होगा ? सूरा तो सूरा ही है।"

हाँ, सूरा तो सूरा ही है ! सूरा का अर्थ क्या ! पूछा, "यह जो तुम नमाज

पढ़ती हो, आखिर क्यों ?"

कुसुम ने सरलता से सहज ही जवाब दिया, "बहिश्त के लिए !"

"क्यों ? बहिश्त में क्या है ?"

कुसुम पैर पसारकर जमीन पर बैठ गयी। बड़ी दिलचस्पी के साथ बोली, "बहिश्त में खाने के लिए मछली का कलेजा दिया जायेगा।"

"मछली का कलेजा खाने की तुम्हारी इतनी इच्छा है तो ठीक है, कल ही मैं तुम्हारे लिए बाजार से मछली का कलेजा ला दूँगी !"

कुसुम उठकर खड़ी हो गयी। फिर बोली, "दुनिया की मछलियों का कलेजा कड़वा होता है और बहिश्त की मछलियों का कलेजा मीठा होता है।"

अब तो हैरानी से उसके चेहरे की तरफ देखते रहने के सिवाय मेरे पास कहने को कुछ नहीं था। कुसुम अपने विश्वास पर अटल थी। वह मछली का मीठा कलेजा खाने के लालच में दिन में पाँच बार नमाज पढ़ेगी ही। उसे रोकने की हिम्मत किसी में नहीं है।

आजकल एक और दृश्य मुझे हैरान करता है। वह है झुंड के झुंड युवकों और किशोरों का मस्जिद की ओर जाना। मैंने अपने बचपन एवं किशोरावस्था में इतने लोगों को मस्जिद की तरफ जाते हुए नहीं देखा। उस समय सभी कामकाज से खाली बेकार बूढ़ों को ही खड़ाऊँ खटखटाते और लाठी ठकठकाते धीरे-धीरे मस्जिद की तरफ जाते देखती थी। अब शुक्रवार को जुम्मे की नमाज पढ़ने के लिए मस्जिद में अमीर लोगों की भीड़ लगी रहती है। इनमें ज्यादातर स्मगलर, झूठे व्यवसायी, अत्याचारी और बेईमान लोग होते हैं। वे धुला हुआ कुर्ता-पाजामा पहनकर मस्जिद में आते हैं। उनमें कोई-कोई तो चोर भी होता है जो वहाँ से निकलते समय दूसरों के चप्पल-जूते चुराकर घर लौटता है। कुछ मध्यवर्गीय शिक्षित सभ्य किशोर, युवक, वृद्ध भी ज़ाते हैं। उनमें हर एक को बहिश्त में जाने की थोड़ी-बहुत आकुलता रहती है।

अधिकतर बूढ़े अपने जर्जर शरीर को लेकर कब्र के अजाब के डर से नीले पड़े होते हैं। उनके पैरों की उँगलियाँ 'रात बीतते न बीतते क्या हो' की आशंका में सिकुड़ी रहती हैं। वे आखिरात के मैदान में अपनी तरफ पलड़ा भारी करने की साधना में रात-दिन बुत बने रहते हैं। उनसे मेरी कोई शिकायत नहीं, क्योंकि शायद दुनिया में उनकी जरूरत खत्म हो गयी है। लेकिन तरोताजा मेधावी किशोर ? कर्मठ युवक ? उनकी आँखों में क्यों लोभ चमकेगा—अलौकिक दुष्प्राप्यता का मोह ? इसका एक ही कारण मैं ढूँढ़ पायी हूँ—फ्रस्ट्रेशन। फ्रस्ट्रेशन और सिर्फ फ्रस्ट्रेशन, जिसको बांग्ला और हिन्दी में कहेंगे—नैराश्य-हताशा। अभी चारों तरफ नैराश्य है। राजनीति में भी, अर्थनीति में भी। समाज में हर तरफ दुर्नीति है, अव्यवस्था है, बेकारी का जाल बिछा हुआ है। इस जाल में असंख्य निर्दोष तरुण और देश की

अगली पीढ़ी फँस चुकी है। उनमें से कुछ लुटेरे हैं, कुछ नशीली चीजें ले रहे हैं तो कुछ मस्जिद जा रहे हैं। इसका मुख्य कारण नैराश्य ही है। उन्होंने सत्य, सौन्दर्य, मुक्तबुद्धि और स्वस्थ चेतना अर्जित की है, लेकिन कहीं इसका इस्तेमाल नहीं कर पा रहे। जहाँ जाते हैं, वहीं ताकत और धन के बल पर झूठ और मक्कारी कायम है, माहौल बीमार है। इसीलिए हताश नौजवान किसी भी विध्वंस की तरफ दुविधाग्रस्त पैर बढ़ा रहे हैं। कोई मछली का मीठा कलेजा खाने के लालच में, कोई मांस और फल-फूल के लिए, कोई शराब और हूरों की आशा में और कोई-कोई दोजख के जक्कुम वृक्ष के फल, साँप-बिच्छू और खौलते पानी के दंड से बचने की उम्मीद में मस्जिद जाना चाहता है। यह दुनिया नौजवानों में और कोई उम्मीद नहीं जगा पा रही, इसलिए लाचार होकर वे शराब और गोश्त की तरफ दौड़ रहे हैं। यह उनका दोष नहीं। यह तो हमारे झूठे, लोभी और मूर्ख राजनेताओं का दोष है। यह व्यर्थ के राष्ट्रीय ढाँचे का दोष है, समाज-व्यवस्था का दोष है।

देश में नशीले पदार्थों का सेवन करने वाले बढ़ रहे हैं। नैराश्य से मुक्ति के लिए फिलहाल वे ऐसी चीजों के प्रति स्वयं को समर्पित कर रहे हैं, जिसका परिणाम दरअसल और भी गहरी निराशा है।

मुझे लगता है, लोग तभी मछली के कलेजे, शराब-मांस, हूर के मोह और नशीले पदार्थों से मुक्त हो पायेंगे, जब समाज या देश उनके रहने योग्य बनेगा; और इस समाज तथा देश को रहने योग्य बनाने का दायित्व हमारा है। हम लोगों का, जो अब तक नशीले पदार्थों और कुसंस्कारों से आक्रांत नहीं हुए हैं।

भावना का भास्कर्य

मैं कई महिलाओं को जानती हूँ, जिन्हें सिगरेट पीने की आदत है। इस समाज में रहते हुए महिलाओं का सिगरेट पीना बहुत कठिन काम है। सो इस नशे की आदी महिलाओं में अपराधबोध इतना गहरा होता है, जिसे देखकर हैरानी होती है। उन्हें जब नशे की जरूरत होती है तो वे बाथरूम में चली जाती हैं, और वहाँ बैठकर धूम्रपान करती हैं। बाद में हाथ-मुँह धोकर लोगों के सामने आती हैं। वे न तो अपराधबोध से मुक्त हो पाती हैं और न ही यह नशा छोड़ पाती हैं। उन्हें देखकर मुझे बहुत सहानुभूति होती है। किसी पुरुष को तो छिपकर धूम्रपान करने की जरूरत नहीं पड़ती ! स्त्रियों के लिए ही लुका-छिपी, स्त्रियों के लिए ही मनाही !

कोई भी लड़की इच्छा होते ही घर या बाहर, खेल के मैदान या रास्ता चलते धूम्रपान नहीं कर सकती। धुआँ यदि पेय या खाद्य है, तो स्त्री हो या पुरुष, दोनों के लिए ही होगा। धुआँ सिर्फ पुरुषों के लिए है, यह कहीं लिखा भी नहीं है। धूम्रपान स्वास्थ्य के लिए हानिकारक है, यह मानते हुए ही कह रही हूँ कि जो स्त्रियाँ धूम्रपान की आदी हैं, वे किसी भी धूम्रपान वर्जित जगह को छोड़ कहीं भी शर्म-झिझक त्यागकर धूम्रपान करें। उन्हें धूम्रपान के लिए बाथरूम या और कहीं जाने की जरूरत नहीं है। स्त्रियों में किसी तरह की जड़ता न हो, उन्हें जो कुछ करने की इच्छा हो, रीढ़ की हड्डी सीधी रखकर, सिर उठाकर करें। उन्हें कभी नतमस्तक न होना पड़े, समाज के किसी भी जड़तापूर्ण नियम के आगे वे पराजित न हों ! (वैसे स्त्री-पुरुष दोनों के लिए ही धूम्रपान से दूर रहना अच्छा है।)

2

गर्भ स्त्री का है। इस गर्भ में कुछ धारण करने के लिए या गर्भपात कराने के

लिए स्त्री के निर्णय को ही अंतिम निर्णय समझा जाना चाहिए। इस गर्भ पर किसी भी पुरुष, समाज या राष्ट्र को अधिकार नहीं जताना चाहिए। जब तक स्त्री को गर्भपात या गर्भधारण की स्वतंत्रता नहीं मिल रही, तब तक किसी भी स्त्री को 'माँस का लोंदा' कहने में मुझे कोई दुविधा नहीं है।

'एम. आर.' की आड़ में इस देश में रोजाना गर्भपात हो रहा है। अविवाहित लड़कियाँ 'एम. आर.' कराने के लिए अस्पतालों-क्लिनिकों में लम्बी लाइन लगाती हैं या फिर उन्हें झूठा परिचय देना पड़ता है। कहना पड़ता है कि वे विवाहित हैं–प्रेमी या पुरुष दोस्त को दिखाकर 'पति' बताना पड़ता है। क्यों लेना पड़ता है इस झूठ का सहारा ?

क्यों यह राष्ट्र उन्हें सच्ची बात कहने की आजादी नहीं दे रहा है ? क्यों गर्भपात के लिए आज अनगिनत स्त्रियों से झूठ बोलवाया जा रहा है ? रजिस्टर में लिखे जा रहे हैं अनगिनत झूठे नाम-पते। इससे अच्छा है कि 'गर्भ जिसका है, गर्भपात का अधिकार भी उसी को है'–यह नियम समाज में लागू करने पर नारी-स्वातंत्र्य की भी थोड़ी-बहुत रक्षा होगी और आदमी झूठ के जाल से भी बच जायेगा।

3

दुनिया के किसी भी प्राणी की बच्चेदानी बाहर की तरफ निकलकर नहीं आ जाती, जैसा कि मनुष्य के साथ होता है। इसके कारण के विषय में गायनोकोलॉजी के प्रोफेसर अब्दुल बायछोभुइयाँ ने कहा है कि दूसरे प्राणी या जन्तु के प्रसव के समय दाई नहीं रहती, इसलिए उसकी बच्चेदानी बाहर नहीं आती। मनुष्य के प्रसव के समय दाई रहती है, इसीलिए स्त्री को इतनी मुसीबत झेलनी पड़ती है।

बांग्लादेश में अशिक्षा और अन्धत्व इतना ज्यादा है कि जब तक यह दूर नहीं होगा, तब तक बच्चेदानी से बच्चा निकालने के लिए दाई को ही आना पड़ेगा और दुनिया के प्राणीजगत् में एकमात्र अभागे मनुष्य, यानी अभागी स्त्री की बच्चेदानी ही नीचे खिसकती रहेगी। लेकिन अशिक्षा और अंधत्व इस देश से कैसे दूर होंगे ? क्या मैं अकेले या मेरे जैसे कुछ लोग इसे दूर कर सकते हैं ? यदि राष्ट्र यह दायित्व न ले तो हम सिर्फ लिखकर या जुलूस निकालकर तमाम अशिक्षा और अंधत्व तो दूर नहीं कर सकते !

4

'ओवरसीज़ कॉल बुकिंग' नम्बर पर डायल करके यदि कोई लड़की कोई नम्बर बुक करना चाहे तो ऑपरेटर उससे पूछता है–आपका नम्बर क्या है ? फोन नम्बर बताने के बाद सवाल होगा–कॉलर कौन है ? यदि कहा गया–शमीमा, नसीमा,

खालिदा, नमिता, रुकैया या इसी तरह कुछ और, तो ऑपरेटर पूछेगी–'मिस' या 'मिसेज़' ?

'मिस' या 'मिसेज़' जाने बगैर ऑपरेटर को चैन नहीं, क्योंकि उसे वह नाम लिखकर रखना पड़ता है, इसलिए कि नाम से पहले उसे सम्बोधन की जरूरत पड़ती है। इस मामले में जैसे विवाहित-अविवाहित पुरुष के लिए 'मिस्टर' सम्बोधन से ही काम चल जाता है, उसी तरह विवाहित स्त्री के लिए मिस सम्बोधन ही काफी होना चाहिए, और कॉल बुकिंग के समय भी विवाहित या अविवाहित जानना जरूरी नहीं होना चाहिए।

स्त्री के 'विवाहित' और 'अविवाहित' परिचय को अलग से रेखांकित करने पर ऐसा लगना अस्वाभाविक नहीं है कि विवाह ही स्त्री के लिए सबसे महत्वपूर्ण चीज है। स्त्री के लिए विवाह को सबसे महत्वपूर्ण मानने पर स्त्री का अशुभ ही होगा, शुभ नहीं; क्योंकि विवाह नामक ध्वंस-यज्ञ में स्त्री की कार्यक्षमता, मेधा, प्रतिभा सब कुछ झोंक दिया जाता है। इसका मतलब यह नहीं कि विवाह को मैं नितांत फालतू कह रही हूँ। विवाह जरूरी तो है, लेकिन विवाह को स्त्री के परिचय में महत्वपूर्ण भूमिका निभाने की मैं घोर विरोधी हूँ। मेरा विश्वास है कि अबोध स्त्री के सिवाय दूसरी कोई भी स्त्री विवाह नामक मुकुट को हमेशा सिर पर चढ़ाये रखने की विरोधी होगी।

5

संसद में कुछ 'अलंकार' बैठते हैं। इन अलंकारों के वहाँ बैठने की कोई जरूरत नहीं है ? मुझे तो लगता है–नहीं है ! उन्होंने संसद में शोभा बढ़ाने के अलावा कुछ किया हो, मुझे नहीं लगता।

यह देश महिलाओं को शिक्षित नहीं करेगा। यह देश महिलाओं को उत्तराधिकार से वंचित रखेगा। महिलाओं को दुनिया-समाज में इन्सान की तरह चलने नहीं देगा। यह देश महिलाओं के मानवाधिकार का उल्लंघन होने देगा, उसके काम करने, राजनीति करने और समाज में नेता होने के रास्ते में बड़ा रोड़ा बनेगा और आखिर में लड़की नामक 'डेकोरेशन पीस' लाकर घर सजायेगा।

यदि देश की यही हालत रही तो इसमें कोई संदेह ही नहीं रह जाता कि सरकार सचमुच ही महिलाओं का कोई उत्थान नहीं चाहती।

इतिहास को टटोलने पर हम पाते हैं कि स्त्रियाँ नाना समय नाना देशों में यौद्धा तक रह चुकी हैं। उन्होंने घोड़े पर चढ़कर युद्ध का नेतृत्व भी किया है। लेकिन अब युद्ध की बात तो दूर रही, किसी चुनाव में खड़े होने का भी उचित माहौल नहीं पातीं। घर-सामज उन्हें परिवार-रूपी पिंजड़े में जकड़कर रखता है। बिना किसी मुकाबले के स्त्री के सिंहासन पर बैठने और हाथ-पाँव-मुँह ढँककर

डेकोरेशन पीस की भूमिका निभाने पर महिलाओं का जितना अपमान होता है, उतना अपमान चाबुक फटकारने, डंडा मारने, गला काटने या फाँसी पर लटका देने से भी नहीं होता।

संसद में इन तीस 'अलंकारों' को कोई अधिकार नहीं है कि स्त्री होकर वे स्त्रियों का अपमान करें, और चुनाव जीतकर आये हुए दल को भी कोई अधिकार नहीं कि वह देश को, यहाँ तक कि पूरी दुनिया को, इन 'अलंकारों' को दिखाकर स्त्रियों को उपहास की वस्तु बनाये।

'एकला चलो…'

ढाका शहर में स्त्रियों के घर से बाहर निकलकर चलने-फिरने के दो क्षेत्रों में तरक्की हुई है। वे कच्ची सब्जियों के बाजार में जाती हैं और पक्के स्कूलों में। बाजार जाती हैं सब्जी खरीदने के लिए और स्कूल जाती हैं बच्चे को पहुँचाने तथा वापस लाने के लिए। ये दोनों काम बहुतेरी गृहिणियों के लिए अब नियमित हो गये हैं। क्या ये दोनों उसके अपने काम हैं ? 'अपना काम' कहने में मुझे कोई एतराज नहीं होगा, यदि खरीदारी का रुपया उसका अपना कमाया हुआ हो और जिस बच्चे को वह स्कूल से लाने-ले जाने का काम करती है, वह उसके परिचय से पहचाना जाता हो। नहीं, दोनों में एक भी उसका अपना नहीं हैं। जिस रुपये से वह खरीदारी करती है, वह किसी और का है और जिस बच्चे को स्कूल पहुँचाती-लाती है, वह भी दूसरे का है। 'दूसरे का' कहने का अर्थ है पति का, पितृप्रधान समाज-व्यवस्था में भी बच्चा अपने पिता के नाम से ही जाना जाता है।

इसलिए इन दोनों कामों को मैं 'स्त्रियों का काम' मानने को तैयार नहीं। स्त्रियाँ बाजार करती हैं, पति और बच्चों के लिए खाना पकाती हैं और उन्हें खिलाती हैं, क्योंकि पुरुषों की सेवा के लिए ही उनका जन्म हुआ है और उन्हीं के लिए उनको जिन्दा रहना है।

लोगों का कहना है कि चूँकि औरतें बाजार करती हैं और बच्चों को पालती हैं, इसलिए आजादी उनकी मुट्ठी में आ गयी है। लेकिन हैरानी की बात यह है कि कोई भी नहीं कहता कि ये दोनों काम असल में नौकरों के हैं। घर के नौकर ही पहले ये काम करते थे। शायद घर के मालिक ने हिसाब लगाकर देखा होगा कि नौकरों की बेईमानी के कारण बीच-बीच में 'घाटा' उठाना पड़ता है, इसलिए गृहिणी नामक 'ईमानदार नौकर' द्वारा ही बाजार जाने तथा बच्चों को स्कूल से लाने-ले जाने का काम कराया जा सकता है। इसमें घाटे की गुंजाइश

भी नहीं है; और इधर गृहिणी सोचती है कि बाजार करना तथा बच्चे को लेकर जाना ही उसे मुक्ति का रास्ता दिखायेगा और इससे उसे समूची स्वतंत्रता मिल जायेगी !

2

प्राइवेट फर्म में काम करने वाली नौ लड़कियों से मैंने बातचीत की है। सबने कहा है कि वे अपने उच्च अधिकारियों द्वारा सतायी जाती हैं। 'सताया जाना' शब्द का यहाँ इसलिए इस्तेमाल कर रही हूँ, क्योंकि उनके बड़े बॉस अक्सर काम के बहाने उन्हें चेम्बर में बुलाते हैं, मीठी-मीठी बातें करते हैं और 'पेषण' करते हैं। शाब्दिक अर्थ 'पीसना-मसलना' ही है। सभी लड़कियों का कहना है कि वे 'पेषित' होना नहीं चाहतीं, लेकिन इसके अलावा कोई चारा भी तो नहीं। 'पेषण' न करने देने पर उन्हें नौकरी से निकाल दिया जायेगा और ऐसा होने से उनके लिए बहुत मुश्किल हो जायेगी।

पुरुष और स्त्री की नौकरी के मामले में बहुत बड़ा फर्क है। पुरुष को नौकरी में सिर्फ बुद्धि और श्रम देने से ही काम चल जाता है, जबकि स्त्री को बुद्धि और श्रम तो देना ही पड़ता है, ऊपर से खुद को 'पिसाना' भी पड़ता है। यानी नौकरी में हमेशा स्त्री का इन्वेस्टमेंट ज्यादा होता है।

ज्यादा देकर उसे कम हासिल होता है। जिन कारखानों में ढेर सारे श्रमिक लेने की क्षमता है, वे जानते हैं; वे जानते हैं कि स्त्रियाँ देती ज्यादा हैं और पाती कम हैं।

3

मेरी छोटी बहन को एक लड़की हुई है। सुन्दर, स्वस्थ एक लड़की। मेरी बहन ने चाहा था कि उसे एक लड़की ही हो। लेकिन लड़की होने के बाद से उसे विचित्र बातें सुननी पड़ रही हैं। जिस डॉक्टर ने ऑपरेशन किया, उसने ही सबसे पहले मेरी बहन के होश में आते ही सिर पर हाथ फेरते हुए कहा, 'दुखी मत होओ ! अगली बार तुम्हें जरूर लड़का होगा।' लड़की को लेकर जब बहन और बहनोई खुशी से पागल हुए जा रहे थे, तब एक-एक कर पड़ोसी लोग आ-आकर तसल्ली दे रहे थे। सबकी जुबान पर एक ही बात थी–'लड़की हुई है, भई दुखी मत होना। दुखी होने से क्या फायदा !' बहन और उसके पति कहते–'हम लोग तो दुखी नहीं हैं !' लेकिन उनकी बात पर पड़ोसियों को यकीन ही नहीं आया। वे निश्चित हैं कि लड़की के जनमने पर दुखी होना ही पड़ता है।

बहनोई के दफ्तर जाने पर, दोस्तों के अड्डे पर लड़की होने की खुशखबरी सुनाये जाते ही दफ्तर के चपरासी से लेकर एम. डी. तक सभी कहते–जाने भी

दो, दुखी मत होओ ! बहन और उसके पति बल्कि दुखी होकर कहते–हम जरा भी दुखी नहीं हो रहे हैं। लेकिन सभी खुद-ब-खुद आगे बढ़कर दुखी न होने की सलाह देते हैं ! ये तसल्लियाँ ही आजकल उन्हें ज्यादा परेशान करती हैं। वे लोगों के अफसोस और उनकी झूठी तसल्ली से हैरान हैं।

4

'आडं-क' और 'बेली रोड' की काफी दुकानों में 'सेल्स गर्ल' या 'सेल्स वूमेन' के रूप में लड़कियाँ काम कर रही हैं। मैंने पाया है कि विक्रेता के रूप में लड़कियाँ बहुत ही व्यवहारकुशल, शालीन तथा सहनशील होती हैं। चूँकि इस क्षेत्र में महिलाएँ अपने कृतित्व का परिचय दे रही हैं, इसलिए उन्हें इस क्षेत्र में बड़ी तादाद में आगे आना चाहिए।

बहुत से लोगों का मानना है कि विक्रेता होना महिलाओं के लिए बड़े शर्म की बात होती है। विक्रेता होने पर उनका मान-सम्मान घटता है। लेकिन यह बात सही नहीं है। किसी भी सच्चे काम में किसी को भी सम्मान-हानि नहीं होती। बहुत-सी बेरोजगार महिलाएँ काम की तलाश में घूम रही हैं, लेकिन उन्हें काम नहीं मिल रहा। चूँकि लोग कहते हैं कि महिलाओं का सेल्स गर्ल होना ठीक नहीं और दुकानों के मालिक भी इस बात का समर्थन करते और इससे प्रभावित होते हैं !

लड़कियों को 'सेल्स गर्ल' होना भला क्यों शोभा देगा, उन्हें 'कॉल गर्ल' होना जो शोभा देता है ! लड़कियों को 'कॉल गर्ल' बनाने में समाज जितना उत्साह दिखाता है, 'सेल्स गर्ल' बनाने में उतना नहीं !

महिलाओं को अकर्मण्य बनाये रखने में यह समाज और संसार बड़ा सजग रहता है। उसकी इस अशुभ सजगता के विरुद्ध खड़े होने का समय अब आ गया है।

अब औरत बनेगी मस्जिद का इमाम

चर्च ऑफ इंग्लैण्ड ने औरत को याजक, यानी पादरी होने की अनुमति दी है। स्त्री को चर्च का याजक होने का अधिकार नहीं था। जिनको चर्च पर बोलने का ही अधिकार नहीं था, वे भला चर्च का याजक होने का अधिकर कैसे पा जाएँगी। सो एक साथ जब डेढ़ हजार याजक चर्च ऑफ इंग्लैण्ड को धमकी दे रहे थे कि उसे छोड़ देंगे, तब वैटिकन से भी अनुशासन-विरोधी निर्णय का विरोध किया गया।

सन् 1534 में सम्राट हेनरी अष्टम के सहयोग से 'चर्च ऑफ इंग्लैण्ड' रोमन कैथोलिक चर्च से अलग हो गया था। ऐंलिकन की ऐसी ऐतिहासिक राय सुनकर पोप जॉन पॉल द्वितीय ने कहा, "धार्मिक अनुशासन के तहत रोमन कैथोलिक चर्च स्त्रियों को प्रिस्ट (याजक) सम्प्रदाय के भीतर शामिल करने का अनुमोदन नहीं कर सकता।" दूसरी ओर दुनिया के सात करोड़ ऐंलिकन सम्प्रदाय के लोगों के धार्मिक नेता कैंटावरी के आर्च बिशप जार्ज कैरी ने स्त्रियों को याजक बनाने के निर्णय का जोरदार समर्थन किया। वैसे कैथेलिक सम्प्रदाय के नेता कार्डिनल वैसिल ह्यूम ऐंलिकन चर्च की इस 'नयी विपत्ति' के बाद भी सामूहिक प्रार्थना का काम चला रहे हैं।

स्त्रियों को याजक बनाने के पक्ष में 'आउस ऑफ बिशप' में 75 प्रतिशत वोट पड़े। 'हाउस ऑफ क्लारजी' में 70.5 प्रतिशत और 'हाउस ऑफ लेइटी' में 67.3 प्रतिशत। सबसे बड़ी बात यह है कि अंततः वह प्रस्ताव मान लिया गया। विपक्ष में भी लोग हैं, वे तो रहेंगे ही ! महिलाएँ मनुष्य होने का योग्य अधिकार प्राप्त करेंगी, तो इसमें समाज के विचित्र पुरुष तो बाधा डालेंगे ही।

साढ़े तीन सौ साल बाद पोप ने स्वीकार किया कि गैलीलियों गैलिली को सज़ा देकर उन लोगों ने अन्याय किया। स्त्री का याजक होना चर्च में प्रतिबंधित

था। वह प्रतिबंध खत्म होकर अब चर्च में याजक के रूप में स्त्री सम्मानित है।

आशा है, स्त्रियाँ मंदिर में पुरोहित और मस्जिद में इमाम भी बनेंगी। पुरोहित और इमाम बनना अभी भी स्त्रियों के लिए निषिद्ध है। जब उपनयन (जनेऊ) संस्कार और वेद-अध्ययन पर ही स्त्री का अधिकार नहीं है, तो फिर पौरोहित्य करने का तो सवाल ही नहीं उठता। मस्जिद का इमाम बनना भी स्त्री के लिए धार्मिक रूप से जायज नहीं है। 'प्रिस्ट' होने में ऐसा ही कुछ संस्कार आड़े था। सो अब यह जरूर उम्मीद की जा सकती है कि स्त्री एक दिन मंदिर में पौरोहित्य और मस्जिद में इमामत भी करेगी। चर्च ऑफ इंग्लैण्ड के निर्णय ने स्त्री को और ज्यादा अग्रगामी बनाया है।

उसकी सौ जंजीरों में से एक जंजीर खुल गयी। टूट गयी कभी न हिलने वाली एक दीवार। टेढ़ी हो गयी धर्म की कठोर तनी हुई तर्जनी।

आज स्त्री के विजयोल्लास का दिन है। कभी स्त्री को 'वोट' देने का भी अधिकार नहीं था। लम्बे आन्दोलन के बाद स्त्री को यह अधिकार मिला। वह भी सिर्फ बासठ वर्ष पहले। और, सत्रह वर्ष लम्बे संघर्ष के बाद स्त्री को मिला है चर्च का याजक बनने का यह अधिकार।

इस दुनिया में बगैर आन्दोलन के स्त्री के हाथ कुछ भी नहीं आया। यहाँ तक कि 'मनुष्य' होने का न्यूनतम सम्मान भी मिलना उसके लिए सम्भव नहीं हो पाया। ऐसी हालत में स्त्री को अपने प्राप्य अधिकार पाने के लिए प्रत्यक्ष युद्ध में कूद पड़ना होगा। इसके बिना मुक्ति नहीं। 'मुक्ति' कोई हाथ में नहीं थमा देगा। सारी बाधाओं का पहाड़ पार करते हुए मुक्ति को ढूँढ़ निकालना होगा।

मस्जिद में नमाज पढ़ने से घर में नमाज पढ़ना बेहतर कहा गया है। और यदि मस्जिद में ही पढ़ना है तो औरत को सबसे पीछे की कतार में रहना होगा। जैसे स्त्री चर्च में प्रार्थना करती हुई याजक के रूप में सफल हुई, उसी तरह मस्जिद में भी पीछे की कतार से एक दिन अगली कतार में जरूर पहुँचेगी। मीलाद, महफिल, जनाजा, जुम्मा आदि का भी संचालन करेगी। तब स्त्री पर इतने दिनों की निषेधाज्ञा के विरोध में ही जनता बोलेगी।

मैं यह नहीं कह रही हूँ कि धर्म एक ऐसी पवित्र चीज है, जिसे छूने का अधिकार स्त्री को देना ही होगा। असल में यह पवित्रता-अपवित्रता या झूठ-सच का मामला नहीं है। धर्म का पालन करके दुनिया को कोई फायदा होता है–मैं यह भी नहीं मानती। मेरी तो बस एक ही माँग है कि स्त्री दुनिया में सभी जगह अपना हाथ बढ़ा सके, दुनिया में सभी जगह बेहिचक चल-फिर सके। उसके लिए मैं निषेध को, कोई घेरा नहीं मानती। मस्जिद, मंदिर, गिर्जा, पैगोडा मनुष्य के कल्याण के प्रतीक नहीं हैं, लेकिन दुनिया में अब तक इनका अस्तित्व बना हुआ है; और चूँकि अस्तित्व है, इसलिए इनके संचालन का अधिकार स्त्री को भी मिलना

हिए। इन पर पुरुष ही इकतरफा राज क्यों कर रहे हैं ?

सिर्फ स्त्री के चारों तरफ दायरा खींचा गया है। उसी के लिए सौ तरह की मनाही है। उसी के लिए 'पकड़ना नहीं चाहिए', 'छूना नहीं चाहिए' आदि नियम और नीतियाँ हैं। स्त्री के लिए ही बिछा रहता है जाल, उसके लिए ही बनायी जाती है अदृश्य ज़ंजीर।

'चर्च ऑफ इंग्लैण्ड' से जंजीर के टूटने की आवाज़ आ रही है। हे बंगाल के असभ्य पुरुष, क्या तुम अब भी बहरे हो ?

'प्रीत करे दुःख होय...'

मेरी छोटी बहन को एक सुन्दर-सी बच्ची हुई है। परिवार के सभी लोगों ने मुझरं कहा–बच्ची का एक खूबसूरत-सा नाम रखो। मैंने उसका नाम रखा–'स्रोतस्विनं भालोबासा'। पुकारने का नाम 'भालोबासा'। यह नाम सुनकर हमारे रिश्तेदा एक-दूसरे का मुँह ताकने लगे। कोई होंठ दबाकर हँसा, तो किसी ने भौंहें सिकोड़ीं किसी ने कहा–यह कैसा नाम है !

"क्यों ?"

"भालोबासा (प्यार) भी क्या कोई नाम है ? इस नाम से अभिभावक कै बुलायेंगे ?"

"क्यों, बुलाने में क्या परेशानी होगी ?"

"छिः ! कितने शर्म की बात है !"

'भालोबासा' नाम रखकर शायद मैंने अपनी छोटी बहन के पति को बहु असमंजस में डाल दिया था। वे अपने रिश्तेदार और पिता के सामने यह ना उच्चारित नहीं कर पा रहे थे। सिर्फ एक नाम 'भालोबासा' परिवार में कित भीषण असंतोष पैदा कर सकता है, यह मैं इन दिनों बहुत अच्छी तरह सम पायी।

उन लोगों को इसलिए भी एतराज था कि लड़की के बड़े होने पर रास में लड़के यह नाम लेकर 'टीज' करेंगे। इस नाम से बेटी को मुक्त करने पर उसके 'शुभचिंतकों' को चैन मिलेगा। आखिरकार 'भालोबासा' नाम हम समाज-परिवार में असह्य हो उठा। इस शब्द को झाड़कर न फेंकने तक उ चैन नहीं। मैंने बहुत सोचा कि इस शब्द पर लोगों को आखिर इतनी आपा क्यों है ? मैं इस बात पर बहुत गहरा विश्वास करती हूँ कि प्यार (भालोबास से सुन्दर, बड़ा एवं महान इस दुनिया में और कुछ है ही नहीं। तो फिर इस श

को लेकर परिवार और समाज में इतनी झिझक क्यों है ? या फिर मुझे इस बात पर यकीन करना होगा कि चूँकि आतंकग्रस्त इस देश में घृणा और भय ही दो मुख्य उपलब्धियाँ हैं, इसलिए इनके परे दूसरी किसी भी सुखद अनुभूति का यहाँ कोई मूल्य नहीं है।

इस देश, समाज, परिवार से प्यार करीब-करीब निर्वासित होने को है। इसीलिए किसी निर्वासित शब्द या अनुभूति पर सबकी कुंठा, जड़ता और आतंक सक्रिय हो उठते हैं। वे सोचते हैं, 'भालोबासा' शब्द लज्जाजनक और टीज करने वाला है।

प्यार ने इस जीवन में मुझे बहुत दर्द दिया है। जब दसवीं कक्षा में पढ़ती थी, एक दिन स्कूल जाते समय एक सुदर्शन युवक ने मेरे हाथ में एक चिट्ठी पकड़ा दी थी। यह बात मेरे घरवालों तक पहुँच गयी। मैंने वह चिट्ठी अपनी किताब में छिपाकर रखी थी। अभिभावकों की नजरें बचाकर मौका पाते ही मैं उसे पढ़ती थी। एक दिन वह चिट्ठी उनके हाथ लग गयी। फिर तो मेरी खूब पिटायी हुई। उस दिन से स्कूल आते-जाते समय एक आदमी हमेशा मेरे साथ रहता था पहरेदार की तरह ! जिस लड़के ने मुझे पत्र दिया था, बाद में फिर कभी उसके साथ सम्पर्क नहीं हो पाया। मुझे लगता है, प्यार कभी स्थिर रहने की चीज है ही नहीं। किसी से प्यार किया तो आजीवन करते रहे, और किसी की तरफ देखा ही नहीं ! प्यार के मामले में मैं इतना संन्यासी बनने को राजी नहीं। मैंने अपने ही जीवन में पाया है कि जिसे भी प्यार किया, पूरी गहराई से किया, प्यार में कोई मिलावट नहीं। लेकिन जब प्यार से मेरा मन उचटता तो हमेशा के लिए उचट जाता। वह और बात है कि मन उचटने के कारण होते थे, बहुत सारे कारण। दरअसल मैं जिस परिवार में पली-बढ़ी हूँ, वह एक संरक्षणशील परिवार है। 'प्यार' इसके लिए बहुत ही गलत 'काम' है। जब मेरी उम्र अट्ठारह-उन्नीस साल थी, तब एक युवक से मुझे प्रेम हो गया। उस वक्त प्रेम के बारे में मेरी धारणा सिर्फ पुस्तकों पर आधारित थी मेरा मन करता—'देवदास' जिस तरह 'पार्वती' से प्यार करता था, 'रोमियो' जिस तरह 'जूलियट' से और 'सिक्स मिलीयन डालर मेन' जैसे 'वायोनिक वूमन' से प्यार करता था, वैसे ही मेरा प्रेमी मुझसे प्यार करेगा। मैं अपने मन में एक सौ एक इच्छाएँ लिये घूमती थी। जाड़ा और गरमी सब पर मेरा स्वप्न छाया हुआ था। स्वप्न ही छाया था हृदय और शरीर पर भी। लेकिन प्रेमी का बार-बार 'स्टार' सिगरेट फूँकना, पेशाब करने जाना और दोपहर होते ही गाय के मांस की पीली कढ़ी के साथ भात सानकर खाना मुझे बड़ा अजीब लगता था। अपने स्वप्न के साथ यह सब मैं मिला नहीं पाती थी। और मैं भी लज्जावती, शर्मीली-सी थी। बहुत चुन-चुनकर बात करती थी। अपने प्रेमी को 'तुम' कहने में मुझे पाँच साल लग गये थे।

फिर देखा कि सपने और असलियत में बहुत फर्क है। सपने में रुपये-पैसे का हिसाब नहीं करना पड़ता। सपने में झगड़ा नहीं होता, मन को दुखी करने वाला समय नहीं आता। बस दिन-भर या तो पानी में या उजली शाम को, या फिर पूनम की चाँदनी में तैरते-तैरते जीवन बीत जाता है। दूसरी ओर असलियत में 'इधर मत देखो–उधर मत जाओ', 'यह मत करो–वह मत करो' आदि नियमों में उलझे रहना पड़ता है। 'वास्तविकता' स्त्रियों के जीवन में उलझन ही पैदा करती है।

पुरुष नामक जीव को मैंने भी कम प्यार नहीं किया। बदले में मुझे घर बैठाकर एक आदमी अपनी जरूरत की खरीदारी भी कर आया था, यह बात मुझे बहुत अच्छी तरह याद है। मैं सौ-सौ गुलाब लिये उसकी प्रतीक्षा करती रही। मैंने उम्मीद लगा रखी थी कि वह आते ही खुशी से मुझसे लिपट जायेगा, लेकिन उम्मीद सिर्फ उम्मीद ही रह गयी। एक और व्यक्ति मुझसे प्यार करता था, जो 'मेरे बगैर जी नहीं पायेगा' कहकर मेरी तरफ झुका और मेरे बैग से सात सौ डालर और गले की एक चेन हथियाकर उड़ गया। एक था जो सामने तो मुझसे कहता था कि बहुत प्यार करता हूँ, लेकिन मेरे पीछे मेरी बदनामी करता फिरता था। एक और मिला जो बोतल पर बोतल शराब पीकर रात-भर पेंट का बटन खोले मुझे पीटता रहता था। इसके बावजूद मैंने पाया कि पुरुष के लिए मेरा प्यार कम नहीं होता। प्यार एक ऐसी अद्भुत चीज है कि दिन-ब-दिन इसका स्फुरण ही होता है, विनाश या विलुप्ति नहीं। लेकिन प्यार की परिणति होती है, यह मैं खूब मानती हूँ। मैंने महसूस किया है कि अब जिसे प्यार करती हूँ, उसके प्रति मेरा आवेग काफी संयमित है। अब मैं अपना 'सोलह आना' प्यार के लिए पहले की तरह निछावर नहीं कर देती। अब मैं अपने लिए 'बारह आना' रखती हूँ और प्यार के लिए 'चार आना'। इतने से यदि चलता है तो रहो, वरना रास्ता नापो ! सीधा हिसाब। प्यार के मामले में पहले बहुत खर्चीली थी–'दो आना' लेकर 'सोलह आना' देती थी। अब 'दो आना' लेती हूँ तो 'दो आना' ही देती हूँ। लेकिन जितना देती हूँ, वह सोलह आना खरा होता है।

कानून बदलना

अब जो समाज देख रही हूँ, यह पहले ऐसा नहीं था। इसमें बहुत परिवर्तन हुआ है। कभी इस समाज में पति की मृत्यु के बाद स्त्री को पति की चिता के साथ जिंदा जला दिया जाता था। राजा राममोहन राय ने इस प्रथा का विरोध किया। उन्होंने सन् 1829 में लार्ड बैंटिक को इस प्रथा पर रोक लगाने वाला 27 नम्बर कानून जारी करने के लिए मनवा लिया था। इस कानून ने स्त्री को 'सहमरण' की प्रथा से तो बचा लिया, लेकिन आजीवन ब्रह्मचर्य पालन करने का नियम बना दिया था। बाल-विधवाओं को पोशाक, आहार, शरीर और मन से कठोर संयम बरतने के लिए बाध्य किया जाता था। इसी तरह दिन बीत रहे थे और समाज चल रहा था कि ऐसे ही वक्त में समाज को बदलने के लिए आगे आये ईश्वर चन्द्र विद्यासागर। उन्होंने बाल-विधवाओं के अविवाहित रह जाने की दशा में व्यभिचार फैलने की आशंका जाहिर की और शास्त्र से ही शास्त्र का मुकाबला करते हुए सन् 1856 में 15 नम्बर कानून द्वारा विधवा-विवाह की व्यवस्था करवायी।

सन् 1891 में 'एज ऑफ कनसेंट एक्ट' द्वारा बाल-विवाह को भी रोक दिया गया। 1923 में 30 नम्बर कानून ने असवर्ण विवाह को वैध घोषित किया। सन् 1929 में 19 नवम्बर कानून में शादी के लिए लड़के की उम्र 18 तथा लड़की की उम्र 15 साल तय की गयी। सन् 1946 में 21 नम्बर कानून के जरिये स्त्रियों को खास-खास मामलों में पति को छोड़ने का अधिकार दिया गया। सन् 1949 में 21 नम्बर कानून ने विवाह के लिए क्षेत्र, जाति, वर्ण, श्रेणी और सम्प्रदाय सम्बन्धी बाधाओं और विषमताओं को दूर कर दिया। सन् 1955 में 25 नम्बर कानून ने और आगे बढ़कर विवाह के मामले में नयी शर्त लागू कर दीं। फलस्वरूप समाज में स्त्री को पहले से भी ज्यादा सहूलियत हो गयी।

शादी के मामले में मुसलमानों का कानून अलग है। कभी जिस तरह हिन्दू

शादी शास्त्रों के अनुसार होती थी, उसी तरह मुसलमानों की शादी भी शास्त्रों को मानकर ही होती थी। तीन बार 'तलाक' कहने से ही तलाक हो जाता था। तलाक बोलते समय किसी गवाह या स्त्री की भी जरूरत नहीं पड़ती थी। कुरान में अल्लाहताला ने कहा है–'तुम यदि मन स्थिर कर लो तो तुम तलाक कहोगे। याद रखना, अल्लाह सर्वज्ञ और सर्वश्रोता है। इसलिए तलाक कहते ही तलाक हो जायेगा।' लेकिन अब 'तलाक' कहते ही तलाक नहीं होता। यूनियन बोर्ड के निदेशक को पत्र लिखना पड़ता है। उसकी प्रतिलिपि पत्नी को भेजनी पड़ती है। फिर नब्बे दिन बीतने के बाद ही तलाक होता है। इतना ही नहीं, तलाक के बाद 'इद्दत' का समय बीतने और दूसरी शादी करने के बाद ही पहले पति के घर दुबारा जाने का नियम था, लेकिन अब यह नियम खत्म हो गया है। इसके खत्म होने का कारण यह है कि लोगों की मानसिकता में परिवर्तन आ रहा है।

मुसलमानों में नियम था कि पुरुष की यदि इच्छा हो तो वह एक-दो-तीन या चार शादियाँ तक कर सकता है। तब यह नियम नहीं था कि अगली शादी करने से पहले मौजूदा बीवी से अनुमति लें। लेकिन अब अनुमति लेने का नियम बना है। आहिस्ता-आहिस्ता पहले के नियम बदल रहे हैं। सन् 1986 से पहले भारत में तलाकशुदा मुस्लिम औरत को 'इद्दत' के समय शौहर से खर्च का रुपया नहीं मिलता था। लेकिन 1986 में शाहबानो के मामले में तलाकशुदा स्त्री के खर्च की जिम्मेदारी उसके पहले के पति पर डाली गयी थी। इस बात पर भारत के मुसलमानों ने बहुत शोर मचाया। कहा कि पहले पति पर खर्च की जिम्मेदारी सौंप कर शरीयत के नियमों का उल्लंघन किया गया है। आखिरकार सन् 1986 की 8 मई को 'तलाक के बाद अधिकार संरक्षण बिल' पास किया गया। इसमें 'इद्दत' के समय पति को खर्च देने की बात कही गयी है।

बांग्लादेश में 1961 के परिवार-कानून के जरिये औरत को भी खास-खास वजहों से पति को तलाक देने की बात कही गयी है, हालाँकि शरीयती कानून ने औरत के तलाक देने के अधिकार को स्वीकार नहीं किया है। पहले पति से दुबारा विवाह करने के लिए किसी तलाकशुदा औरत को किसी और से शादी करने की अब जरूरत नहीं पड़ती। मुस्लिम विवाह कानून 'न शरीयती न आधुनिक' जैसी हालत में है। यह कानून थोड़ी शरीयत और थोड़ी आधुनिकता को लेकर विचित्र स्थिति में खड़ा है। सभ्यता की दिशा में इसकी गति बहुत धीमी है। इतनी धीमी कि 'बंगालियों' के ही एक सम्प्रदाय में जहाँ यह नियम चल रहा है कि पुरुष की पहली पत्नी और स्त्री के पहले पति के रहते उनकी दूसरी शादी नहीं हो सकती, वहीं दूसरे सम्प्रदाय (मुस्लिम) में पत्नी के जीवित रहते उससे अनुमति लेकर चार शादियाँ तक की जा सकती हैं। सती-दाह की प्रथा से आधुनिक हिन्दू कानून तक पहुँचने में महज एक सौ अट्ठाईस वर्ष लगे। इसकी तुलना में शरीयती

कानून पर मुस्लिम पारिवारिक कानून का मरहम लगने पर बहुत ज्यादा समय लगा। और, यह बात भी सच है कि यह कानून हिन्दू कानून की तुलना में बहुत ज्यादा पिछड़ा, असभ्य और दकियानूस है। अपनी रफ्तार और तेज करने के लिए बंगाली मुसलमानों को चाहिए कि वे भी यह नियम लागू करायें कि दूसरा विवाह तभी होगा, जब पुरुष की पहली पत्नी या स्त्री का पहला पति जीवित न हो। जब तक यह नियम 'मुस्लिम विवाह कानून' के तहत शामिल नहीं होगा, तब तक समस्या दूर नहीं होगी। विज्ञान तेजी से आगे बढ़ रहा है, उसके साथ तालमेल रखने के लिए समाज को पीछे धकेलकर हम कितना भी आगे बढ़ना चाहें, वास्तव में वह आगे बढ़ना नहीं है, वास्तविक प्रगति नहीं है। समाज तब तक अपने शरीयती पंजों में आदमी को पीछे ही अटकाये रखेगा। इसी तरह दहेज को वर्जित करने पर भी समाज से दहेज-प्रथा खत्म नहीं हुई। इस प्रथा को जड़ से उखाड़ फेंकने के लिए कानून को और कठोर होना होगा। जो भी बचा-खुचा शरीयती कानून है, उसे उखाड़ फेंकने की जरूरत है। जरूरत है उत्तराधिकार कानून में बेटे और बेटी के हक की बहाली की। देनमोहर और खर्च देने के रिवाज को खत्म करना होगा, क्योंकि स्त्री को सबसे ज्यादा यही चीजें अमर्यादित करती हैं। स्त्री को खर्च देने की रकम बढ़ाकर या तलाक के बाद पति के घर दुबारा वापसी के लिए जो अतिरिक्त विवाह रचाना पड़ता था, उस 'वाया विवाह' को हटाकर ही स्त्री की मर्यादा नहीं बढ़ायी जा सकती। स्त्री की मर्यादा तभी बढ़ेगी जब वह शादी 'करेगी', शादी में 'बैठेगी' नहीं, तभी उसका शादी करना तर्कसंगत होगा और देनमोहर की जरूरत नहीं होगी। स्त्री के शिक्षित और स्वावलम्बी होने को अनिवार्य बना देने पर शरीयती कानून अपने आप खत्म हो जायेगा; वरना इस समाज को सभ्य कहना और गधे को आदमी कहना—मेरी नजर में दोनों एक ही है।

रिवाज़

कुछ बेहूदा रिवाज़ों को आदमी अब भी समाज में बचाये हुए है। इनमें से ही एक बेहूदा रिवाज़ है बहुविवाह। एक बार एक प्रसिद्ध समाजशास्त्री से मैंने पूछा था–पुरुषों को बहुविवाह का अधिकार है तो स्त्रियों को क्यों नहीं है ? उन्होंने मुझे हू-ब-हू यह जवाब दिया था–"प्रकृति से ही ऐसा है, चाहे वह इन्सान हो या जानवर, यानी एकाधिक विवाह की आकांक्षा उसमें रहती ही है। जंगली जानवर तो हैं ही, यदि हम पालतू जानवरों को ही लें तो ध्यान दिया होगा कि बहुतेरी गायें और बकरियों के लिए एक ही साँड और एक ही बकरा होता है। बहुत-सी गायें और बकरियाँ एक ही साँड और बकरे से गर्भधारण करती हैं। यही बात मुर्गियों के मामले में भी होती है। कई मुर्गियों के लिए एक ही मुर्गा काफी होता है। वह मुर्गा कभी इस बात पर राजी नहीं होगा कि कोई दूसरा मुर्गा उसकी मुर्गियों पर नजर डाले। यानी पशु जिस तरह कई मादाओं के साथ का अभ्यस्त होता है, पुरुष भी इसी तरह बहुस्त्रीगामी होना चाहेगा। यह तो साधारण बात है।"

हाँ, साधारण बात तो है ही ! लेकिन यह साधारण बात मुझे बहुत असाधारण लग रही है। बहुविवाह का पक्ष लेने के लिए पुरुष खुद की तुलना गाय, घोड़ा, भैंस, बकरी से करने में भी पीछे नहीं हटता; हालाँकि मौका पाते ही दावा करता है कि वह 'अशरफ-उल-मुखलुकात' यानी सृष्टि का सर्वश्रेष्ठ प्राणी है।

2

'लड़की देखना' नामक एक सामाजिक रिवाज़ इस देश में प्रचलित है। सिर्फ इसी देश में क्यों, दुनिया के कई देशों में है। पुरुष जब स्त्री को भोगना चाहता है तो विवाह नामक स्वीकृति का आश्रय लेता है, और तब भोग की वस्तु को

उलट-पलटकर परखने के लिए इस रिवाज़ का पालन करता है। इसे ही 'लड़की देखना' कहा जाता है। विवाह लड़की और लड़के के बीच होता है। लड़की को लड़का देखने जाता है। यानी वह वस्तु उसके भोगने में मन को भायेगी या नहीं, इसे परख लेना चाहता है। लेकिन 'लड़का देखना' नामक कोई रिवाज़ कहीं प्रचलित नहीं है कि लड़की अपनी सहेलियों को लेकर लड़का देखने जाये। लड़के की नाक, कान, बाल, आँखें, छाती, पेट, पैर; लड़के का चलना, खाना पकाना, नाच-गाना, सिलाई-कढ़ाई पढ़ाई-लिखाई, नौकरी-चाकरी, स्वभाव-चरित्र आदि की जानकारी इकट्ठा करने लड़की नहीं जाती। इसका कारण यही है कि इसका रिवाज़ नहीं है।

वर पक्ष के लोग कन्या के घर आकर उसका रंग देखते हैं, लम्बाई-चौड़ाई देखते हैं। दाँत देखते हैं, वे टेढ़े हैं या सीधे। नाक देखते हैं, चपटी है या नुकीली, आँखें देखते हैं, आँखों की नजर परखते हैं, जूड़ा खोलकर बालों की लम्बाई नापते हैं। वर पक्ष कन्या के पैरों का कपड़ा हटाकर एड़ी देखता है। पानी में पाँव भिगोकर जमीन पर चलने को कहता है। पैर की छाप यदि टेढ़ी न हो तो वह कन्या चरित्रहीन मानी जाती है। कन्या को चलाकर, पढ़ाकर, लिखाकर, बोलवाकर और खाना बनवाकर वे यह भी जाँच लेते हैं कि यह 'वस्तु' शरीर की खुराक तो जुटायेगी ही, मन की खुराक भी पर्याप्त जुटा पायेगी या नहीं।

'कन्या देखकर' पसंद आने पर वर पक्ष मोल भाव करके कन्या को खरीदता है। आफटर ऑल वह भी इन्सान है न, सो अनाज, खीरा, गोभी, पालक की तरह खरीदकर घर लाने लायक चीज नहीं है। पसंद होने के बाद एडवांस देकर बुक करके आना पड़ता है। इसके बाद तो सुविधानुसार 'उठा लेने वाली' कीमती वस्तुओं के जैसा होता है !

वर पक्ष कन्या की उँगली में एक अँगूठी पहना आता है। इसका मतलब है कि मुँह, वक्ष, नितम्ब और सुराहीदार गरदन वाला मांस का यह लोथड़ा अब मेरे लिए रिज़र्व है, यह अब कहीं और नहीं बिकेगा। बस, बाद में मौका और सुविधा देखकर 'देनमोहर' के बदले कन्या को 'उठा' ले आते हैं। देनमोहर के मामले में भी एक तरह की ठगी है, क्योंकि यह सिर्फ 'कहा' जाता है। 'दिया' तो तब जायेगा, जब उस 'वस्तु' को भगाया जायेगा, जब उसकी जरूरत पुरुष को नहीं रह जायेगी। उस अनुबंध के तहत स्त्री जब तक बँधी रहेगी, तब तक वह खरीदार की इच्छा-अनिच्छा, मन-मर्जी, रुचि-वासना के दायरे में रहेगी।

'लड़की देखने' का नियम नया नहीं है। कुरान में स्वयं अल्लाहताला ने विवाह से पहले कन्या की जाँच करने को अहमियत दी है। हजरत अनास द्वारा वर्णित एक हदीस से जाना जाता है कि हजरत मुहम्मद (साः) ने एक बार एक लड़की मे शादी करने की बात सोची। तब उसे देखने के लिए एक औरत को यह हिदायत

देते हुए भेजा कि कन्या के मसूढ़े और दाँतों की जाँच कर लेना तथा कमर का ऊपरी हिस्सा पीछे से अच्छी तरह देख लेना। (मौलाना मुहम्मद अब्दुर्रहीम : परिवार और पारिवारिक जीवन, पृष्ठ–130)

इमाम आफजायी ने कहा है, "कन्या देखने जाने पर उसका चेहरा और हस्त रेखाएँ तो देख ही सकते हैं, उसकी तरफ सीधे भी तेज और सतर्क निगाहों से देखा जा सकता है। उसकी मांसपेशियाँ भी देखी जा सकती हैं।"

दाउद जहीरी ने कहा है, "उसका पूरा शरीर देखा जायेगा।"

इमाम हासिम ने तो यहाँ तक कहा है कि "उसका यौनांग भी देखा जा सकता है।" (प्रागुक्त, पृष्ठ–128)

यौनांग देखना ही होगा, क्योंकि यौनांग में ही तो 'असली मजा' छिपा हुआ है। वहीं पर है, सतीत्व और असतीत्व का प्रमाण। चूँकि पुरुष के यौनांग पर कोई चिह्न नहीं होता, इसलिए उसे देखने से भी कोई फायदा नहीं ! और यदि पुरुष के यौनांग पर बहुगमन का दाग मिल भी जाये तो क्या किसी स्त्री में हिम्मत है कि वह पुरुष पर आरोप लगाये ? नहीं, इसमें पुरुष का दोष नहीं ! वह तो 'प्रेरित' है ! पुरुष तो कालिमा-कलंकहीन, साधु-संत हैं। उनके सफेदी पुते शरीर पर किसी तरह के कीचड़ का दाग नहीं लगता।

'लड़की देखने' का नियम इस सभ्य देश में अभी तक कायम है। मुझे और भी अचरज तब होता है, जब देश की पढ़ी-लिखी महिलाएँ सज-धजकर 'लड़की देखने' के इस अनुष्ठान में भाग लेती हैं। कुर्बानी की गाय भी रंगीन माला पहनकर बिकने का इंतजार करती है। लेकिन मुझे लगता है, गाय भी स्त्री से ज्यादा व्यक्तित्व वाली होती है। वह भी खरीदार को मौका पाकर सींग या लात मारती है।

लेकिन लड़कीजात मुँह पर ताला लगाये, नजरें झुकायें रहती है। उसे जिस 'पात्र' के हवाले किया जाता है, वह उसी पात्र में 'पतित' होती है। उसकी इच्छा-अनिच्छा का कोई मूल्य नहीं होता। उसकी सारी इच्छाएँ पुरुष द्वारा नियंत्रित होती हैं।

3

'दहेज' नामक एक और रिवाज़ इस देश में काफी लोकप्रिय है। कन्या पक्ष वर पक्ष को दहेज देता है। कानूनन मनाही के बावजूद इसको रोकने का कोई उपाय नहीं है, क्योंकि वर पक्ष की माँग न मानने पर तो लड़कियाँ कुँवारी बैठी रहेंगी। कुँवारी रहने पर लड़कियों को उतनी असुविधा नहीं होती, जितनी कि समाज को होती है। दहेज कोई भी कन्या-पक्ष शौक से नहीं देता। दरिद्र कन्या पक्ष दहेज की शर्तों पर लड़की ब्याह जरूर रहा है, लेकिन अंततः शर्तें पूरी न होने पर लड़की को गाय जिबह करने की तरह जिबह भी कर रहा है हमारा 'विवेकवान पुरुष'।

एक रेडियो, एक साइकिल या एक घड़ी के लोभ से जिन पुरुषों की लार टपकती है, वे गरीब लड़कियों को या तो फाँसी पर लटका देते हैं या जला देते हैं, या फिर गला दबाकर मार डालते हैं। लेकिन यह भला कौन-सी गम्भीर बात है ! बला टली ! चाहे कोई कुछ भी कहे, यह बात तो माननी ही होगी कि एक ट्रांजिस्टर, साइकिल या घड़ी से लड़की की जिंदगी ज्यादा कीमती नहीं है !

इसीलिए यदि दहेज के कारण हर रोज सौ वधू-हत्याओं की खबरें भी हम तक पहुँचती हैं, तब भी हम निर्लिप्त बैठे रहते हैं, हमारी पीठ पर चेतना का कोई चाबुक नहीं पड़ता !

•••